++ 멀티스레딩 정복하기

C++ 멀티스레딩 정복하기

견고하면서도 병렬성과 병행성을 가지는
애플리케이션 작성법

마야 포쉬 지음
김점갑 옮김

| 지은이 소개 |

마야 포쉬^{Maya Posch}

소프트웨어 공학자로 이 업계와 전자, 로봇, AI 분야에 심취해 있다. 절친 트레버 퍼디 Trevor Purdy와 함께 소프트웨어 개발 회사 니얀코^{Nyanko}를 운영하며 다양한 게임 개발 프로젝트 업무를 진행 중이다. 이외에도 전 세계 기업을 대상으로 다양한 프리랜서 업무를 진행한다. 업무와 관련된 좀 더 세부적인 사항을 알고 싶다면 링크드인 프로필(https://www.linkedin.com/in/mayaposch)을 방문하면 된다.

소프트웨어 작성 외에도 방정식을 풀고 소설 집필을 즐긴다. 닌텐도의 명작 〈젤다의 전설: 시간의 오카리나〉를 기반으로 한 이야기를 쓰고 최근에는 생존 공포 소설 『Viral Desire』를 썼다. 디지털 도서관 웹사이트 스크리브드^{Scribd} 프로필을 보면 전체 저작 목록을 볼 수 있다.

생화학, 로봇, 인체 해부에도 관심이 있다. 더 알고 싶다면 블로그(https://jinzouningen.wordpress.com)를 방문하자. 순수한 야망으로 가득 차 있는 듯하다.

| 기술 감수자 소개 |

루이스 E. 모겟 Louis E. Mauget

미시간 주립대학교 물리학 전공자로서 사이클로트론 설계에 소프트웨어를 사용하기 위해 오래전에 프로그램을 배웠다. IBM에서 34년 동안 근무했다. 철도 산업 분야에 장기간 근무한 것을 포함, 여러 컨설팅 회사에서 작업을 수행했다. 현재 캔자스주 리우드에 위치한 키홀 소프트웨어Keyhole Software에서 컨설팅 업무를 하고 있다.

C++, 자바, 자바스크립트, 파이썬 등 새로운 언어가 만들어질 때마다 그 언어로 코딩해 왔다. 현재 관심사는 반응 함수 프로그래밍과 컨테이너, 노드 JS, NoSQL, 지형 공간 시스템, 모바일 등으로 새로운 언어나 프레임워크다.

종종 키홀 소프트웨어에서 소프트웨어 기술 관련 블로그를 연재한다. 세 권의 컴퓨터 서적을 공동 저술했으며 두 권의 IBM DeveloperWorks XML 관련 자습서와 WebSphere Journal LDAP 관련 자습서를 썼다. IBM에서 여러 J2EE 인증 시험안을 공동 작성했다. 팩트출판사 외의 출판사에서도 평론가로 활약했다.

| 옮긴이 소개 |

김점갑(khealin@naver.com)

삼성전자에서 GNU 컴파일러를 기반으로 ARM CORE 컴파일러 포팅/개발 프로젝트를 수행했다. 이후 보안 분야와 디바이스 드라이버에 관심을 두고 데브그루를 공동으로 창업해 다양한 장치/보안 드라이버를 개발했고, 다수의 드라이버 강의와 세미나, 교육을 진행했다. ㈜안랩의 기반 기술팀에서 보안 관련 시스템 프로그램 개발 업무를 수행했다. 주요 번역서로는 『Windows Internals 7ED Vol.1』(에이콘, 2018), 『THE GARBAGE COLLECTION HANDBOOK(에이콘, 2016), 『실전 윈도우 디버깅』(에이콘, 2008), 『WDF』(에이콘, 2008) 등이 있다. 지금은 여행과 사진에 흥미를 느끼고 있다.

옮긴이의 말

언젠가부터 멀티스레드가 없는 애플리케이션 개발을 상상하기란 힘들어졌다. 제한된 컴퓨팅 환경에서 주어진 특정 작업을 가장 효율적으로 수행하는 여러 방식 가운데, 멀티스레드는 병행성과 병렬성 측면에서 가장 뛰어난 프로그램 기법 중 하나일 것이다. 이 책은 멀티스레딩과 병행성의 기본 개념을 파악하고 이를 C++에 효율적으로 적용하는 방법을 알려준다.

또한 멀티스레딩의 안전하고도 효율적인 구현을 위해 필수적인 내용을 다룬다. 즉, 운영체제와 프레임워크가 이들에 대한 저수준 함수를 이용하는 방법과 함께 이들 개념이 하드웨어 수준에서 동작하는 방법을 심도 있게 다루며, 스레드 간 동기화와 통신, 병행성 C++ 애플리케이션의 디버깅, C++에서 가장 모범적인 프로그래밍 사례 등을 다룬다.

마지막으로 원자적 동작의 본질을 이해하고 이들을 코드 최적화에 유용하게 사용할 수 있는 방법을 습득하며, 분산 컴퓨팅 환경에서 멀티스레드 애플리케이션을 구현하고 멀티스레딩을 채택한 C++ 기반의 GPGPU 애플리케이션 설계 방법을 익힌다. 특히, 10장에서 다루는 GPGPU 애플리케이션 설계 방법은 최근 비트 코인 채굴과 관련해 그래픽 카드의 품귀 현상과도 그 궤를 같이한다는 점에서 주목할 만하다.

이 책은 그 분량에 비해 다루는 내용의 심도와 주제가 상당히 광범위하며 때론 포괄적이고도 때론 매우 정교하다. 개발자 여러분, 이제 준비가 됐다면 안전띠를 단단히 조이고 멋진 질주를 시작해보자!

| 차례 |

지은이 소개 5

기술 감수자 소개 6

옮긴이 소개 7

옮긴이의 말 8

들어가며 19

1장   멀티스레딩 검토   27

시작하기 28

멀티스레드 애플리케이션 28

　　메이크파일 34

그 밖의 애플리케이션 37

요약 38

2장   프로세서와 OS에서의 멀티스레딩 구현   39

프로세스와 스레드의 정의 40

　　x86에서의 태스크(32-비트와 64-비트) 42

　　ARM에서의 프로세스 상태 46

스택 47

멀티스레딩의 정의 49

　　플린의 분류 51

　　대칭 대 비대칭 멀티프로세싱 52

느슨하거나 단단하게 결합된 멀티프로세싱 53

멀티프로세싱과 멀티스레딩의 결합 53

멀티스레딩 유형 54

시간적 멀티스레딩 54

동시 멀티스레딩 54

스케줄러 55

예제 애플리케이션 추적 57

상호 배제 구현 60

하드웨어 61

소프트웨어 62

요약 64

3장   C++ 멀티스레딩 API 65

API 개요 66

POSIX 스레드 66

윈도우 지원 69

Pthreads 스레드 관리 69

뮤텍스 72

조건 변수 73

동기화 76

세마포어 77

스레드 로컬 스토리지 78

윈도우 스레드 79

스레드 관리 79

고급 관리 83

동기화 83

조건 변수 84

스레드 로컬 스토리지 84

상승 85

Qt 85

    QThread 86

    스레드 풀 88

    동기화 88

    QtConcurrent 88

    스레드 로컬 스토리지 89

POCO 89

    Thread 클래스 89

    스레드 풀 90

    스레드 로컬 스토리지 91

    동기화 93

C++ 스레드 94

모두 합치면 94

요약 95

4장   스레드 동기화와 통신   97

안전 제일 98

스케줄러 98

    고수준 관점 99

    구현 99

    요청 클래스 102

    Worker 클래스 104

디스패처 107

    메이크파일 113

    출력 결과 113

공유 데이터 118

    읽기-쓰기 락의 사용 118

    공유 포인터의 사용 119

요약 119

STL 스레딩 API 122

    Boost.Thread API 122

2011 표준 122

C++14 124

C++17 124

STL 구성 124

스레드 클래스 126

    기본 사용 126

    인자 전달 127

    반환값 128

    스레드 이동하기 128

    스레드 ID 129

    슬립(Sleep) 131

    양보(Yield) 132

    분리(Detach) 132

    스왑(Swap) 132

뮤텍스 134

    기본 사용 134

        블록이 없는 락 136

    타임드 뮤텍스 137

    락 가드 138

    고유 락 139

    범위 락 141

    재귀 뮤텍스 141

    재귀 타임드 뮤텍스 142

공유 뮤텍스 142

    공유 타임드 뮤텍스 143

조건 변수 143

    Condition_variable_any 147

스레드 종료 시점에 모두에게 통지하기 ······················· 148

퓨처 ·· 149

프라미스 ·· 150

공유 퓨처 ·· 151

Packaged_task ·· 152

Async ·· 153

시작 정책 ·· 155

원자적 요소 ··· 155

요약 ·· 155

6장 멀티스레드 코드의 디버깅 157

언제 디버깅을 시작해야 하는가 ······························· 158

단순한 디버거 ··· 159

GDB ·· 160

멀티스레드 코드의 디버깅 ···································· 160

브레이크포인트 ··· 162

백 트레이스 ·· 164

동적 분석 툴 ··· 166

제약 ··· 167

대안 ··· 168

Memcheck ·· 168

기본 사용 ·· 169

오류 유형 ·· 172

불법적인 읽기/불법적인 쓰기 오류 ··················· 172

초기화되지 않은 값의 사용 ·························· 173

초기화되지 않았거나 주소 지정이 불가능한 시스템 호출 값 ····· 175

불법적인 해제 ······································· 177

일치하지 않는 해제 ································· 178

소스와 대상의 겹침 ································· 178

　　　　　　수상한 인자 값 178

　　　　　　메모리 누수 탐지 179

　　　Helgrind 180

　　　　　　기본 사용 180

　　　pthreads API의 오사용 187

　　　락 순서 문제 188

　　　데이터 경쟁 189

　　　DRD 189

　　　기본 사용 190

　　　기능 192

　　　C++11 스레드 지원 194

　　요약 195

7장　　모범 실전 사례　　　　　　　　　　　　　　　　　　　　197

　　올바른 멀티스레딩 198

　　잘못된 기대–데드락 198

　　부주의–데이터 경쟁 203

　　만능이 아닌 뮤텍스 208

　　훌륭한 뮤텍스인 락 210

　　스레드 대 퓨처 211

　　초기화의 정적 순서 212

　　요약 215

8장　　원자적 동작–하드웨어와 작업하기　　　　　　　　　　　　　　217

　　원자적 동작 218

　　　비주얼 C++ 218

　　GCC 223

메모리 순서 227

기타 컴파일러 228

C++11 원자적 요소 229

예제 232

비클래스 함수 233

예제 234

원자적 플래그 236

메모리 순서 236

Relaxed 순서 238

Release-acquire 순서 238

Release-consume 순서 238

Sequentially-consistent 순서 239

Volatile 키워드 239

요약 240

9장 분산 컴퓨팅에서의 멀티스레딩 241

분산 컴퓨팅이란 242

MPI 244

구현 245

MPI 사용 246

MPI 애플리케이션의 컴파일 248

클러스터 하드웨어 249

Open MPI 설치하기 253

리눅스와 BSD 253

윈도우 253

노드 간의 작업 분산 256

MPI 노드 설정하기 256

MPI 호스트 파일 생성하기 257

작업 실행하기 258

클러스터 스케줄러 사용하기 259

MPI 통신 260

MPI 데이터 유형 261

커스텀 유형 262

기본 통신 264

고급 통신 266

브로드캐스팅 267

분산과 수집 267

MPI 대 스레드 269

잠재적 문제 271

요약 272

10장   GPGPU에서의 멀티스레딩 273

GPGPU 처리 모델 274

구현 275

OpenCL 275

일반적인 OpenCL 애플리케이션 276

OpenCL 버전 277

OpenCL 1.0 277

OpenCL 1.1 277

OpenCL 1.2 278

OpenCL 2.0 278

OpenCL 2.1 279

OpenCL 2.2 280

개발 환경 설정 281

리눅스 282

윈도우 282

OS X/MacOS 283

기본 OpenCL 애플리케이션 283

GPU 메모리 관리 ⋯⋯⋯⋯⋯⋯⋯⋯⋯⋯⋯⋯⋯⋯⋯⋯⋯⋯⋯⋯⋯⋯⋯⋯ 289

GPGPU와 멀티스레딩 ⋯⋯⋯⋯⋯⋯⋯⋯⋯⋯⋯⋯⋯⋯⋯⋯⋯⋯⋯⋯⋯ 290

지연 시간 ⋯⋯⋯⋯⋯⋯⋯⋯⋯⋯⋯⋯⋯⋯⋯⋯⋯⋯⋯⋯⋯⋯⋯⋯⋯⋯ 291

잠재적 문제 ⋯⋯⋯⋯⋯⋯⋯⋯⋯⋯⋯⋯⋯⋯⋯⋯⋯⋯⋯⋯⋯⋯⋯⋯⋯ 292

GPGPU 애플리케이션의 디버깅 ⋯⋯⋯⋯⋯⋯⋯⋯⋯⋯⋯⋯⋯⋯⋯ 293

요약 ⋯⋯⋯⋯⋯⋯⋯⋯⋯⋯⋯⋯⋯⋯⋯⋯⋯⋯⋯⋯⋯⋯⋯⋯⋯⋯⋯⋯⋯⋯ 294

찾아보기 ⋯⋯⋯⋯⋯⋯⋯⋯⋯⋯⋯⋯⋯⋯⋯⋯⋯⋯⋯⋯⋯⋯⋯⋯⋯⋯⋯ 297

│ 들어가며 │

멀티스레드 애플리케이션은 단일 프로세서 환경에서 여러 스레드를 실행한다. 실용적인 예제로 채워진 이 책은 C++에서 견고하고도 병행적, 병렬적 애플리케이션을 작성할 수 있도록 돕는다. 멀티스레딩과 병행성의 기본적 내용을 깊이 다뤄, 이들을 구현하는 방법을 소개한다. 이 과정에서 코드 성능 최적화를 위한 원자적 동작을 경험할 것이며 분산 컴퓨팅과 GPGPU 처리에 병행성을 적용하게 될 것이다.

▌ 이 책에서 다루는 내용

1장, 멀티스레딩 검토 C++에서의 멀티스레딩을 요약하고 숙지하고 있어야 할 개념을 살펴본다. C++의 2011년 개정안에 추가된 네이티브 스레딩 지원을 사용하는 기본 멀티스레딩 예제를 살펴본다.

2장, 프로세서와 OS에서의 멀티스레딩 구현 1장에서 논의한 하드웨어 구현에서 제공되는 기본 기능을 바탕으로, OS가 어떻게 이들 기능을 사용해 애플리케이션에서 이들을 이용하는지 알아본다. 애플리케이션과 스레드가 서로 간섭하지 않도록 프로세스와 스레드가 메모리와 프로세서를 사용하는 방법도 논의한다.

3장, C++ 멀티스레딩 API OS 수준의 API(Win32와 POSIX 등)와 프레임워크(Boost와 Qt, POCO 등)에서 제공되는 다양한 멀티스레딩 API를 알아본다. 이들 각 API를 실행, 다른 API와 비교해 그 차이점을 알아보고 독자의 애플리케이션에서 가질 수 있는 장단점을 살펴본다.

4장, 스레드 동기화와 통신 앞서 배운 주제에 대해 C++ 14 버전의 네이티브 스레딩 API를 사용해 구현된 고급 멀티스레딩 구현을 알아본다. 이를 통해 여러 스레드가 스레드 안전성 문제 없이 통신할 수 있는 방법을 이해한다. 뮤텍스와 락, 조건 변수를 포함한 여러 유형의 동기화 메커니즘 간의 차이점도 다룬다.

5장, 네이티브 C++ 스레드와 기본 요소 스레드와 병행성, 로컬 스토리지를 비롯해 이 API에서 지원되는 스레드 안전성을 다룬다. 4장의 예제에 바탕을 두고 C++ 11과 C++ 14 버전의 완전한 기능 세트에 의해 제공되는 기능을 사용해 스레드 안전성을 확장하고 최적화하는 방법을 알아본다.

6장, 멀티스레드 코드의 디버깅 애플리케이션의 멀티스레드 성능을 분석하고 핫스팟을 탐지하며, 병행적 접근으로 발생하는 문제를 해결하고 방지하기 위해 Valgrind(Memcheck와 DRD, Helgrind 등) 같은 툴을 사용하는 방법을 습득한다.

7장, 모범 실전 사례 흔히 겪는 함정과 난제를 다룬다. 문제를 유발하기 전에 사전에 파악하는 방법을 알아본다. 또한 예제를 이용해, 몇 가지 일반적인 상황과 예외적인 상황을 살펴본다.

8장, 원자적 동작-하드웨어와 작업하기 원자적 동작에 대해 세부적으로 다룬다. 원자적 동작이 무엇이며 최적으로 사용하는 방법을 알아본다. 여러 CPU 아키텍처에서 어떤 컴파일러 지원이 이뤄지는지 살펴보고 코드에 원자적 동작을 구현할 때 시간을 투자할 가치가 있는지 평가해본다. 또한 이런 최적화로 인해 코드의 이식성이 어떻게 제한되는지 알아본다.

9장, 분산 컴퓨팅에서의 멀티스레딩 앞서 배운 여러 내용을 멀티시스템과 클러스터 수준의 시스템에 적용해본다. OpenMPI 기반의 예제를 이용해 컴퓨터 클러스터 내의 노드 같이 여러 시스템에서 멀티스레딩을 수행하는 방법을 알아본다.

10장, GPGPU에서의 멀티스레딩 GPGPU 애플리케이션(CUDA와 OpenCL 등)에서 멀티스레딩 사용법을 살펴본다. OpenCL 기반의 예제를 사용해 병렬로 작업을 실행하는 기본적인 멀티스레드 애플리케이션을 알아본다. 앞서 배운 내용을 비디오 카드와 그 파생 하드웨어(예를 들어 랙-마운트^{rack-mounted} 벡터 프로세서 하드웨어)에서 처리할 수 있도록 이를 적용한다.

▌ 준비 사항

이 책의 예제를 실행하려면 시스템에 OS(윈도우나 리눅스, macOS)와 C++ 컴파일러를 설치해야 한다.

▌ 이 책의 대상 독자

멀티스레딩과 병행적 처리에 대한 지식을 넓히고자 하는 C++ 중급 개발자를 대상으로 한다. 이 책을 보려면 멀티스레딩에 대한 기본적 경험이 있어야 하고 명령행에서 C++ 개발 툴체인을 다루는 데 익숙해야 한다.

▌ 편집 규약

이 책에서는 다양한 종류의 정보를 구별하는 텍스트 스타일을 찾을 수 있다. 다음은 이러한 스타일의 예와 그 의미에 대한 설명이다.

텍스트, 데이터베이스 테이블 이름, 폴더 이름, 파일 이름, 파일 확장자, 경로 이름, 더미 URL, 사용자 입력, 트위터 핸들의 코드 단어는 다음과 같이 표시된다.

"randGen( ) 메소드는 반환할 값의 범위를 정의하는 두 개의 인자를 가진다."

코드 블록은 다음과 같다.

```
cout_mtx.lock();
 cout << "Thread " << tid << " adding " << rval << ". New value: " << val
<< ".\n";
 cout_mtx.unlock();

 values_mtx.lock();
 values.push_back(val);
 values_mtx.unlock();
}
```

특정 코드 블록에서 주의를 요할 경우 해당 라인이나 항목은 굵게 표시한다.

```
cout_mtx.lock();
 cout << "Thread " << tid << " adding " << rval << ". New value: " << val
<< ".\n";
 cout_mtx.unlock();

 values_mtx.lock();
 values.push_back(val);
 values_mtx.unlock();
}
```

명령행 입력 또는 출력은 다음과 같이 표기한다.

```
$ make
g++ -o ch01_mt_example -std=c++11 ch01_mt_example.cpp
```

새로운 용어와 **중요한 단어**는 굵게 표시한다. 예를 들어 메뉴나 다이얼로그 박스에서 화면에 표시되는 단어는 텍스트에 나타난다.

경고나 중요한 노트는 이와 같이 나타낸다.

 팁과 요령은 이와 같이 나타낸다.

독자 의견

독자 의견은 언제나 환영한다. 좋은 점 또는 고쳐야 할 점에 대한 솔직한 의견을 말해주길 바란다. 독자 의견은 우리에게 매우 중요하다. 앞으로 더 좋은 책을 발행하는 데 큰 도움이 되기 때문이다.

일반적인 의견을 보내려면 전달하고자 하는 내용에 책 제목을 달아 feedback@packtpub.com으로 이메일을 보내면 된다.

여러분이 전문 지식을 가진 주제가 있고 책을 내거나 만드는 데 기여하고 싶다면 http://www.packtpub.com/authors에서 저자 가이드를 참조하길 바란다.

고객 지원

독자에게 최대의 혜택을 주기 위한 몇 가지 서비스를 제공받을 수 있다.

예제 코드 다운로드

이 책에서 사용된 예제 코드는 http://www.packtpub.com의 계정을 이용해 다운로드할 수 있다. 이 책을 다른 곳에서 구입했다면 http://www.packtpub.com/support를 방문해 등록하면 파일을 이메일로 직접 받을 수 있다.

다음 단계에 따라 코드 파일을 다운로드할 수 있다.

1. 이메일 주소와 암호를 사용해 웹사이트에 로그인하거나 등록한다.
2. 상단의 **SUPPORT** 탭에 마우스 포인터를 위치한다.
3. **Code Downloads&Errata**를 클릭한다.
4. **검색란**에 도서명을 입력한다.
5. 예제 코드 파일을 다운로드할 책을 선택한다.
6. 이 책을 구입한 드롭다운 메뉴에서 선택한다.
7. **코드 다운로드**를 클릭한다.

팩트출판사 웹사이트의 책 웹 페이지에서 코드 파일 버튼을 클릭해 코드 파일을 다운로드할 수도 있다. 해당 페이지는 도서명을 검색해 접근할 수 있다. 단, 팩트출판사 계정으로 반드시 로그인해야만 한다. 파일을 다운로드한 후 다음의 최신 버전의 파일 압축 응용 프로그램을 사용해 폴더 또는 파일 압축을 해제한다.

- **윈도우용**: WinRAR/7-Zip
- **맥용**: Zipeg/iZip/UnRarX
- **리눅스용**: 7-Zip/PeaZip

이 책의 예제 코드는 https://github.com/PacktPublishing/Mastering-CPP-Multithreading의 깃허브에서도 제공한다. https://github.com/PacktPublishing/에서 다양한 도서 및 비디오 카탈로그에 포함된 다른 예제 코드들을 제공하고 있다. 한번 방문해 확인해보자!

에이콘출판사 도서정보 페이지 http://www.acornpub.co.kr/book/c-multithreading에서도 다운로드할 수 있다.

정오표

오타 없이 정확하게 만들기 위한 모든 수단을 동원해서 책을 만들지만 실수가 있을 수 있다. 문장이나 코드에서 문제를 발견했다면 우리에게 알려주기 바란다. 다른 독자들의 혼란을 방지하고 차후 나올 개정판을 개선하는 데 도움이 되기 때문이다. 오류를 발견했다면 http://www.packtpub.com/submit-errata에서 책 제목을 선택하고 Errata Submission Form 링크를 클릭해 자세한 내용을 입력할 수 있다. 보내준 오류 내용이 확인되면 웹사이트에 그 내용이 올라가거나 해당 서적의 정오표 부분에 그 내용이 추가될 것이다.

기존 오류 수정 내용은 https://www.packtpub.com/books/content/support 검색창에 책 제목을 입력해보라. Errata 절 하단에 필요한 정보가 나타날 것이다.

한국어판은 에이콘출판사의 도서정보 페이지 http://www.acornpub.co.kr/book/c-multithreading에서 찾아볼 수 있다.

저작권 침해

인터넷에서의 저작권 침해는 모든 매체에서 벌어지고 있는 심각한 문제다. 팩트출판사에선 저작권과 라이선스 보호를 매우 심각하게 인식하고 있다. 어떤 형태로든 팩트출판사 서적의 불법 복제물을 인터넷에서 발견했다면 적절한 조치를 취할 수 있도록 해당 주소나 사이트명을 알려주길 바란다.

의심되는 불법 복제물 링크를 copyright@packtpub.com으로 보내주길 바란다. 저자를 보호하고 가치 있는 내용을 계속 만들 수 있도록 도와주는 독자 여러분의 마음에 깊은 감사의 뜻을 전한다.

질문

이 책과 관련해서 어떠한 종류의 질문이라도 있다면 questions@packtpub.com으로 문의하길 바란다. 최선을 다해 질문에 답하겠다. 한국어판에 관한 질문은 이 책의 옮긴이나 에이콘출판사 편집 팀(editor@acornpub.co.kr)으로 문의해주길 바란다.

01

멀티스레딩 검토

이 책을 보고 있다면 C++나 아마도 그 밖의 다른 언어로 이미 멀티스레드^{multithreaded} 프로그래밍을 작성해봤을 것이다. 1장에서는 기본적인 멀티스레드 애플리케이션을 살펴봄으로 순수하게 C++ 관점에서 이 주제를 다시 요약해보며 또한 이 책 전반에 걸쳐 사용할 도구들도 다룬다. 1장의 마지막 부분에 이르면 이후 내용을 진행하기 위해 필요한 모든 지식과 정보를 얻을 수 있을 것이다.

1장에서 다루는 주제는 다음과 같다.

- 네이티브^{native} API를 사용해 C++에서 기본적인 멀티스레딩
- 기본적인 메이크파일^{makefiles} 작성과 GCC/MinGW의 사용법
- make를 사용해 프로그램을 컴파일하고 명령행에서 이를 실행하기

▌ 시작하기

이 책의 과정에서 GCC-기반 툴체인(GCC나 윈도우에서 MinGW)의 사용을 가정한다. 다른 대안적인 툴체인(clang과 MSVC, ICC 등)을 사용하고자 한다면 이들 툴체인을 위해 제공되는 문서를 참조해 호환되는 명령을 살펴봐야 한다.

이 책에서 제공되는 예제를 컴파일하기 위해 메이크파일을 사용한다. 메이크파일에 익숙하지 않은 독자를 위해 첨언하면, 메이크파일은 단순하지만 강력한 텍스트 기반 형식으로 돼 있으며, 소스 코드를 컴파일하고 빌드 환경을 조작하는 작업을 포함한 빌드 작업을 자동화하기 위해 make 툴을 사용한다. 1977년에 출시된 make는 오늘날까지 남아 있는 가장 인기 있는 빌드 자동화 툴 가운데 하나다.

윈도우 사용자에게는 MSYS2(윈도우에서 Bash)가 권장되며 명령행(Bash나 이에 상응하는 것)에 익숙하다고 가정한다.

▌ 멀티스레드 애플리케이션

가장 기본적인 형태의 멀티스레드 애플리케이션은 둘 또는 그 이상의 스레드를 가진 단일 프로세스로 구성된다. 이들 스레드는 다양한 방식으로 사용될 수 있다. 예를 들어 프로세스로 하여금 발생하는 특정 이벤트를 하나의 스레드가 처리하게 하거나 여러 스레드에 작업을 분산해 데이터를 처리해 속도를 높이는 등의 방식으로 이벤트에 비동기적으로 응답하게 할 수 있다.

이벤트에 대한 비동기적 응답의 예로, 그래픽 유저 인터페이스^{GUI} 이벤트와 네트워크 이벤트를 별도의 스레드에서 처리하도록 해 상이한 이들 두 이벤트 유형이 서로 대기할 필요도 없거니와 또한 상이한 이들 두 이벤트 유형은 제시간에 응답하는 이벤트를 서로 블록시키지 않도록 하는 것을 들 수 있다. 일반적으로 하나의 스레드는 GUI나 네트워크 이벤트를 처리한다거나 데이터를 처리하는 것처럼 하나의 작업을 수행한다.

이런 기본적인 예의 경우, 애플리케이션은 하나의 스레드로 시작한 다음에 추가적인 스레드를 시작하고 이들이 작업을 마치기를 대기한다. 이들 새로운 각 스레드는 종료 전에 자신들의 작업을 완료한다.

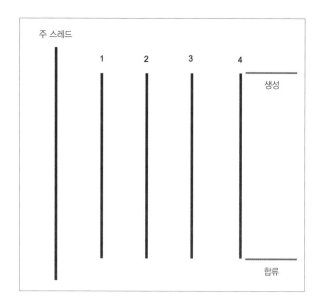

애플리케이션을 위한 포함 파일과 전역 변수부터 알아보자.

```
#include <iostream>
#include <thread>
#include <mutex>
#include <vector>
#include <random>

using namespace std;

// --- Globals
mutex      values_mtx;
mutex      cout_mtx;
vector<int>  values;
```

I/O 스트림과 벡터 헤더 파일은 C++를 사용한 독자라면 친숙할 것이다. 여기서 I/O 스트림은 표준 출력(cout)을 위해 사용됐고 벡터는 일련의 값을 저장하는 용도로 사용된다.

랜덤 헤더 파일은 C++11에 새로 추가됐다. 이름이 암시하듯이 이 파일은 무작위 순서를 생성하는 클래스와 메소드를 제공한다. 여기서는 스레드에 흥미로운 몇몇 작업을 하기 위해 이를 사용한다.

마지막으로 스레드와 뮤텍스^{mutex} 헤더 파일은 이 예제 멀티스레드 애플리케이션에서 핵심이 된다. 이들 파일은 스레드 생성을 위한 기본적 수단을 제공하며 스레드 간에 스레드 안전한^{thread-safe} 상호 작용을 가능케 한다.

다음으로 전역 벡터와 cout 용도의 두 뮤텍스를 생성한다. cout는 스레드 안전한 것이 아니므로 뮤텍스를 생성해야 한다.

이제 메인 함수를 다음과 같이 생성한다.

```
int main() {
    values.push_back(42);
```

벡터 인스턴스^{instance}에 고정값을 넣는다. 이 값은 잠시 후 생성할 스레드가 사용할 것이다.

```
thread  tr1(threadFnc, 1);
thread  tr2(threadFnc, 2);
thread  tr3(threadFnc, 3);
thread  tr4(threadFnc, 4);
```

새로운 스레드를 생성해 사용할 메소드의 이름을 제공하고, 인자를 전달한다. 이 경우 한 정숫값이 그 인자가 된다.

```
tr1.join();
tr2.join();
tr3.join();
tr4.join();
```

다음으로 각 스레드 인스턴스에 대해 join()를 호출해 진행을 계속하기 전에 각 스레드가 작업을 마치기를 대기한다.

```
    cout << "Input: " << values[0] << ", Result 1: " << values[1] << ",
Result 2: " << values[2] << ", Result 3: " << values[3] << ", Result 4: "
<< values[4] << "\n";

    return 1;
}
```

이 시점에서 각 스레드는 수행하기로 한 작업을 완료해 그 결과를 벡터에 추가했을 것으로 기대할 수 있으며 이 값을 읽어서 사용자에게 보여줄 수 있다.

물론 이것은 애플리케이션 내부에서 실제로 발생하는 일들을 전혀 보여주지 않고 단지 스레드 사용에 대한 간단 명료한 사항만을 보여준다. 이제 각 스레드 인스턴스에 전달한 메소드 내부에서 일어나는 일들을 살펴보자.

```
void threadFnc(int tid) {
    cout_mtx.lock();
    cout << "Starting thread " << tid << ".\n";
    cout_mtx.unlock();
```

이 코드에서 스레드 메소드에 전달된 정수 인자는 스레드 식별자임을 알 수 있다. 스레드가 시작한다는 것을 표시하기 위해 스레드 식별자가 포함된 메시지가 출력된다. 이 작업에 스레드 안전하지 않은^{non-thread-safe} 메소드를 사용하므로 cout_mtx 뮤텍스를 사용해 이를 안전하게 한다. 이는 단 하나의 스레드만이 cout에 쓰기 작업을 한다는 것을 보장한다.

```
values_mtx.lock();
int val = values[0];
values_mtx.unlock();
```

벡터에 초기 설정값을 구할 때 이 값을 로컬 변수에 복사해 이 벡터에 대한 뮤텍스를 즉시 해제하도록 한다. 이렇게 하면 다른 스레드가 이 벡터를 사용할 수 있게 된다.

```
int rval = randGen(0, 10);
val += rval;
```

이들 두 라인의 코드는 생성된 스레드가 수행하는 핵심 작업을 포함하고 있다. 이들 스레드는 초깃값을 받아서 이에 무작위로 생성된 값을 더한다. randGen() 메소드는 반환값의 범위를 정하는 두 인자를 가진다.

```
    cout_mtx.lock();
    cout << "Thread " << tid << " adding " << rval << ". New value: " <<
val << ".\n";
    cout_mtx.unlock();

    values_mtx.lock();
    values.push_back(val);
    values_mtx.unlock();
}
```

끝으로 새로운 값을 벡터에 추가하기 전에 사용자에게 이 동작의 결과를 알려주는 메시지를 안전하게 로그로 기록한다. 이들 두 작업에 대해 각각 해당 뮤텍스를 사용해 자원 접근에 있어서 스레드 간에 중복이 없도록 보장한다.

메소드가 이 지점까지 도달하면 이 메소드를 포함한 스레드는 종료하고 메인 스레드에서 재합류하기를 대기하는 스레드의 수가 하나 감소하게 된다. 스레드의 합류는 자신을 생성한 스레드로 반환값을 전달하면서 더 이상 존재하지 않게 된다는 것을 의미한다. 이것은 자식 스레드가 마치기를 대기하는 주 스레드나 백그라운드에서 명시적으로 발생할 수 있다.

마지막으로 randGen( ) 메소드를 살펴보자. 여기서 멀티스레드 특정적인 몇몇 추가 사항을 볼 수 있다.

```
int randGen(const  int&  min, const  int&  max) {
    static  thread_local  mt19937
generator(hash<thread::id>( ) (this_thread::get_id( )));
    uniform_int_distribution<int>  distribution(min, max);
    return  distribution(generator)
}
```

이 메소드는 앞서 설명한 것처럼 최솟값과 최댓값을 가진다. 이들 값은 메소드가 반환하는 난수값의 범위를 제한한다. 이 메소드의 핵심은 19937비트의 상태 크기를 가진 32-비트 메르센 트위스터Mersenne Twister 알고리즘을 채택한 mt19937-기반 generator를 사용한다는 것이다. 이것은 대부분의 애플리케이션에 있어서 일반적이고 적절한 방식이다.

여기서 주목할 부분은 thread_local 키워드의 사용이다. 이것은 변수가 정적 변수로 정의돼 있을지라도 그 범위는 자신을 사용하는 스레드로 한정된다는 것을 의미한다. 따라서 모든 스레드는 자신만의 generator 인스턴스를 생성한다. 이는 STL에서 난수 API를 사용할 때 중요하다.

내부 스레드 식별자의 해시가 generator의 시드로 사용된다. 이는 각 스레드가 자신의 generator 인스턴스에 고유한 시드 값을 갖도록 보장해 좀 더 뛰어난 난수 순서를 만들도록 한다.

마지막으로 제공된 최소와 최대 제한 값을 사용해 새로운 uniform_int_distribution 인스턴스를 생성하고 이를 generator 인스턴스와 함께 사용해 반환할 난수를 생성한다.

메이크파일

앞서 설명한 코드를 컴파일하기 위해 IDE를 사용하거나 명령행에서 명령을 입력할 수 있다. 1장 첫 부분에서 언급한 것처럼 이 책의 예제는 메이크파일을 사용한다. 이에 대한 가장 큰 장점은 동일한 많은 명령을 반복해서 입력할 필요가 없으며 make 툴을 지원하는 시스템 간에 이식이 가능하다는 것이다.

추가적인 장점은 이전에 생성된 아티팩트[artifacts]를 자동으로 제거하고 변경된 소스 파일만 컴파일할 수 있고 빌드 단계에 대한 세부 제어가 가능하다는 점이다.

이 예제의 메이크파일은 다소 기본적이다.

```
GCC := g++

OUTPUT := ch01_mt_example
SOURCES := $(wildcard *.cpp)
CCFLAGS := -std=c++11 -pthread

all: $(OUTPUT)

$(OUTPUT):
    $(GCC) -o $(OUTPUT) $(CCFLAGS) $(SOURCES)

clean:
    rm $(OUTPUT)

.PHONY: all
```

차례대로 살펴보면 먼저 사용할 컴파일러(g++)를 정의하고 출력 바이너리의 이름을 정한다(윈도우에서 .exe 확장자가 자동으로 파일 이름 뒤에 추가된다). 그리고 소스와 중요한 컴파일러 플래그 수집 정보가 뒤이어 나온다.

와일드카드 기능을 이용하면 폴더의 각 소스 파일 이름을 개별적으로 정의할 필요 없이 와일드카드 다음에 나오는 문자열과 일치하는 모든 파일을 한 번에 수집할 수 있다.

컴파일러 플래그의 경우 여기서는 c++11 기능을 활성화하는 것에만 관심을 둔다. GCC 컴파일러에서는 이 컴파일러 플래그를 아직도 필요로 한다.

all 메소드의 경우 make로 하여금 제공된 정보와 함께 g++를 실행하도록 알려준다. 그 다음에 생성된 바이너리를 제거하는 clean 메소드를 정의한다. 마지막으로 make가 이 폴더에서 all 이름의 어떤 폴더나 파일을 해석하지 말고 .PHONY 섹션과 함께 내부 메소드를 사용하도록 알려준다.

이 메이크파일을 실행하면 다음과 같은 명령행 출력을 볼 수 있다.

```
$ make
g++ -o ch01_mt_example -std=c++11 ch01_mt_example.cpp
```

이제 같은 폴더에서 ch01_mt_example로 명명된 실행 파일(윈도우에서는 .exe 확장자가 붙어 있다)을 볼 수 있을 것이다. 이 바이너리를 실행하면 다음과 유사한 명령행 출력물을 볼 수 있다.

```
$ ./ch01_mt_example.exe

Starting thread 1.

Thread 1 adding 8. New value: 50.

Starting thread 2.
```

```
Thread 2 adding 2. New value: 44.

Starting thread 3.

Starting thread 4.

Thread 3 adding 0. New value: 42.

Thread 4 adding 8. New value: 50.

Input: 42, Result 1: 50, Result 2: 44, Result 3: 42, Result 4: 50
```

여기서 볼 수 있는 것은 스레드와 이들의 출력이 다소 비동기적 특성을 갖는다는 점이다. 스레드 1과 2는 시작과 종료가 순서대로 동기적으로 실행하는 것처럼 보이는 반면 스레드 3과 4는 동시에 시작해 자신들의 동작을 로그로 남기므로 확실히 비동기적으로 실행하는 것처럼 보인다. 이런 이유와 더불어 특히 좀 더 오래 실행하는 스레드에 있어서 그 로그 출력과 반환되는 결과의 순서를 언급하기는 실제적으로 불가능하다.

스레드의 결과를 수집하기 위해 간단한 벡터를 사용했더라도 Result 1이 처음에 ID 1을 부여한 스레드의 것이라고는 확언할 수 없다. 이 정보가 필요하다면 처리 스레드에 대한 세부적 내용을 가진 정보 구조체를 사용해 반환할 데이터를 확장해야 한다.

예를 들어 다음과 같은 구조체를 사용할 수 있다.

```
struct result {
    int tid;
    int result;
};
```

이제 벡터도 정수 인스턴스가 아닌 result 인스턴스를 갖도록 변경돼야 한다. 초기 정 숫값을 인자로 스레드에 직접 전달할 수 있거나 몇몇 다른 방법으로 이를 전달할 수도 있다.

▋ 그 밖의 애플리케이션

1장의 예제는 데이터나 작업을 병렬적으로 처리해야 하는 애플리케이션에 유용하다. 앞서 언급한 비즈니스 로직과 네트워크 관련 기능을 가진 GUI 기반의 애플리케이션이라면, 필요한 스레드를 시작하는 주 애플리케이션의 기본 설정은 동일하게 유지되겠지만, 각 스레드는 동일하지 않고 완전히 다른 메소드가 될 수 있다.

이런 유형의 애플리케이션 경우, 스레드 배치는 다음과 같을 것이다.

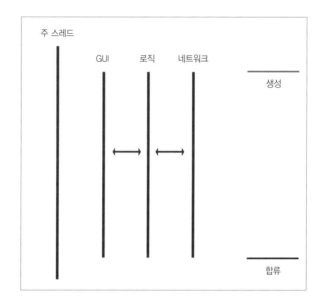

이 그림에서 보듯 주 스레드는 GUI와 네트워크, 비즈니스 로직 스레드를 시작한다. 여기서 비즈니스 로직 스레드는 데이터를 주고받기 위해 네트워크 스레드와 통신을 한다. 비즈니스 로직 스레드는 또한 사용자 입력을 GUI 스레드로부터 받으며 갱신된 값을 GUI에 표시하도록 되돌려준다.

▎ 요약

1장에서 네이티브 스레드 API를 사용해 C++에서 멀티스레드 애플리케이션에 관한 기본적 사항을 살펴봤다. 여러 스레드가 한 작업을 병렬로 수행하도록 하는 방법과 멀티스레드 애플리케이션에서 STL 내의 난수 API를 올바르게 사용하는 방법도 알아봤다.

2장에서는 하드웨어와 운영체제에서 멀티스레딩 구현 방법을 논의한다. 이 구현이 프로세서 아키텍처와 운영체제마다 어떻게 다른지 알아보고 이것이 멀티스레드 애플리케이션에 어떤 영향을 주는지 살펴본다.

02

프로세서와 OS에서의 멀티스레딩 구현

멀티스레드 애플리케이션의 기초는 프로세서 하드웨어에 의한 필요한 기능의 구현과 더불어 이들 기능을 애플리케이션이나 운영체제가 사용하도록 API로 변환하는 방식에 의해 마련된다. 이런 기초적 사항을 받아들이는 것은 멀티스레드 애플리케이션을 최적으로 구현하는 방법을 직관적으로 이해하는 데 필수적이다.

2장은 하드웨어와 운영체제가 오늘날 사용되는 현재 구현과 API에 이르기까지의 수년에 걸쳐 진화한 방식을 살펴본다. 이는 1장의 예제 코드가 최종적으로 프로세서 명령과 관련 하드웨어 명령으로 변환되는 방법을 보여줄 것이다.

2장에서 다룰 주제는 다음과 같다.

- 멀티스레딩 개념을 지원하기 위한 프로세서 하드웨어의 발전
- 이들 하드웨어 기능을 사용하기 위해 운영체제가 변경된 방식

- 다양한 아키텍처에서 메모리 안전성과 메모리 모델 이면의 개념
- OS에 의한 다양한 프로세스 모델과 스레딩 모델 간의 차이점

프로세스와 스레드의 정의

기본적으로 운영체제에 있어서 프로세스는 각 스레드가 자신만의 상태와 변수를 처리하는 하나 또는 그 이상의 스레드로 구성된다. 이것은 하나 또는 그 이상의 스레드로 구성되는 프로세스(사용자) 실행을 지원하는 OS를 기본으로 하는 계층적 구성으로 여길 수도 있다. 프로세스 간의 통신은 운영체제에 의해 제공되는 프로세스 간 통신IPC, inter-process communication으로 처리된다.

그림으로 도식화하면 다음과 같다.

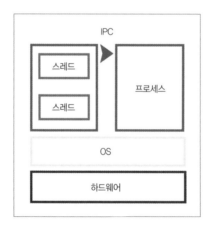

OS 내의 각 프로세스는 고유한 상태를 갖는다. 프로세스 내의 각 스레드도 고유한 상태와 더불어 동일한 프로세스 내의 다른 스레드에 대한 상대적 상태도 가진다. IPC 기능을 통해 프로세스가 서로 통신을 주고받는 반면 스레드는 동일한 프로세스 내의 다른 스레드와 다양한 방식으로 통신할 수 있다. 이는 3장에서 좀 더 심도 있게 논의하기로 하겠지만 일반적으로 스레드 간에 일종의 공유 메모리를 갖는다.

애플리케이션은 리눅스와 그 밖의 많은 운영체제에서 일반적으로 사용되는 ELF^Executable and Linkable Format^ 같은 특정 실행 가능 포맷의 바이너리 데이터로부터 로드된다. ELF 바이너리인 경우 다음과 같은 여러 섹션이 항상 존재한다.

- .bss
- .data
- .rodata
- .text

.bss 섹션은 실행 파일에 순수 0의 값을 저장하는 것은 의미가 없기 때문에 기본적으로 바이너리에 공간을 전혀 차지하지 않는 빈 배열을 가진 초기화되지 않은 메모리로 할당된다. 유사하게 초기화된 데이터를 가진 .data 섹션이 존재한다. 이 섹션은 전역 테이블과 변수 등을 가진다. 마지막으로 그 이름이 암시하듯이 읽기 전용인 .rodata 섹션은 .data 섹션과 유사하다. 이 섹션은 하드코딩된 문자열 같은 것들을 포함한다.

.text 섹션에서 프로세서에서 실행되는 실제 애플리케이션 명령(코드)을 찾을 수 있다. 이들 모두가 운영체제에 의해 로드돼 프로세스를 생성한다. 이런 프로세스의 배치는 다음 그림과 유사할 것이다.

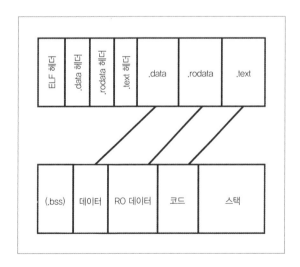

메모리 내의 최종 포맷은 PE 포맷 바이너리에서 시작하는 윈도우 프로세스를 포함해 기본적으로 어떤 OS에서라도 대략 비슷하겠지만, 이것은 프로세스가 ELF 포맷 바이너리로부터 시작할 때의 모습을 보여준다. 바이너리의 각 섹션은 명시된 크기에 따라 할당되는 BSS 섹션과 더불어 각각의 섹션에 로드된다. .text 섹션은 다른 섹션과 함께 로드되고 로드가 완료되면 그 초기 명령이 실행돼 프로세스를 시작한다.

C++ 같은 시스템 언어에서 프로세스 내의 변수와 프로그램 상태 정보가 스택(변수는 범위 내에 존재한다)과 (new 연산자를 사용하는) 힙에 어떤 식으로 저장되는지 살펴볼 수 있다. 스택은 (스레드별로 할당된) 메모리 섹션으로 그 크기는 운영제체와 구성에 따라 달라진다. 새로운 스레드를 생성할 때 프로그램에서 스택 크기를 설정할 수도 있다.

운영제제에서 프로세스는 그 크기는 일정하며 메모리 포인터의 크기에 의해 제한되는 메모리 주소의 블록으로 구성된다. 32-비트 OS의 경우 이 조건에 따라 블록은 4GB로 제한된다. 이 가상 메모리 공간 내에 OS는 기본 스택과 힙을 할당한다. 이들 두 영역은 모든 메모리가 소진될 때까지 확장될 수 있으며 이때 프로세스가 추가적으로 메모리 할당을 시도하면 거부된다.

스택은 운영체제와 하드웨어 모두를 위한 개념이다. 본질적으로 스택은 스택 프레임의 모임(스택)이다. 각 스택 프레임은 변수와 명령어, 태스크 실행과 관련된 그 밖의 다른 데이터로 구성된다.

하드웨어 관점에서 스택은 프로세서가 실행 인스턴스(프로그램이나 스레드)를 정의하는 방식인 태스크(x86)나 프로세스 상태(ARM)의 일부분이다. 이에 대한 좀 더 자세한 사항은 다음 절을 보자.

x86에서의 태스크(32-비트와 64-비트)

태스크taks는 인텔 IA-32 시스템 프로그래밍 가이드, 볼륨 3A에 다음과 같이 정의돼 있다.

"태스크는 프로세서가 디스패치하고 실행하고 중지시킬 수 있는 작업의 단위다. 태스크는 프로그램이나 태스크, 프로세스, 운영체제 서비스 유틸리티, 인터럽트, 예외 핸들러, 커널, 익스큐티브 유틸리티를 실행하는 데 사용될 수 있다."

"IA-32 아키텍처는 태스크의 상태를 저장하고, 실행을 위해 태스크를 디스패칭하고, 한 태스크에서 다른 태스크로 전환하기 위한 메커니즘을 제공한다. 보호 모드에서 동작할 때 모든 프로세서 실행은 태스크 내에서 이뤄진다. 간단한 시스템일지라도 최소 하나의 태스크는 정의해야 한다. 좀 더 복잡한 시스템은 프로세서의 태스크 관리 기능을 사용해 멀티태스킹 애플리케이션을 지원할 수 있다."

IA-32 (Intel x86) 매뉴얼에서 발췌한 이런 내용은 하드웨어 지원과 구현이 운영체제와 프로세스, 이들 프로세스 간의 전환을 어떻게 지원하는지 요약해준다.

여기서 알아야 할 중요한 사항은 프로세서에는 프로세스나 스레드 같은 것은 존재하지 않는다는 것이다. 알고 있는 사항은 단지 일련의 명령으로 정의된 실행 스레드가 있다는 것이다. 애플리케이션이 프로세스의 데이터 섹션 내에서 실행될 때 이들 명령은 메모리 어딘가에 로드되고 이들 명령의 현재 위치는 생성되는 변수 데이터(변수들)와 함께 추적이 이뤄진다.

각 태스크는 또한 하드웨어에 의해 정의된 보호 링 내에서 실행한다. OS 태스크는 일반적으로 링 0에서, 사용자 태스크는 링 3에서 실행한다. x86 아키텍처의 최근 OS에서 링 1과 2는 특수한 경우를 제외하면 사용되지 않는다. 이들 링은 하드웨어에 의해 강제된 특권 레벨로서 커널과 유저 레벨 태스크의 엄격한 분리를 가능하게 해준다.

32-비트와 64-비트 태스크 용도의 태스크 구조체는 개념에 있어서 매우 유사하다. 이 구조체의 공식적 이름은 태스크 상태 구조체TSS, Task State Structure이다. 이 구조체는 32-비트 x86 CPU에서 다음과 같다.

31		15		0	
I/O 맵 베이스 주소		예약		T	100
예약		LDT 세그먼트 셀렉터			96
예약		GS			92
예약		FS			88
예약		DS			84
예약		SS			80
예약		CS			76
예약		ES			72
EDI					68
ESI					64
EBP					60
ESP					56
EBX					52
EDX					48
ECX					44
EAX					40
EFLAGS					36
EIP					32
CR3(PDBR)					28
예약		SS2			24
ESP2					20
예약		SS1			16
ESP1					12
예약		SS0			8
ESP0					4
예약		이전 태스크 링크			0

▢ 예약 비트. 0으로 설정

다음과 같은 필드가 존재한다.

- SS0: 첫 번째 스택 세그먼트 셀렉터 필드
- ESP0: 첫 번째 SP 필드

64-비트 x86_64 CPU의 경우 하드웨어 기반 태스크 전환이 이 모드에서 지원되지 않기 때문에 TSS 배치는 다소 다르다.

31	15	0	
I/O 맵 베이스 주소		예약	100
예약			96
예약			92
IST7(상위 32비트)			88
IST7(하위 32비트)			84
IST6(상위 32비트)			80
IST6(하위 32비트)			76
IST5(상위 32비트)			72
IST5(하위 32비트)			68
IST4(상위 32비트)			64
IST4(하위 32비트)			60
IST3(상위 32비트)			56
IST3(하위 32비트)			52
IST2(상위 32비트)			48
IST2(하위 32비트)			44
IST1(상위 32비트)			40
IST1(하위 32비트)			36
예약			32
예약			28
RSP2(상위 32비트)			24
RSP2(하위 32비트)			20
RSP1(상위 32 비트)			16
RSP1(하위 32비트)			12
RSP0(상위 32비트)			8
RSP0(하위 32비트)			4
예약			0

예약 비트. 0으로 설정

여기서도 이름은 다르지만 유사한 관련 필드를 볼 수 있다.

- **RSPn**: 특권 레벨 0~2 용도의 SP
- **ISTn**: 인터럽트 스택 테이블 포인터

32-비트 모드의 x86에서조차도 CPU는 태스크 간에 하드웨어 기반의 전환을 지원한다. 대부분의 운영체제는 모드에 관계없이 CPU별로 하나의 TSS 구조체를 사용해 소프트웨어에서 태스크 간의 실제 전환을 수행한다. 이것은 부분적으로 효율성(변경 포인터만을 스왑 아웃하는)에 기인하고 스레드나 프로세스의 우선순위 조정을 위해 프로세스/스레드에 의해 사용되는 CPU 시간 측정 같은 작업은 이런 방식으로만 가능한 것에 기인하기도 한다. 64-비트는 하드웨어 기반의 태스크 전환을 지원하지 않으므로 소프트웨어에서 이것을 수행하면 64-비트와 32-비트 시스템 간의 코드 이식이 간단해진다.

(일반적으로 인터럽트를 통해) 소프트웨어 기반의 태스크 전환 동안 ESP/RSP 등은 메모리에 저장되고 다음 스케줄될 태스크의 값으로 대체된다. 이는 실행이 재개되면 TSS 구조체는 새로운 태스크의 스택 포인터(SP)와 세그먼트 포인터(들), 레지스터 내용, 그 밖의 세부적 것을 갖게 됨을 의미한다.

인터럽트의 출처는 하드웨어나 소프트웨어일 수 있다. 하드웨어 인터럽트는 자신들이 OS에 의한 관심을 가지기 위해 CPU에게 알리기 위한 용도로 일반적으로 장치에 의해 사용된다. 하드웨어 인터럽트를 호출하는 행위는 인터럽트 요청Interrupt Request 또는 IRQ로 부른다.

소프트웨어 인터럽트는 CPU 자체의 예외적 상황이나 CPU 명령 셋의 기능으로 기인할 수 있다. OS 커널에 의한 태스크 전환 행위는 소프트웨어 인터럽트를 유발함으로 수행된다.

ARM에서의 프로세스 상태

ARM 아키텍처에서 애플리케이션은 일반적으로 x86 아키텍처의 링 3에 비교되는 비특권 상태인 예외 레벨Exception Level 0(EL0)에서 실행하며 OS 커널은 EL1에서 실행한다. ARMv7

(AArch32, 32-비트) 아키텍처는 범용 레지스터 13에 SP를 가진다. ARMv8(AArch64, 64-비트)의 경우 각 예외 수준(SP_EL0, SP_EL1 등)마다 전용 SP 레지스터가 구현돼 있다.

태스크 상태의 경우 ARM 아키텍처는 현재 프로그램 상태 레지스터CPSR, Current Program State Register 또는 저장 프로그램 상태 레지스터SPSR, Saved Program State Register 프로그램 상태 레지스터를 위해 프로그램 상태 레지스터PSR, Program State Register 인스턴스를 사용한다. PSR은 프로세스 상태 정보의 추상적 개념으로 프로세스 상태PSTATE, Process State의 일부분이다.

ARM 아키텍처는 x86 아키텍처와 상당히 다르지만 소프트웨어 기반의 태스크 전환을 사용할 때 그 기본 원칙은 변하지 않는다. 즉, 현재 태스크의 SP와 레지스터 상태를 저장하고서 처리를 재개하기 전에 다음 태스크의 세부적 사항을 SP와 레지스터에 읽어들인다.

█ 스택

이전 절에서 살펴봤듯이 CPU 레지스터와 함께 스택은 태스크를 정의한다. 앞서 논의했듯이 이 스택은 스택 프레임으로 구성된다. 이들 각 프레임은 태스크 실행에 대한 특정 인스턴스의 (로컬) 변수와 인자, 데이터, 명령을 정의한다. 주목할 사항은 스택과 스택 프레임이 주로 소프트웨어 개념일지라도 이것은 다수의 CPU 명령 세트에서 하드웨어 지원을 갖춘 현대 OS에서의 필수적 기능이라는 것이다. 스택을 도식화하면 다음과 같을 것이다.

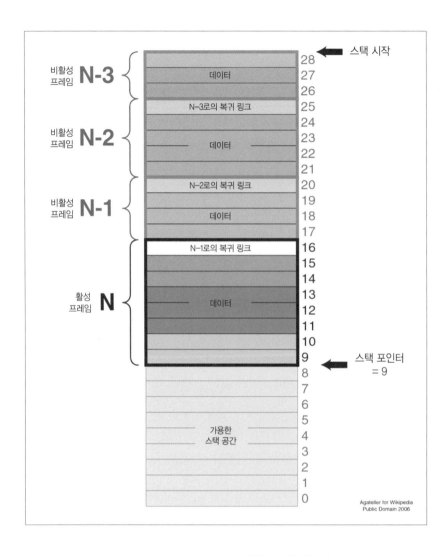

SP(x86에서 ESP)는 추가적인 확장 베이스 포인터^{EBP, Extended Base Pointer}(x86에서)와 함께 스택의 최상단을 가리킨다. 각 프레임은 OS에 의해 설정된 이전 프레임에 대한 참조(호출자 복귀 주소)를 가진다.

이것은 C++ 애플리케이션에 디버거를 사용할 때 역추적 기능에서 기본적으로 보이는 것으로 스택의 각 프레임은 최초의 스택 프레임부터 시작해 현재 프레임까지를 나타낸다. 이때 각 개별 프레임의 세부적 사항을 살펴볼 수 있다.

▌ 멀티스레딩의 정의

지난 수십 년에 걸쳐 컴퓨터에 의해 태스크가 처리되는 방식과 관련된 수많은 용어가 양산되고 사용돼 왔다. 이들 중의 많은 용어가 서로 혼용되고 올바르게 또는 그렇지 않은 방식으로 사용됐다. 한 예로 멀티스레딩과 멀티프로세싱의 비교를 들 수 있다.

멀티프로세싱은 다수의 물리적 프로세서가 존재하는 시스템에서 각 프로세서마다 하나의 태스크를 실행하는 것을 의미하고, 멀티스레딩은 단일 프로세서에 동시에 여러 태스크를 실행하는 것을 의미한다. 따라서 멀티스레딩은 태스크가 모두 동시에 실행하고 있다는 착각을 불러일으킨다.

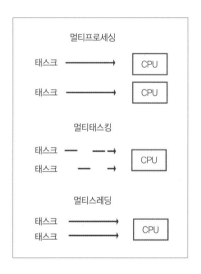

멀티프로세싱과 멀티태스킹 간의 또 다른 흥미로운 차이점은 후자는 단일 프로세서 코어에 여러 스레드를 실행하기 위해 타임-슬라이스$^{time-slices}$를 사용한다는 것이다. 이것은 멀티태스킹 시스템에서 태스크는 여전히 인터럽트될 수 있음에도 불구하고 동일한 CPU 코어에서 병행적 방식으로 태스크가 실행하지 않는다는 점에서 멀티스레딩과 다르다.

프로세스 개념과 프로세스 내에 포함된 스레드 간의 공유 메모리 공간은 소프트웨어 관점에서 멀티스레드 시스템의 핵심이 되는 부분이다. 그렇지만 하드웨어는 OS에 대한 하나의 태스크만 볼 뿐 종종 이런 사실을 인지하지 못한다. 멀티스레드 프로세스는 둘 또는 그 이상의 스레드를 포함하며 이들 각 스레드는 자신만의 고유한 태스크를 수행한다.

x86 프로세서의 인텔 하이퍼-스레딩^{HT, Hyper-Threading} 같은 다른 구현에서는 이런 멀티스레딩은 하드웨어 자체적으로 구현되며 이를 동시 멀티스레딩^{SMT, Simultaneous multithreading}이라고 흔히 부른다. 자세한 사항은 '동시 멀티스레딩' 절을 참고하자. HT가 활성화될 때 각 물리적 CPU 코어는 두 개의 코어로서 OS에 제공된다. 하드웨어는 처리 코어의 다른 요소를 동시에 사용할 수 있는 동작을 스케줄링하면서 소위 말하는 이들 가상 코어에 할당된 태스크를 병행적으로 실행하고자 한다. 실제로 이는 운영체제나 최적화를 필요로 하는 애플리케이션이 없이도 성능에 괄목할 만한 향상을 보여준다.

하드웨어는 자신이 실행하고 있는 명령에 대해 많은 세부적 사항을 인지하지 못하기 때문에 OS는 태스크의 실행을 추가적으로 최적화하기 위한 자신만의 스케줄링을 할 수 있다.

HT가 활성화됐다면 시각적으로 다음과 같이 보일 수 있다.

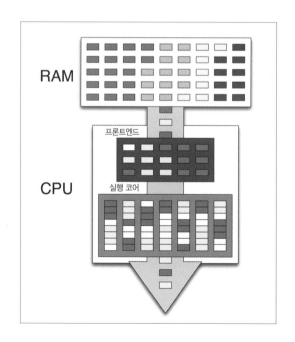

이 그림에서 메모리 내(RAM)에 4개의 다른 태스크 명령을 볼 수 있다. 이들 중 두 태스크 (스레드)는 동시에 실행이 되고 있으며 CPU 스케줄러(프론트엔드 부분에서)는 명령을 스케줄링해 가급적 많은 명령이 병렬적으로 실행될 수 있게 한다. 이런 작업이 불가능하면 실행 하드웨어가 유휴 상태가 되는 소위 말하는 파이프라인 버블(흰색 부분)이 발생한다.

내부 CPU 최적화와 함께 이런 방식은 초당 명령어^{IPC, Instructions Per Second} 수로 부르는 매우 높은 명령 처리량을 보여준다. 일반적으로 CPU의 GHz 수치 대신에 IPC 수치가 CPU의 순수 성능을 결정하는 데 훨씬 더 중요하다.

플린의 분류

다른 유형의 컴퓨터 아키텍처는 1966년으로 거슬러 올라가 마이클 J. 플린^{Michael J. Flynn}이 처음 제안한 시스템을 사용해 분류한다. 이 분류 시스템은 4개의 범주를 인지하고서 입력과 출력 스트림의 개수의 관점에서 처리 하드웨어의 능력을 정의한다.

- **단일 명령, 단일 데이터**^{SISD, Single Instruction, Single Data}: 하나의 명령이 하나의 데이터 스트림에 동작하기 위해 패치된다. CPU에 대한 전통적인 모델이다.
- **단일 명령, 복수 데이터**^{SIMD, Single Instruction, Multiple Data}: 단일 명령이 여러 데이터 스트림에서 병렬로 동작한다. 그래픽 처리 유닛^{GPU} 같은 벡터 프로세서가 사용한다.
- **복수 명령, 단일 데이터**^{MISD, Multiple Instruction, Single Data}: 다른 처리 유닛에 의해 동일한 동작이 동일한 데이터에 의해 수행돼 그 결과는 하드웨어 실패를 탐지하기 위해 마지막 부분에서 검증하는 중복 시스템에서 가장 흔히 사용된다. 항공 전자 시스템 등에서 주로 이용한다.
- **복수 명령, 복수 데이터**^{MIMD, Multiple Instruction, Multiple Data}: 이 모델의 경우 멀티프로세싱 시스템이 매우 적합하다. 여러 프로세서에 걸친 다수의 스레드는 복수의 스트림 데이터를 처리한다. 이들 스레드는 SIMD 경우처럼 동일하지 않다.

이들 범주에 주목할 만한 중요한 사항은 이들 모두는 멀티프로세싱 관점에서 정의됐다는 것이다. 즉, 이들 범주가 하드웨어의 본질적인 기능을 나타내고 있음을 의미한다. 소프트웨어 기법을 사용해 어떤 메소드라도 일반적인 SISD 유형의 아키텍처에서 하드웨어의 근사치에 근접할 수 있다. 하지만 이것은 멀티스레딩의 일부다.

대칭 대 비대칭 멀티프로세싱

지난 수십 년 동안 복수 처리 유닛을 가진 수많은 시스템이 만들어졌다. 이들은 크게 대칭형 멀티프로세싱SMP, Symmetric Multiprocessing과 비대칭형 멀티프로세싱AMP, Asymmetric Multiprocessing 시스템으로 나눌 수 있다.

AMP의 주요 정의 특성은 주 CPU의 주변 장치로 두 번째 프로세서가 연결된다는 것이다. 이는 부속 프로세서는 소프트웨어 제어를 실행하지 못하고 단지 사용자 애플리케이션만을 실행할 수 있음을 의미한다. 이런 접근법은 또한 상이한 아키텍처를 사용하는 CPU를 연결해 예를 들어 68k 기반의 아미가Amiga 시스템에서 x86 애플리케이션을 실행할 수 있게 하는 데에도 사용될 수 있다.

SMP 시스템에서 각각의 CPU는 동일한 하드웨어 자원을 접근하는 동료들이며 협업 방식으로 구성된다. 최초에 SMP 시스템은 복수의 물리 CPU를 가졌지만 그 후로는 복수의 프로세서 코어가 하나의 CPU 칩에 통합됐다.

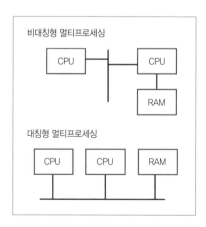

멀티-코어 CPU가 확산됨에 따라 유니프로세싱(단일 코어, 단일 프로세서)이 여전히 일반적인 임베디드 개발 분야를 제외하면, SMP는 가장 흔한 형태의 처리 방식으로 자리 잡았다.

기술적으로 시스템 내의 사운드와 네트워크 그래픽 프로세서는 CPU와 관련된 비대칭형 프로세서로 간주할 수 있다. 범용 GPU(GPGPU) 처리가 증가함에 따라 AMP는 좀 더 적절한 유형이 되고 있다.

느슨하거나 단단하게 결합된 멀티프로세싱

멀티프로세싱 시스템은 단일 시스템 내에 반드시 구현될 필요는 없으며 네트워크로 연결된 여러 시스템으로 구성될 수 있다. 이런 클러스터를 느슨하게 결합된 멀티프로세싱 시스템이라고 한다. 9장, '분산 컴퓨팅에서의 멀티스레딩'에서 분산 컴퓨팅을 다룬다.

이것은 같은 저수준의 버스와 고속의 버스 등을 사용하는 단일 인쇄 회로 보드[PCB]에 통합된 시스템인 단단하게 결합된 멀티프로세싱 시스템과는 상반되는 개념이다.

멀티프로세싱과 멀티스레딩의 결합

멀티-코어 CPU가 제공되는 거의 모든 최근 시스템은 둘 또는 그 이상의 처리 코어를 단일 프로세서 칩에 결합하는 형태로 멀티프로세싱과 멀티스레딩을 결합한다. 운영체제에서 이것이 의미하는 바는 최대 성능을 이끌어내기 위해 특정 코어에서 태스크를 스케줄링하면서 여러 처리 코어에서도 함께 태스크를 스케줄해야 한다는 것이다.

이것은 잠시 후에 살펴볼 태스크 스케줄러의 영역이다. 이것은 그 자체만으로도 한 권의 책 분량이 될 만큼 충분한 주제다.

멀티스레딩 유형

멀티프로세싱과 마찬가지로 단 하나의 구현이 존재하는 것이 아니라 주요한 두 가지 구현이 있다. 이들 구현 간의 차이점은 프로세서가 한 사이클 동안에 동시에 실행할 수 있는 스레드의 최대 개수에 있다. 멀티스레딩 구현의 주요 목적은 합리적으로 가능한 한 프로세서 하드웨어 사용량을 100%에 근접하게 하는 것이다.

다음 절에서는 두 종류의 멀티스레딩을 다룬다.

시간적 멀티스레딩

슈퍼-스레딩으로도 알려져 있는 시간적 멀티스레딩$^{TMT, temporal multithreading}$의 주요 하위 유형으로 큰 단위$^{coarse-grained}$와 작은 단위$^{fine-grained}$(또는 인터리브^{interleaved}) 유형이 있다. 전자는 태스크 간의 빠른 전환을 하면서 다른 태스크의 컨텍스트로 전환하기 전에 자신의 컨텍스트를 저장한다. 후자는 각 사이클마다 태스크를 전환해 다양한 태스크의 명령으로 CPU 파이프라인을 구성한다. 이것이 인터리브라는 용어가 생긴 이유이기도 하다.

작은 단위 유형은 배럴^{barrel} 프로세서에서 구현된다. 이들은 구현이 덜 복잡하면서도 특정 타이밍(엄격한 실시간 임베디드 시스템에서 유용한)을 보장한다는 측면에서 x86이나 그 밖의 다른 아키텍처에 비해 장점을 가진다.

동시 멀티스레딩

동시 멀티스레딩$^{Simultaneous multithreading}$ 즉 SMT는 x86과 ARM 아키텍처를 포함하는 슈퍼스칼라 CPU(명령어 수준의 병렬성을 구현하는)에 구현된다. 특히 코어별로 병렬적으로 복수의 스레드를 실행하는 능력을 갖춘 SMT 정의 특징은 그 이름으로도 또한 알 수 있다.

일반적으로 코어별로 두 개의 스레드가 흔한 경우지만 일부 설계에서는 코어별로 8개까지의 동시 스레드를 지원하기도 한다. 복수의 스레드가 요구함으로 발생하는 명백한 충돌이 존재하고 이를 관리해야 하는 단점이 있을지라도 이 유형의 주요 장점은 스레드 간에 자원을 공유할 수 있다는 것이다. 하드웨어 자원의 중복이 없음으로 인해 CPU 에너지가 좀 더 효율적이게 되는 또 다른 장점도 있다.

인텔의 HT 기술은 2002년 펜티엄 4 CPU부터 기본 두 개의 스레드 SMT 엔진을 제공하는 인텔의 SMT 구현이라고 할 수 있다.

■ 스케줄러

상이한 목표를 지향하는 수많은 태스크-스케줄링 알고리즘이 존재한다. 일부는 최대 처리량을 추구하고 또 다른 일부는 지연 시간을 최소화하며, 응답 시간을 빠르게 하려는 알고리즘도 존재한다. 어떤 스케줄러가 최적의 선택인지는 애플리케이션이 사용하는 시스템에 좌우한다.

데스크톱 시스템의 경우, 스케줄러는 사용자에게 최상의 데스크톱 실행 환경을 제공하기 위해 포어그라운드 애플리케이션에 백그라운 애플리케이션보다 우선순위를 더 주는 방식처럼 일반적으로 가능하다면 범용적으로 유지된다.

임베디드 시스템의 경우, 특히 실시간 시스템에서 산업용 애플리케이션은 타이밍 보장을 우선시할 수 있다. 실시간 시스템에서는 프로세스가 정확한 시각에 실행되도록 해준다. 예를 들어 기계나 로봇을 구동하거나 화학적 처리 작업에서 단 몇 초라도 지연이 된다면 엄청난 비용을 치르거나 치명적 결과를 초래할 수 있는 곳에서 이는 매우 중요하다.

스케줄러 유형은 OS의 멀티태스킹 상태에도 좌우된다. 협력적 멀티태스킹 시스템은 현재 실행 중인 프로세스를 다른 프로세스로 전환시킬 시점(실행 중인 프로세스가 양보를 하는 시점에 좌우된다)에 관해 보장해줄 수 없기 때문이다.

선점형 스케줄러의 경우 프로세스는 자신이 전환된다는 사실을 인지하지 않아도 전환이 이뤄진다. 따라서 스케줄러는 어떤 시점에 프로세스가 실행되는지에 대해 더 잘 제어할 수 있다.

윈도우 NT-기반의 OS(윈도우 NT와 2000, XP 등)는 32개의 우선순위를 갖는 다중레벨 피드백 큐를 사용한다. 이런 유형의 우선순위 스케줄러는 한 태스크를 다른 태스크보다 더 높은 우선순위에 둘 수 있다. 따라서 우선순위 조정을 좀 더 세밀하게 할 수 있다.

리눅스 또한 최초에(커널 2.4) O(n) 성능의 스케줄러로 윈도우 NT처럼 다중레벨 피드백 큐 기반의 우선순위 스케줄러를 사용했다. 버전 2.6에서 이 스케줄러는 상수 시간 내에서 프로세스 스케줄이 가능한 O(1) 성능의 스케줄러로 대체됐다. 리눅스 커널 2.6.23부터 기본 스케줄러는 모든 태스크가 CPU 시간을 공평하게 공유하도록 보장하는 완전히 공평한 스케줄러CFS, Completely Fair Scheduler가 담당한다.

흔히 사용되거나 잘 알려진 여러 OS에서 사용되는 스케줄링 알고리즘 유형이 다음 표에 나열돼 있다.

운영체제	선점	알고리즘
Amiga OS	예	우선순위 라운드 로빈 스케줄링
FreeBSD	예	다중레벨 피드백 큐
리눅스 커널 2.6.0 이전	예	다중레벨 피드백 큐
리눅스 커널 2.6.0–2.6.23	예	O(1) 스케줄러
리눅스 커널 2.6.23 이후	예	완전히 공평한 스케줄러
classic Mac OS pre-9	아님	협력적 스케줄러
Mac OS 9	일부	MP 태스크의 경우 선점형 스케줄러, 프로세스와 스레드의 경우 협력적 스케줄러
OS X/macOS	예	다중레벨 피드백 큐
NetBSD	예	다중레벨 피드백 큐
Solaris	예	다중레벨 피드백 큐
윈도우 3.1x	아님	협력적 스케줄러
윈도우 95,98,Me	중간	32-비트 프로세스의 경우 선점형 스케줄러, 16-비트 프로세스의 경우 협력적 스케줄러
윈도우 NT(2000과 XP, 비스타, 7, 서버 포함)	예	다중레벨 피드백 큐

(출처: https://en.wikipedia.org/wiki/Scheduling_(computing))

이 표에서 선점 컬럼은 스케줄러가 선점형인지 아닌지를 보여주고 알고리즘 컬럼은 좀 더 세부적 사항을 제공한다. 보다시피 선점형 스케줄러는 매우 일반적이며 모든 최신 데 스크톱 운영체제에서 사용하고 있다.

▌ 예제 애플리케이션 추적

1장, '멀티스레딩 검토'의 예제 코드에서 몇몇 처리를 수행하기 위해 4개의 스레드를 사 용하는 간단한 C++11 애플리케이션을 살펴봤다. 이번 절에서 이 애플리케이션에 대해 하드웨어와 OS 관점에서 살펴보도록 한다.

main 함수의 시작 부분 코드를 보면 하나의 정숫값을 포함하는 구조체를 생성한다.

```
int main() {
    values.push_back(42);
```

OS가 새로운 태스크와 관련 스택 구조체를 생성한 이후 스택에 벡터 데이터 구조체의 인 스턴스(정수 유형에 맞게끔 사용자 정의된)가 할당된다. 이것의 크기는 바이너리 파일의 전역 데이터 섹션(ELF의 BSS)에 명시돼 있다.

애플리케이션이 자신의 진입 함수(기본으로 main( ))를 사용해 실행이 시작되면 이 데이터 구조체는 새로운 정숫값을 가지도록 변경된다.

초기 데이터 값을 제공해 이제 4개의 스레드를 생성한다.

```
    thread tr1(threadFnc, 1);
    thread tr2(threadFnc, 2);
    thread tr3(threadFnc, 3);
    thread tr4(threadFnc, 4);
```

이것은 OS 측면에서 새로운 데이터 구조체를 생성하고 새로운 스레드를 위한 스택을 할당한다는 것을 의미하고, 하드웨어 측면에서 하드웨어 기반의 태스크 전환이 사용되지 않는다면 아무런 변화도 없다는 것을 의미한다.

이 시점에 OS의 스케줄러와 CPU는 이들 태스크(스레드)를 가능한 효율적이고도 빠르게 실행하기 위해 SMP와 SMT 등을 포함한 하드웨어 기능을 이용한 협업을 한다.

이 작업 이후 메인 스레드는 나머지 스레드가 실행을 멈출 때까지 대기한다.

```
    tr1.join();
    tr2.join();
    tr3.join();
    tr4.join();
```

이들은 블록 호출^{blocking calls}로서 4개의 스레드(태스크)가 실행을 종료할 때까지 메인 스레드가 블록돼 있음으로 표시한다. 4개의 스레드의 실행이 모두 종료되는 시점에 OS의 스케줄러는 메인 스레드의 실행을 재개한다.

새롭게 생성된 각 스레드는 먼저 표준 출력에 동기적 접근을 보장하기 위해 뮤텍스를 락 시켰음을 확인하는 문자열을 출력한다.

```
void threadFnc(int tid) {
    cout_mtx.lock();
    cout << "Starting thread " << tid << ".\n";
    cout_mtx.unlock();
```

뮤텍스는 기본적으로 힙의 스택에 저장돼 있는 하나의 값으로 원자적 동작을 사용해 접근된다. 이것은 몇몇 하드웨어 지원이 필요함을 의미한다. 이 뮤텍스를 사용해 태스크는 자신이 진행을 할 수 있는지 아니면 기다렸다가 다시 시도해야 하는지를 검사할 수 있다.

마지막 부분의 코드에서 이 뮤텍스 락은 표준 C++ 출력 스트림에 다른 스레드의 간섭 없이 출력할 수 있게 해준다.

이 작업 이후 벡터의 초깃값을 로컬 변수에 복사한다. 물론 이 작업 역시 동기적으로 이뤄짐을 보장해야 한다.

```
values_mtx.lock();
int val = values[0];
values_mtx.unlock();
```

뮤텍스 락이 다른 스레드의 접근을 염려하지 않고서 또는 해당 스레드가 사용 중인 동안에도 그 값의 변경을 염려하지 않고서 벡터 내의 첫 번째 값을 읽게 해준다는 점을 제외하면 동일하다.

다음과 같이 난수를 생성하는 작업이 이어진다.

```
int rval = randGen(0, 10);
val += rval;
```

여기서는 다음과 같은 randGen() 메소드를 사용한다.

```
int randGen(const int& min, const int& max) {
    static thread_local mt19937 generator(hash<thread::id>()
(this_thread::get_id()));
    uniform_int_distribution<int> distribution(min, max);
    return distribution(generator);
}
```

이 메소드는 스레드 로컬 변수를 사용한다는 점에서 흥미롭다. 스레드 로컬 스토리는 스레드 자신에게 한정적인 메모리 영역이다. 이 영역은 전역 변수에 대해서도 사용될 수 있음에도 불구하고 해당 스레드로 제한된다.

이것은 여기서 사용된 것처럼 정적 변수에 매우 유용하다. 이 메소드를 사용할 때마다 이를 재초기화하기를 원하지 않고 또한 이 인스턴스를 스레드 간에 공유하는 것도 원하지 않으므로 generator 인스턴스를 정적으로 한다. 스레드–로컬 정적 인스턴스를 사용함으로 두 가지 목적을 달성할 수 있다. 정적 인스턴스는 각 스레드별로 생성, 사용된다.

Thread 함수는 이제 동일한 일련의 뮤텍스가 락된 채로 새로운 값이 배열에 복사되면서 끝이 난다.

```
    cout_mtx.lock();
    cout << "Thread " << tid << " adding " << rval << ". New value: " <<
val << ".\n";
    cout_mtx.unlock();

    values_mtx.lock();
    values.push_back(val);
    values_mtx.unlock();
}
```

여기서 표준 출력 스트림에 대한 동기적 접근이 보이고 값 데이터 구조체에 대한 동기적 접근을 볼 수 있다.

▌ 상호 배제 구현

상호 배제$^{Mutual\ Exclusion}$는 멀티스레드 애플리케이션 내의 데이터를 스레드로부터 안전하게 접근하도록 보장하는 원칙이다. 상호 배제는 하드웨어나 소프트웨어로 구현 가능하다. 상호 배제(뮤텍스)는 대부분의 구현에서 이 기능의 가장 기본적인 형태다.

하드웨어

단일 프로세서(단일 프로세서 코어)에서 가장 단순한 하드웨어 기반의 구현은 non-SMT 시스템에서 인터럽트를 비활성화하고 따라서 태스크가 변경되는 것을 방지하는 것이다. 좀 더 일반적으로는 소위 말하는 바쁜–대기^{busy-wait} 원리를 사용한다. 이것은 프로세서가 데이터를 페치하는 방식 즉, 단 하나의 태스크만이 공유 메모리 내의 원자적 값(CPU 레지스터와 동일한 크기[또는 더 작은]의 변수)을 구하여 읽기–쓰기를 할 수 있음으로 인해 뮤텍스 이면에 있는 기본 원리이다. 이것은 8장, '원자적 동작–하드웨어와의 작업'에서 좀 더 세밀히 다룬다.

예제의 코드가 뮤텍스를 락할 때 수행되는 작업은 메모리의 원자적 영역의 값을 읽어서 락 상태의 값으로 이를 설정하려는 작업을 시도한다. 이것은 단일 동작이므로 언제라도 단 하나의 태스크만이 이 값을 변경할 수 있다. 그 이외의 태스크는 다음 그림에서 보듯이 바쁜–대기 사이클 내에서 접근이 획득될 때까지 대기해야 한다.

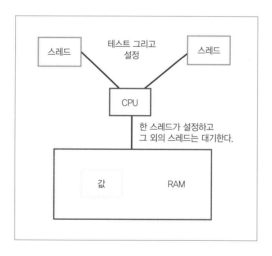

소프트웨어

소프트웨어 정의 상호 배제 구현은 모두 바쁜−대기에 기반한다. 한 예로 Dekker의 알고리즘을 들 수 있는데, 여기서는 상대편 프로세스가 임계 영역을 벗어나기를 대기하는 데 바쁜−대기를 사용하는 두 프로세스가 동기화할 수 있는 시스템을 정의한다.

이 알고리즘의 의사 코드는 다음과 같다.

```
variables
    wants_to_enter : array of 2 booleans
    turn : integer

wants_to_enter[0] ← false
wants_to_enter[1] ← false
turn ← 0 // or 1

p0:
    wants_to_enter[0] ← true
    while wants_to_enter[1] {
        if turn ≠ 0 {
            wants_to_enter[0] ← false
            while turn ≠ 0 {
                // busy wait
            }
            wants_to_enter[0] ← true
        }
    }
    // critical section
    ...
    turn ← 1
    wants_to_enter[0] ← false
    // remainder section

p1:
    wants_to_enter[1] ← true
```

```
while wants_to_enter[0] {
    if turn ≠ 1 {
        wants_to_enter[1] ← false
        while turn ≠ 1 {
            // busy wait
        }
        wants_to_enter[1] ← true
    }
}
// critical section
...
turn ← 0
wants_to_enter[1] ← false
// remainder section
```

(참고: https://en.wikipedia.org/wiki/Dekker's_algorithm)

이 알고리즘에서 프로세스는 임계 영역이 자신들의 순서인지 검사해 (프로세스 ID를 사용해) 임계 영역의 진입 의도를 표시하고 임계 영역에 진입한 이후에는 임계 영역에 들어가고자 하는 자신들의 의도를 false로 설정한다. 프로세스는 진입할 의사를 다시 true로 설정해야만 다시 임계 영역에 진입할 수 있다. 프로세스는 진입을 원하지만 순서가 자신의 프로세스 ID와 일치하지 않는다면 조건이 true가 될 때까지 바쁜–대기를 해야만 한다.

소프트웨어 기반의 상호 배제 알고리즘의 가장 큰 단점은 코드의 비순차적[OoO, out-of-order] 실행이 비활성화된 상태에서 동작한다는 것이다. OoO는 하드웨어가 명령어 실행을 최적화하기 위해 들어오는 명령어 순서를 재조정한다는 것을 의미한다. 이들 알고리즘에서는 다양한 단계가 순서대로 실행돼야 하므로 OoO 프로세서에서는 더 이상 동작하지 않는다.

▌ 요약

2장에서는 프로세스와 스레드가 운영체제와 하드웨어에서 구현되는 방식을 살펴봤다. 프로세서와 운영체제가 제공하는 다양한 유형의 태스크 처리 방식을 이해하기 위해 스케줄링에 관계된 프로세서 하드웨어의 다양한 구성과 운영체제의 요소를 또한 알아봤다.

마지막으로 1장의 멀티스레드 프로그램 예제를 실행해봄으로 실행 시 OS와 프로세서에서 발생하는 일들을 살펴봤다.

3장에서는 OS와 라이브러리 기반 구현에서 제공되는 다양한 멀티스레딩 API와 더불어 이들 API를 비교하는 예제를 살펴본다.

03

C++ 멀티스레딩 API

C++는 표준 템플릿 라이브러리STL, Standard Template Library에 네이티브 멀티스레딩 구현을 가지고 있지만 OS 수준과 프레임워크 기반의 멀티스레딩 API가 여전히 매우 일반적이다. 이들 API의 예로는 윈도우와 이식형 운영체제 인터페이스POSIX, Portable Operating System Interface 스레드 그리고 Qt, Boost, POCO 라이브러리에 의해 제공되는 것들이 있다.

3장은 이들 각각의 API가 제공하는 세부적 기능과 더불어 이들 간의 유사성과 차이점을 살펴본다. 마지막으로 예제 코드를 사용해 일반적 사용 시나리오를 알아본다.

3장에서 다루는 주제는 다음과 같다.

- 이용 가능한 멀티스레딩 API 비교
- 이들 API 각각에 대한 사용 예제

▌ API 개요

C++ 2011(C++11) 표준 이전에 상이한 다수의 스레딩 구현이 개발됐다. 이들 중의 여러 구현은 특정 소프트웨어 플랫폼으로 제한됐다. 윈도우 스레드 같은 이들 중 일부는 오늘날 여전히 이와 관련이 있다. 나머지 구현은 표준으로 대체됐다. 그 가운데 POSIX 스레드Pthreads가 실질적으로 리눅스 기반과 BSD 기반의 OS, OS X(macOS), 솔라리스 같은 UNIX 계열 OS의 표준이 됐다.

플랫폼 간의 개발을 용이하게 하기 위해 다수의 라이브러리가 개발됐다. Pthreads는 소프트웨어를 모든 주요 운영체제에 이식 가능하도록 하는 데 UNIX 계열의 OS를 필요한 전제 조건 중의 하나로 만들기 위해 다소간의 도움을 주긴 하지만 일반적인 스레딩 API가 필요하다. 이것이 바로 Boost와 POCO, Qt 같은 라이브러리가 만들어진 이유다. 애플리케이션은 이들을 사용하고 플랫폼 간에 상이점을 처리하는 데 이들 라이브러리에 의존할 수 있다.

▌ POSIX 스레드

Pthreads는 1995년, POSIX 표준에 대한 확장인 POSIX.1c 표준(Threads 확장, IEEE Std 1003.1c-1995)에서 처음 정의됐다. 이즈음 UNIX는 매뉴팩처-중립적manufacturer-neutral 인터페이스로 선택됐고 POSIX는 이들 간의 다양한 API를 통합했다.

이런 표준화 노력에도 불구하고 OS 간(예를 들어 리눅스와 OS X)의 Pthread 구현에는 여전히 차이점이 존재한다. 즉, 이식 불가능한 확장자 _np가 메소드 이름에 표시된다.

pthread_setname_np 메소드의 경우, 리눅스 구현은 두 인자를 갖는데 이 가운데 한 인자를 통해 현재 스레드 이외의 스레드 이름을 설정한다. OS X(10.6 이후로)에서 이 메소드는 현재 스레드의 이름을 설정하는 데 사용하는 단 하나의 인자만을 가진다. 이식성에 관심이 있다면 이런 차이점에 주의를 기울여야 한다.

1997년 이후로 POSIX 표준 개정안은 Austin Joint Working Group에 의해 관리된다. 이들 개정안은 스레드 확장을 기본 표준으로 병합했다. 현재 개정안은 POSIX.1–2008과 IEEE Std 1003.1로 알려진 2013 에디션 7이다. 온라인을 통해 표준에 대한 무료 사본을 열람할 수 있다.

OS는 POSIX 표준을 준수하도록 인증을 받을 수 있다. 다음의 표에서 이들을 언급한다.

이름	개발처	이 버전 이후로	아키텍처 (현재)	참고
AIX	IBM	5L	POWER	서버 OS
HP–UX	Hewlett–Packard	11i v3	PA–RISC, IA–64 (Itanium)	서버 OS
IRIX	Silicon Graphics (SGI)	6	MIPS	단종
Inspur K–UX	Inspur	2	X86_64	리눅스 기반
Integrity	Green Hills Software	5	ARM, XScale, Blackfin, Freescale Coldfire, MIPS, PowerPC, x86	실시간 OS
OS X/MacOS	Apple	10.5 (Leopard)	X86_64	데스크톱 OS
QNX Neutrino	BlackBerry	1	Intel 8088, x86, MIPS, PowerPC, SH–4, ARM, StrongARM, XScale	실시간 임베디드 OS
Solaris	Sun/Oracle	2.5	SPARC, IA–32 (<11), x86_64, PowerPC(2.5.1)	서버 OS
Tru64	DEC, HP, IBM,Compaq	5.1B–4	Alpha	단종
UnixWare	Novell, SCO, Xinuos	7.1.3	x86	서버 OS

이 외의 운영체제는 대부분 호환이 된다. 다음 표는 그 예다.

이름	플랫폼	참고
Android	ARM, x86, MIPS	리눅스 기반. 생체 인식 C-라이브러리
BeOS (Haiku)	IA-32, ARM, x64_64	X86의 경우 GCC 2.x의 제약을 받는다.
Darwin	PowerPC, x86, ARM	macOS가 기반하는 오픈소스 컴포넌트를 사용한다.
FreeBSD	IA-32, x86_64, sparc64, PowerPC, ARM, MIPS 등	기본적으로 POSIX 호환이 된다. 문서화된 POSIX 동작을 신뢰할 수 있다. 일반적으로 리눅스에 비해 규정 준수가 더 엄격하다.
Linux	Alpha, ARC, ARM, AVR32, Blackfin, H8/300, Itanium, m68k, Microblaze, MIPS, Nios II, OpenRISC, PARISC, PowerPC, s390, S+core, SuperH, SPARC, x86, Xtensa 등	일부 리눅스 배포판(이전 표를 참고)은 POSIX 호환 가능으로 인증받았다. 이것은 모든 리눅스 배포판이 POSIX 호환 가능하다는 것을 의미하지는 않는다. 일부 툴과 라이브러리는 표준과는 다를 수 있다. 이것은 Pthreads에 있어서 리눅스 배포판에 따라 또는 다른 OS에서 구현한 Pthreads에서 종종 다르게 동작할 수 있다는(상이한 스케줄러 등으로 인해) 것을 의미한다.
MINIX 3	IA-32, ARM	POSIX 스펙 표준 3(SUSv3, 2004)를 준수한다.
NetBSD	Alpha, ARM, PA-RISC, 68k, MIPS, PowerPC, SH3, SPARC, RISC-V, VAX, x86 등	POSX.1(1990)과 거의 완벽하게 호환이 되며 POSIX.2(1992)와는 대부분 호환된다.
Nuclear RTOS	ARM, MIPS, PowerPC, Nios II, MicroBlaze, SuperH 등	Mentor Graphics의 독점적인 RTOS는 임베디드 애플리케이션을 대상으로 했다.
NuttX	ARM, AVR, AVR32, HCS12, SuperH, Z80 등	POSIX 준수에 중점을 둔 8비트에서 32비트 시스템까지 확장 가능한 경량 RTOS
OpenBSD	Alpha, x86_64, ARM, PARISC, IA-32, MIPS, PowerPC, SPARC 등	1995년 NetBSD에서 갈라져 나왔다. POSIX 지원은 유사하다.
OpenSolaris/illumos	IA-32, x86_64, SPARC, ARM	호환 인증을 받은 상업적 Solaris 릴리스를 준수한다.
VxWorks	ARM, SH-4, x86, x86_64, MIPS, PowerPC	유저 모드 실행 환경에 대한 인증을 받은 POSIX 호환

이런 사실로 미루어 볼 때 POSIX 사양을 따르고 이들 각 플랫폼에서 컴파일하는 코드를 신뢰할 수 있는지 여부는 명확하지 않다. 각 플랫폼은 표준에 없는 기능들에 대해 자신만의 확장 기능(있으면 좋은 기능들)을 가진다. 하지만 Pthreads는 Linux, BSD 등의 유사한 소프트웨어에서 광범위하게 사용된다.

윈도우 지원

예를 들어 다음과 같이 POSIX API를 제한된 방식으로 사용할 수도 있다.

이름	준수
Cygwin	거의 완료됨. 일반 윈도우 애플리케이션으로 배포될 수 있는 POSIX 애플리케이션을 위한 완전한 런타임 환경을 제공한다.
MinGW	MinGW-w64(MinGW의 재개발 버전)의 경우, Pthreads 지원은 거의 완료됐지만 일부 기능은 빠져 있을 수 있다.
리눅스 용도의 윈도우 서브시스템	WSL은 윈도우 10의 기능이다. Ubuntu Linux 14.04(64-비트) 이미지의 툴과 유틸리티는 WSL을 이용해 GUI 기능이나 누락된 커널 기능을 사용하지 않고서도 WSL 상단에서 기본적으로 실행할 수 있다. 이 기능을 사용하려면 현재 윈도우 10 애니버서리 업데이트를 실행하고 마이크로소프트가 제공하는 지침을 따라 직접 WSL을 설치해야 한다.

윈도우에서 POSIX는 일반적으로 권장되지 않는다. POSIX를 사용할 합당한 이유(예를 들어 커다란 기존의 코드 기반)가 없다면 플랫폼 문제를 해결할 수 있는 크로스-플랫폼 API(3장 뒷부분에서 설명)를 사용하는 것이 훨씬 용이하다.

다음 절에서 Pthreads API가 제공하는 기능을 살펴본다.

Pthreads 스레드 관리

pthread_ 또는 pthread_attr_로 시작하는 모든 함수가 여기에 해당한다. 이들 함수 모두는 스레드 자체와 스레드 속성 객체에 적용된다.

Pthreads를 이용한 스레드의 기본적 사용은 다음과 같다.

```
#include <pthread.h>
#include <stdlib.h>
#define NUM_THREADS  5
```

가장 중요한 Pthreads 헤더는 pthread.h다. 이것은 세마포어(잠시 뒤 이번 절에서 다룬다)를 제외한 모든 것에 대한 접근을 제공한다. 여기서 시작하고자 하는 스레드의 개수를 상수로 정의한다.

```
void* worker(void* arg) {
    int value = *((int*) arg);
    // More business logic.
    return 0;
}
```

간단한 Worker 함수를 정의하고 이 함수를 잠시 후에 새로운 스레드로 전달할 것이다. 새로운 스레드로 전달된 값을 출력하기 위해 예시와 디버깅 용도로 비즈니스 로직 부분에 cout 또는 printf 기반의 작업을 추가할 수도 있다.

그러고 나서 다음과 같이 main 함수를 정의한다.

```
int main(int argc, char** argv) {
    pthread_t threads[NUM_THREADS];
    int thread_args[NUM_THREADS];
    int result_code;
    for (unsigned int i = 0; i < NUM_THREADS; ++i) {
        thread_args[i] = i;
        result_code = pthread_create(&threads[i], 0, worker, (void*)
&thread_args[i]);
    }
```

main 함수 내의 루프에서 모든 스레드를 생성한다. 각 스레드 인스턴스는 생성될 때 할당된 스레드 ID(첫 번째 인자)와 pthread_create() 함수가 반환하는 결과 코드(성공 시 0)를 갖는다. 스레드 ID는 이후의 호출에서 스레드를 참조하기 위한 핸들이다.

pthread_create 함수의 두 번째 인자는 pthread_attr_t 구조체 인스턴스이거나, 없으면 0이다. 이것은 초기 스택 크기와 같이 새로운 스레드의 특성 구성을 가능하게 해준다. 0이 전달되면 플랫폼과 구성별로 다른 기본 인자가 사용된다.

pthread_create 함수의 세 번째 인자는 새로운 스레드가 시작할 함수에 대한 포인터다. 이 함수 포인터는 void 데이터 포인터(즉, 커스텀 데이터)를 반환하고 void 데이터 포인터를 받는 함수로 정의돼 있다. 다음과 같이 인자에 의해 새로운 스레드로 전달되는 데이터는 스레드 ID이다.

```
for (int i = 0; i < NUM_THREADS; ++i) {
    result_code = pthread_join(threads[i], 0);
}
exit(0);
}
```

이제 pthread_join() 함수를 사용해 각 작업자 스레드가 마치기를 대기한다. 이 함수는 두 인자를 가지는데 대기할 스레드의 ID와 Worker 함수의 반환값을 위한 버퍼(또는 0)가 그것이다.

스레드를 관리하는 그 밖의 함수로는 다음과 같은 것들이 있다.

- void pthread_exit(void *value_ptr):
  이 함수는 호출하는 스레드를 종료시키고 제공된 인자의 값을 pthread_join()를 호출하는 모든 스레드가 사용할 수 있도록 한다.
- int pthread_cancel(pthread_t thread):
  명시된 스레드가 취소되도록 요청한다. 대상 스레드의 상태에 따라 이 함수는 자신의 취소 핸들러를 호출한다.

이외에도 pthread_attr_t 구조체에 관한 정보를 조작하고 구하기 위한 pthread_attr_* 함수들이 존재한다.

뮤텍스

이들 함수에는 pthread_mutex_ 또는 pthread_mutexattr_ 접두어가 붙는다. 이들은 뮤텍스와 그 속성 객체에 작동한다.

Pthreads에서 뮤텍스는 초기화되고, 해제, 락, 언락이 이뤄진다. 이들은 pthread_mutexattr_t 구조체를 사용해 커스텀화된 동작을 한다. 이 구조체는 또한 자신에 대한 속성을 초기화하고 해제하는 해당 pthread_mutexattr_* 함수를 가진다.

정적 초기화를 사용하는 Pthread 뮤텍스의 기본적 사용 방법은 다음과 같다.

```
static pthread_mutex_t func_mutex = PTHREAD_MUTEX_INITIALIZER;

void func() {
    pthread_mutex_lock(&func_mutex);

    // Do something that's not thread-safe.

    pthread_mutex_unlock(&func_mutex);
}
```

이 코드에서 PTHREAD_MUTEX_INITIALIZER 매크로를 사용해 매번 뮤텍스에 대한 코드를 입력하지 않고서도 뮤텍스를 초기화한다. 매크로의 사용이 도움이 되긴 하지만 다른 API와 비교해 수동으로 뮤텍스를 초기화하고 해제해야 한다.

최기화 코드 다음은 뮤텍스를 락하고 언락하는 부분이다. 일반적인 락 버전과 유사한 pthread_mutex_trylock()이 존재하지만 이 함수는 참조 뮤텍스가 이미 락돼 있다면 언락되기를 대기하는 대신 즉시 리턴된다.

이 예제에서 뮤텍스는 명시적으로 해제되지 않는다. 하지만 이것은 Pthreads 기반의 애플리케이션에서 일반적인 메모리 관리의 일부분이다.

조건 변수

조건 변수는 pthread_cond_ 또는 pthread_condattr_ 접두어가 붙은 함수들이다. 이들 함수는 조건 변수와 그 속성 객체에 작동한다.

Pthreads에서 조건 변수는 초기화와 해제 함수를 가지는 경우와 동일한 패턴을 따르며 또한 pthread_condattr_t 속성 구조체를 관리하는 것과 동일한 패턴을 따른다.

이 예제는 Pthreads 조건 변수의 기본적 사용법을 다룬다.

```
#include <pthread.h>
#include <stdlib.h>
#include <unistd.h>

    #define COUNT_TRIGGER 10
    #define COUNT_LIMIT 12

    int  count = 0;
    int  thread_ids[3] = {0,1,2};
    pthread_mutex_t  count_mutex;
    pthread_cond_t  count_cv;
```

이전 코드에는 표준 헤더 파일이 보이고 그 용도는 잠시 뒤 보게 될 COUNT_TRIGGER와 COUNT_LIMIT가 정의돼 있다. count 변수와 생성하고자 하는 스레드 ID, 뮤텍스와 조건 변수 같은 전역 변수도 정의돼 있다.

```
void* add_count(void* t) {
    int tid = (long) t;
```

```
    for (int i = 0; i < COUNT_TRIGGER; ++i) {
        pthread_mutex_lock(&count_mutex);
        count++;
        if (count == COUNT_LIMIT) {
            pthread_cond_signal(&count_cv);
        }

        pthread_mutex_unlock(&count_mutex);
        sleep(1);
    }

    pthread_exit(0);
}
```

방금 살펴본 이 함수에서는 기본적으로 count_mutex로서 전역 카운터 변수에 대한 배타적 접근을 획득한 이후 이 변수의 값을 증가시킨다.

이 함수를 실행하는 두 번째 스레드에게 뮤텍스를 획득할 기회를 주기 위해 루프를 돌 때마다 1초 동안 슬립한다.

```
void* watch_count(void* t) {
    int tid = (int) t;

    pthread_mutex_lock(&count_mutex);
    if (count < COUNT_LIMIT) {
        pthread_cond_wait(&count_cv, &count_mutex);
    }

    pthread_mutex_unlock(&count_mutex);
    pthread_exit(0);
}
```

두 번째 이 함수에서는 카운트 제한에 도달했는지를 검사하기 전에 전역 뮤텍스를 락시킨다. 이것은 카운트가 제한 값에 도달하기 전에 이 함수를 실행하는 스레드가 호출되지 않는 경우를 대비한 것이다.

그렇지 않다면 조건 변수와 락된 뮤텍스를 제공하는 조건 변수를 대기한다. 시그널이 되면 전역 뮤텍스를 언락시키고 스레드는 종료한다.

여기서 주목해야 할 점은 이 예제는 가짜 깨우기wake-ups를 고려하지 않는다는 것이다. Pthreads 조건 변수는 루프를 사용해 어떤 종류의 조건이 충족됐는지를 검사하는 데 필요한 깨우기 작업에 민감하다.

```
int main (int argc, char* argv[]) {
    int tid1 = 1, tid2 = 2, tid3 = 3;
    pthread_t threads[3];
    pthread_attr_t attr;

    pthread_mutex_init(&count_mutex, 0);
    pthread_cond_init (&count_cv, 0);

    pthread_attr_init(&attr);
    pthread_attr_setdetachstate(&attr, PTHREAD_CREATE_JOINABLE);
    pthread_create(&threads[0], &attr, watch_count, (void *) tid1);
    pthread_create(&threads[1], &attr, add_count, (void *) tid2);
    pthread_create(&threads[2], &attr, add_count, (void *) tid3);

    for (int i = 0; i < 3; ++i) {
        pthread_join(threads[i], 0);
    }

    pthread_attr_destroy(&attr);
    pthread_mutex_destroy(&count_mutex);
    pthread_cond_destroy(&count_cv);
    return 0;
}
```

마지막으로 main 함수에서 3개의 스레드를 생성한다. 이들 중 두 스레드는 카운터를 증가시키는 함수를 실행하고 나머지 한 스레드는 조건 변수가 시그널되기를 대기하는 함수를 실행한다.

이 메소드에서 또한 전역 뮤텍스와 조건 변수를 초기화한다. 생성되는 스레드는 "합류 가능joinable" 속성이 명시적으로 설정된다.

끝으로 각각의 스레드가 마치기를 대기한다. 그리고 종료 전에 속성 구조체 인스턴스와 뮤텍스, 조건 변수를 해제하여 정리 작업을 수행한다.

pthread_cond_broadcast() 함수를 사용하면 큐에 있는 첫 번째 스레드만 시그널 시키는 것이 아니라 조건 변수를 대기하는 모든 스레드를 시그널시킬 수 있다. 이를 통해 새로운 데이터 설정을 대기하는 작업자 스레드가 많은 경우 개별 스레드별로 통지하지 않아도 되는 방식으로 일부 애플리케이션에서는 좀 더 세련되게 조건 변수를 사용할 수 있다.

동기화

동기화를 구현하는 함수는 pthread_rwlock_ 또는 pthread_barrier_ 접두어를 가진다. 이들은 읽기-쓰기 락과 동기화 장벽synchronization barriers을 구현한다.

읽기-쓰기 락rwlock은 스레드 수에 제한 없이 동시에 읽을 수 있고 쓰기 접근은 한 스레드로 제한한다는 점을 제외하면 뮤텍스와 매우 유사하다.

rwlock 사용법은 뮤텍스 사용법과 매우 유사하다.

```
#include <pthread.h>
int  pthread_rwlock_init(pthread_rwlock_t* rwlock, const
pthread_rwlockattr_t* attr);
pthread_rwlock_t  rwlock = PTHREAD_RWLOCK_INITIALIZER;
```

이전 코드에서 동일한 헤더 파일이 보이고 초기화 함수와 일반적인 매크로를 볼 수 있다. 흥미로운 부분은 rwlock을 락시킬 때 읽기 전용 접근 용도로 이뤄진다는 것이다.

```
int pthread_rwlock_rdlock(pthread_rwlock_t* rwlock);
int pthread_rwlock_tryrdlock(pthread_rwlock_t* rwlock);
```

여기서 두 번째 다른 점은 락이 이미 락돼 있다면 즉시 복귀한다는 것이다. 쓰기 접근을 위해 락을 락시킬 수도 있다.

```
int pthread_rwlock_wrlock(pthread_rwlock_t* rwlock);
int pthread_rwlock_trywrlock(pthread_rwlock_t * rwlock);
```

복수의 리더reader가 읽기 전용 락을 획득할 수 있을지라도 단 하나의 라이터writer가 특정 시점에 허용된다면 점을 제외하면 이들 함수는 기본적으로 동일하게 동작한다.

장벽Barriers은 Pthreads의 또 다른 개념이다. 이들은 다수의 스레드에 대해 장벽처럼 동작하는 동기화 객체다. 이들 모든 스레드는 장벽을 지나 계속 진행하려면 장벽에 도달해야만 한다. 장벽 초기화 함수에서 스레드 카운트가 명시된다. 이들 모든 스레드가 pthread_barrier_wait() 함수를 사용해 장벽 객체를 호출해야만 실행을 계속할 수 있다.

세마포어

앞서 언급했듯이 세마포어Semaphores는 POSIX 사양에서 원래 Pthreads 확장의 일부분이 아니었다.

본질적으로 세마포어는 자원 카운트로 사용되는 단순한 정수다. 세마포어를 이용해 스레드 안전thread-safe하게 만들기 위해 원자적 동작(검사와 락)이 사용된다. POSIX 세마포어는 세마포어의 초기화와 해제, 증가 감소를 지원하며 세마포어가 논-제로 값에 도달하기를 대기하는 것도 지원한다.

스레드 로컬 스토리지

Pthreads처럼 스레드 로컬 스토리지^{TLS, Thread Local Storage}는 스레드 한정적인 데이터를 설정하기 위해 키와 메소드를 사용해 작업을 수행한다.

```
pthread_key_t global_var_key;
void* worker(void* arg) {
    int *p = new int;
    *p = 1;
    pthread_setspecific(global_var_key, p);
    int* global_spec_var = (int*) pthread_getspecific(global_var_key);
    *global_spec_var += 1;

    pthread_setspecific(global_var_key, 0);
    delete p;
    pthread_exit(0);
}
```

작업자 스레드에서 힙에 새로운 정수를 할당하고 그 값으로 전역 키를 설정한다. 다른 스레드가 무엇을 하든가에 관계없이 전역 변수를 1만큼 증가시켜 그 값은 2가 된다. 이 스레드에 대해 작업을 완료했으면 전역 변수를 0으로 설정하고 할당된 변수를 삭제한다.

```
int main(void) {
    pthread_t threads[5];
    pthread_key_create(&global_var_key, 0);
    for (int i = 0; i < 5; ++i)
        pthread_create(&threads[i],0,worker,0);
    for (int i = 0; i < 5; ++i) {
        pthread_join(threads[i], 0);
    }
    return 0;
}
```

전역 키가 설정돼 TLS 변수를 참조하는 데 사용되지만 생성한 각 스레드는 이 키에 대해 자체 값을 설정할 수 있다.

스레드는 자체적인 키를 생성할 수 있지만 TLS를 처리하는 이 메소드는 3장에서 살펴보는 다른 API와 비교할 때 꽤나 복잡하다.

▌ 윈도우 스레드

Pthreads에 비해 윈도우 스레드는 윈도우 운영체제와 그 유사한 운영체제(예를 들어 ReactOS와 Wine을 사용하는 그 밖의 OS)에 제한적이다. 윈도우 스레드는 이를 지원하는 윈도우 버전에 의해 손쉽게 정의된 꽤나 일관적인 구현을 제공한다.

윈도우 비스타 이전에는 Pthreads에는 없는 기능을 가지고 있었지만 조건 변수 같은 기능이 스레딩 지원에서 빠져 있었다. 관점에 따라 윈도우 헤더에 정의된 무수한 "type def" 유형을 사용해야 한다는 사실은 꽤나 성가신 일이다.

스레드 관리

공식적인 MSDN 문서의 예제 코드에서 발췌한 윈도우 스레드 사용에 관한 기본 예는 다음과 같다.

```
#include <windows.h>
#include <tchar.h>
#include <strsafe.h>

#define MAX_THREADS 3
#define BUF_SIZE 255
```

스레드 함수와 문자열 등과 관련된 윈도우 한정적인 헤더 파일을 포함하고 생성하고자 하는 스레드의 개수와 Worker 함수 내의 메시지 버퍼 크기를 정의한다.

각 작업자 스레드에 전달할 간단한 데이터를 포함하는 struct 유형(void 포인터(LPVOID)로 전달되는)을 또한 정의한다.

```c
typedef struct MyData {
 int val1;
 int val2;
} MYDATA, *PMYDATA;

DWORD WINAPI worker(LPVOID lpParam) {
    HANDLE hStdout = GetStdHandle(STD_OUTPUT_HANDLE);
    if (hStdout == INVALID_HANDLE_VALUE) {
    return 1;
    }

    PMYDATA pDataArray = (PMYDATA) lpParam;

    TCHAR msgBuf[BUF_SIZE];
    size_t cchStringSize;
    DWORD dwChars;
    StringCchPrintf(msgBuf, BUF_SIZE, TEXT("Parameters = %d, %dn"),
    pDataArray->val1, pDataArray->val2);
    StringCchLength(msgBuf, BUF_SIZE, &cchStringSize);
    WriteConsole(hStdout, msgBuf, (DWORD) cchStringSize, &dwChars, NULL);
    return 0;
}
```

Worker 함수에서 제공된 인자를 사용하기 전에 우리 용도의 struct 유형으로 형변환을 하고서 그 값을 문자열로 콘솔에 출력한다.

활성 표준 출력(콘솔이나 그 유사한 것)이 존재한다는 것을 확인한다. 문자열 출력에 사용된 함수는 모두 스레드 안전하다.

```
void errorHandler(LPTSTR lpszFunction) {
    LPVOID lpMsgBuf;
    LPVOID lpDisplayBuf;
    DWORD dw = GetLastError();

    FormatMessage(
        FORMAT_MESSAGE_ALLOCATE_BUFFER |
        FORMAT_MESSAGE_FROM_SYSTEM |
        FORMAT_MESSAGE_IGNORE_INSERTS,
        NULL,
        dw,
        MAKELANGID(LANG_NEUTRAL, SUBLANG_DEFAULT),
        (LPTSTR) &lpMsgBuf,
        0, NULL);

    lpDisplayBuf = (LPVOID) LocalAlloc(LMEM_ZEROINIT,
        (lstrlen((LPCTSTR) lpMsgBuf) + lstrlen((LPCTSTR) lpszFunction) +
40) * sizeof(TCHAR));
    StringCchPrintf((LPTSTR)lpDisplayBuf,
    LocalSize(lpDisplayBuf) / sizeof(TCHAR),
    TEXT("%s failed with error %d: %s"),
    lpszFunction, dw, lpMsgBuf);
    MessageBox(NULL, (LPCTSTR) lpDisplayBuf, TEXT("Error"), MB_OK);

    LocalFree(lpMsgBuf);
    LocalFree(lpDisplayBuf);
}
```

이 코드는 마지막 오류 코드에 대한 시스템 오류 메시지를 구하는 오류 핸들러 함수를 정
의한다. 마지막 오류에 대한 코드를 구한 이후에 메시지 박스로 통해 보여질 출력 오류
메시지를 포맷화한다. 마지막으로 할당된 메모리 버퍼가 해제된다.

끝으로 main 함수는 다음과 같다.

```
int _tmain() {
        PMYDATA pDataArray[MAX_THREADS];
        DWORD dwThreadIdArray[MAX_THREADS];
        HANDLE hThreadArray[MAX_THREADS];
        for (int i = 0; i < MAX_THREADS; ++i) {
              pDataArray[i] = (PMYDATA) HeapAlloc(GetProcessHeap(),
                        HEAP_ZERO_MEMORY, sizeof(MYDATA));
if (pDataArray[i] == 0) {
                        ExitProcess(2);
              }
              pDataArray[i]->val1 = i;
              pDataArray[i]->val2 = i+100;
              hThreadArray[i] = CreateThread(
                    NULL,        // default security attributes
                    0,           // use default stack size
                    worker,      // thread function name
                    pDataArray[i], // argument to thread function
                    0,           // use default creation flags
                    &dwThreadIdArray[i]);// returns the thread identifier
              if (hThreadArray[i] == 0) {
                        errorHandler(TEXT("CreateThread"));
                        ExitProcess(3);
              }
      }
      WaitForMultipleObjects(MAX_THREADS, hThreadArray, TRUE, INFINITE);
      for (int i = 0; i < MAX_THREADS; ++i) {
            CloseHandle(hThreadArray[i]);
            if (pDataArray[i] != 0) {
                        HeapFree(GetProcessHeap(), 0, pDataArray[i]);
            }
      }
      return 0;
}
```

main 함수에서 루프 내에서 스레드를 생성하고 스레드 데이터 용도의 메모리를 할당하고, 스레드를 시작하기 전에 각 스레드에 고유한 데이터를 생성한다. 각 스레드 인스턴스에는 고유한 인자가 전달된다.

그러고 나서 스레드가 종료되고 재합류하기를 대기한다. 이것은 Pthreads에서 단일 스레드에 대한 join 함수를 호출하는 것과 기본적으로 동일하다. 여기서는 단지 한 함수의 호출만으로도 충분하다.

최종적으로 각 스레드의 핸들이 닫히고 이전에 할당한 메모리를 정리한다.

고급 관리

윈도우 스레드에 있어 고급 스레드 관리는 잡^{job}과 파이버^{fiber}, 스레드 풀을 포함한다. 잡은 기본적으로 다수의 스레드를 단일 단위로 묶어서 이들 모든 스레드의 속성과 상태를 한 번에 변경할 수 있게 해준다.

파이버는 가벼운 스레드로 자신들을 생성한 스레드 컨텍스트 내에서 실행한다. 생성 스레드가 이들 파이버 자체를 스케줄한다. 파이버는 TLS와 유사한 파이버 로컬 스토리지 FLS, Fiber Local Storage를 가진다.

윈도우 스레드 API는 스레드 풀 API를 제공해 애플리케이션에서 이런 스레드 풀을 손쉽게 사용할 수 있게 해준다. 각 프로세스에는 또한 기본 스레드 풀이 제공된다.

동기화

윈도우 스레드에서 상호 배제와 동기화는 임계 영역과 뮤텍스 세마포어, 슬림 읽기-쓰기 SRW, 장벽 등에 의해 이뤄진다.

동기화 객체는 다음 표를 참고하자.

이름	설명
이벤트	네임드 객체를 사용해 스레드와 프로세스 간의 이벤트를 시그널한다.
뮤텍스	공유 자원에 대한 접근을 조율하기 위한 스레드와 프로세스 간의 동기화 용도로 사용된다.
세마포어	스레드와 프로세스 간의 동기화 용도로 사용되는 표준 세마포어 카운터 객체
대기 가능 타이머 (Waitable timer)	다양한 사용 모드에서 복수의 프로세스가 사용할 수 있는 타이머 객체
임계 영역 (Critical section)	임계 영역은 기본적으로 단일 프로세스에 제한적인 뮤텍스로서 커널 공간 으로의 호출이 없음으로 인해 그 사용 속도가 빠르다.
슬림(slim) 읽기–쓰기 락	SRW는 Pthreads의 읽기–쓰기 락과 유사하며 복수의 읽기 스레드 또는 단일 쓰기 스레드에게 공유 자원 접근을 허용한다.
인터락드(Interlocked) 변수 접근	어떤 변수 범위에 대해 원자적 접근을 가능하게 한다. 이를 이용해 스레드 는 뮤텍스를 사용하지 않고서도 한 변수를 공유할 수 있다.

조건 변수

윈도우 스레드에서 조건 변수의 구현은 매우 간단하다. 특정 조건 변수를 대기하거나 이를 시그널하기 위해 조건 변수 함수와 함께 임계 영역(CRITICAL_SECTION)과 조건 변수 (CONDITION_VARIABLE)를 사용한다.

스레드 로컬 스토리지

윈도우 스레드에서 스레드 로컬 스토리지TLS는 중심 키(TLS 인덱스)를 먼저 생성해야만 각 스레드가 전역 인덱스를 사용해 로컬 값을 받아서 저장할 수 있다는 점에서 Pthreads와 유사하다.

Pthreads처럼 TLS는 TLS 값을 수동으로 할당하고 삭제하는 것과 같이 일정 부분 수동 메모리 관리를 해야 한다.

▌ 상승

상승boost 스레드는 상승 라이브러리 모음의 비교적 작은 일부분이다. 하지만 이것은 그 밖의 다른 상승 라이브러리가 궁극적으로 완전하게 또는 일부분으로 새로운 C++ 표준이 된 것과 유사하게 C++11에서 멀티스레딩 구현의 기본으로 사용된다. 멀티스레딩 API에 관한 세부적 사항은 3장의 'C++ 스레드' 절을 참조하자.

상승 스레드에서는 이용 가능하지만 C++11 표준에 없는 기능은 다음과 같다.

- (윈도우 잡과 같은) 스레드 그룹
- 스레드 인터럽션(취소)
- 타임아웃이 있는 스레드 합류
- (C++14에서 개선된) 추가적인 상호 배제 락 유형

이런 기능이 절대적으로 필요하지 않거나 (STL 스레드를 포함해) C++11 표준를 지원하는 컴파일러를 사용하지 않는다면 C++11 구현에 상승 스레드를 사용할 이유가 거의 없다.

상승은 네이티브 OS 기능에 래퍼wrapper를 제공하기 때문에 네이티브 C++ 스레드를 사용하면 STL 구현의 품질 정도에 따라 오버헤드를 줄일 수 있다.

▌ Qt

Qt는 상대적으로 고수준의 프레임워크로 멀티스레딩 API에도 반영돼 있다. Qt의 또 다른 특징은 메타-컴파일러(qmake)를 사용해 자신의 코드를 감싸서 시그널-슬롯 아키텍처와 프레임워크의 다른 정의 기능을 구현한다는 것이다.

결과적으로 Qt 스레딩 지원은 기존의 코드에 그대로 추가될 수 없고 프레임워크에 맞게끔 코드를 수정해야 한다.

QThread

Qt의 QThread 클래스는 스레드가 아니고 스레드 인스턴스 주변을 감싸는 광범위한 래퍼로서 시그널-슬롯 통신과 런타임 지원, 그 밖의 기능을 추가한다. 이것은 다음 코드에서 보듯이 QThread의 기본 사용법에 반영돼 있다.

```
class Worker : public QObject {
    Q_OBJECT
    public:
        Worker();
        ~Worker();
    public slots:
        void process();
    signals:
        void finished();
        void error(QString err);
    private:
};
```

이 코드는 기본 Worker 클래스로 예제의 비즈니스 로직을 포함할 것이다. 이 클래스는 QObject 클래스로부터 유도되며 시그널-슬롯과 그 밖의 내부 QObject 기능을 사용할 수 있다. 핵심을 이루는 시그널-슬롯 아키텍처는 리스너listeners가 QObject-유도 클래스에 의해 선언된 시그널에 등록하기(연결하기) 위한 수단으로 모듈이나 스레드 간의 통신과 비동기 통신을 가능하게 해준다.

이 클래스에는 처리를 시작하기 위해 호출되는 한 시그널과, 완료와 오류를 시그널하기 위한 두 개의 또 다른 시그널이 있다.

그 구현은 다음과 같다.

```
Worker::Worker() { }
Worker::~Worker() { }
```

```
void Worker::process() {
    qDebug("Hello World!");
    emit finished();
}
```

생성자는 인자를 가지도록 확장될 수 있다. 잠시 후에 보겠지만 (malloc이나 new를 사용하는) 힙 할당 변수는 Worker 인스턴스가 동작하는 스레드 컨텍스트로 인해 생성자가 아닌 process( ) 메소드에서 할당돼야 한다.

새로운 QThread를 생성하기 위해 다음과 같은 설정 작업을 사용한다.

```
QThread* thread = new QThread;
Worker* worker = new Worker();
worker->moveToThread(thread);
connect(worker, SIGNAL(error(QString)), this, SLOT(errorString(QString)));
connect(thread, SIGNAL(started()), worker, SLOT(process()));
connect(worker, SIGNAL(finished()), thread, SLOT(quit()));
connect(worker, SIGNAL(finished()), worker, SLOT(deleteLater()));
connect(thread, SIGNAL(finished()), thread, SLOT(deleteLater()));
thread->start();
```

기본 과정은 Worker 클래스의 힙 할당 인스턴스와 더불어 힙에 새로운 QThread 인스턴스를 생성한다(따라서 범위를 벗어나지 않는다). 새로운 이 작업자는 자신의 moveToThread( ) 메소드를 사용해 새로운 스레드 인스턴스로 이동한다.

그리고 나서 finished( )와 error( ) 시그널을 포함한 다양한 시그널을 관련 슬롯에 연결한다. 스레드 인스턴스의 started( ) 시그널은 자신을 시작할 작업자에 대한 슬롯에 연결된다.

작업자의 완료 시그널을 해당 스레드의 quit( )과 deleteLater( ) 슬롯에 연결하는 것이 가장 중요하다. 스레드의 finished( ) 시그널이 작업자의 deleteLater( ) 슬롯에 연결된다. 이것은 작업자가 완료될 때 스레드와 작업자 인스턴스가 정리된다는 것을 보장한다.

스레드 풀

Qt는 스레드 풀을 제공한다. 이것은 QRunnable 클래스로부터 상속받고 run( ) 함수를 구현해야 한다. 이 커스텀 클래스의 인스턴스는 스레드 풀(전역 기본 풀 또는 새로운 풀)의 start 메소드에 전달된다. 이 작업자의 생명 주기는 이제 스레드 풀에 의해 처리된다.

동기화

Qt는 다음과 같은 동기화 객체를 제공한다.

- QMutex
- QReadWriteLock
- QSemaphore
- QWaitCondition(조건 변수)

이것들은 상당히 자명하다. Qt 시그널–슬롯 아키텍처의 또 다른 뛰어난 특징은 저수준 구현의 세부 사항을 염려하지 않고서도 스레드 간의 비동기 통신을 할 수 있다는 것이다.

QtConcurrent

QtConcurrent 네임스페이스[namespace]는 저수준의 세부 사항을 염려하지 않고서도 멀티 스레딩 애플리케이션 작성을 하도록 고안된 고수준의 API를 포함한다.

이들 함수는 별도의 스레드에서 함수를 실행시키는 메소드뿐만 아니라 병행 필터링과 매핑 알고리즘을 포함한다. 이들 모두는 비동기 동작에 결과를 포함하는 QFuture 인스턴스를 반환한다.

스레드 로컬 스토리지

Qt는 자신의 **QThreadStorage** 클래스를 통해 TLS를 제공한다. 포인터 유형 값에 대한 메모리 관리는 이것에 의해 처리된다. 예를 들어 **QThreadStorage** 클래스 문서에서 설명된 것처럼 스레드마다 하나 이상의 값을 저장하기 위해 TLS 값으로 일종의 데이터 구조체를 설정하기도 한다.

```
QThreadStorage<QCache<QString, SomeClass> > caches;

void cacheObject(const QString &key, SomeClass* object) {
    caches.localData().insert(key, object);
}

void removeFromCache(const QString &key) {
    if (!caches.hasLocalData()) { return; }

    caches.localData().remove(key);
}
```

▌ POCO

POCO 라이브러리는 운영체제 주변을 감싸는 꽤 가벼운 래퍼다. 이는 C++11 호환 컴파일러나 어떤 종류의 선행–컴파일pre-compiling, 메타컴파일metacompiling을 필요로 하지 않는다.

Thread 클래스

Thread 클래스는 OS 수준의 스레드를 감싸는 간단한 래퍼다. 이것은 Runnable 클래스로부터 상속받는 Worker 클래스 인스턴스를 가진다. 공식 문서에는 다음과 같은 기본적 예제가 있다.

```cpp
#include "Poco/Thread.h"
#include "Poco/Runnable.h"
#include <iostream>

class HelloRunnable: public Poco::Runnable {
    virtual void run() {
        std::cout << "Hello, world!" << std::endl;
    }
};

int main(int argc, char** argv) {
    HelloRunnable runnable;
    Poco::Thread thread;
    thread.start(runnable);
    thread.join();
    return 0;
}
```

이 코드는 표준 출력을 통해 문자열을 출력하는 하나의 작업자를 가진 매우 간단한 "헬로 월드" 예제다. 스레드 인스턴스는 스택에 할당되고 join( ) 함수를 사용해 작업자가 종료하기를 기다리는 진입 함수의 범위 내에 유지된다.

스레드와 객체를 구성하는 등의 부분에서 크게 벗어나지만 다수의 스레드 함수를 가진 POCO는 Pthreads를 연상시킨다. POCO는 C++ 라이브러리이므로 struct를 채워 이를 인자로 전달하기보다는 클래스 메소드를 사용해 속성을 설정한다.

스레드 풀

POCO는 16개의 스레드를 가진 기본 스레드 풀을 제공한다. 이 개수는 동적으로 바뀔

수 있다. 일반 스레드와 같이 스레드 풀은 Runnable 클래스로부터 상속받는 Worker 클래스 인스턴스를 전달해야 한다.

```cpp
#include "Poco/ThreadPool.h"
#include "Poco/Runnable.h"
#include <iostream>

class HelloRunnable: public Poco::Runnable {
    virtual void run() {
        std::cout << "Hello, world!" << std::endl;
    }
};

int main(int argc, char** argv) {
    HelloRunnable runnable;
    Poco::ThreadPool::defaultPool().start(runnable);
    Poco::ThreadPool::defaultPool().joinAll();
    return 0;
}
```

작업자 인스턴스는 자신을 실행하는 스레드 풀에 추가된다. 스레드 풀은 다른 작업자 인스턴스를 추가하거나 용량을 변경하거나, joinAll()을 호출할 때 특정 시간 동안 유휴 상태인 스레드를 정리한다. 결과적으로 단 하나인 작업자 스레드가 합류하고 활동 중인 스레드가 없을 때 애플리케이션은 종료한다.

스레드 로컬 스토리지

POCO의 경우 TLS가 클래스 템플릿으로 구현돼 거의 모든 유형에서 이를 사용할 수 있다.

공식 문서의 설명은 다음과 같다.

```cpp
#include "Poco/Thread.h"
#include "Poco/Runnable.h"
#include "Poco/ThreadLocal.h"
#include <iostream>

class Counter: public Poco::Runnable {
    void run() {
        static Poco::ThreadLocal<int> tls;
        for (*tls = 0; *tls < 10; ++(*tls)) {
            std::cout << *tls << std::endl;
        }
    }
};

int main(int argc, char** argv) {
    Counter counter1;
    Counter counter2;
    Poco::Thread t1;
    Poco::Thread t2;
    t1.start(counter1);
    t2.start(counter2);

t1.join();
t2.join();
return 0;
}
```

이 작업자 예제에서 ThreadLocal 클래스 템플릿을 이용해 정적 TLS 변수를 생성하고 정수를 포함하도록 이를 정의한다.

이를 정적으로 정의하기 때문에 이 TLS 변수는 스레드별로 생성된다. 이 TLS 변수의 값에 접근하려면 화살표(->) 또는 별표 (*) 연산자를 사용해야 한다. 이 예제에서는 제한 값에 도달할 때까지 루프를 돌 때마다 TLS 값을 증가시킨다.

이 예제는 두 스레드가 서로 영향을 미치지 않고 동일한 수를 세는 10개의 정수로 된 일련의 수를 생성하는 것을 예시한다.

동기화

POCO가 제공하는 동기화 기본 요소는 다음과 같다.

- 뮤텍스
- FastMutex
- 이벤트
- 조건^{Condition}
- 세마포어
- RWLock

여기서 주목할 것은 **FastMutex** 클래스다. 이것은 일반적으로 윈도우(뮤텍스는 재귀적이다)를 제외하면 비재귀적 뮤텍스 유형이다. 이것은 동일한 뮤텍스가 동일한 스레드에 의해 여러 번 락될 수 있다는 점에서 두 유형 중 하나는 재귀적이어야 함을 가정한다는 것을 의미한다.

ScopedLock 클래스에 뮤텍스를 사용해 이 클래스가 캡슐화한 뮤텍스가 현재 범위의 끝부분에서 해제되도록 보장한다.

이벤트는 단일 프로세스로 제한된다는 점을 제외하면 윈도우 이벤트와 유사하다. 이들은 POCO에서 조건 변수의 기초를 이룬다.

POCO 조건 변수는 가짜 웨이크–업에 영향을 받지 않는다는 점을 제외하면 Pthread와 매우 비슷한 방식으로 동작한다. 일반적으로 조건 변수는 최적화 이유로 인한 임의의 웨이크–업에 영향을 받는다. 조건이 충족됐는지 아닌지를 명시적으로 검사하지 않아도 되므로 개발자의 부담이 경감된다.

C++ 스레드

C++에서 네이티브 멀티스레딩 지원은 5장, '네이티브 C++ 스레드와 기본 요소'에서 다룬다.

3장 앞부분 '상승' 절에서 언급했듯이 C++ 멀티스레딩 지원은 거의 동일한 헤더와 이름을 사용하는 상승 스레드 API에 주로 기반한다. 조건 변수에서는 상당한 상이점이 있지만 API 자체는 Pthreads를 다시금 떠올리게 한다.

4장에서는 예제로 C++ 스레딩 지원을 전적으로 사용한다.

모두 합치면

3장에서 다룬 API 중에 Qt 멀티스레딩 API만이 실제로 고수준이라고 간주할 수 있다. (C++11을 포함해) 그 밖의 API도 스레드를 직접적으로 사용하지 않아도 되는 비동기 실행자와 스레드 풀을 포함하는 어느 정도의 고수준 개념을 갖지만 Qt는 스레드 간의 통신을 매우 용이하게 하는 완벽한 시그널-슬롯 아키텍처를 제공한다.

3장에서 설명한 바와 같이 이런 용이성에는 애플리케이션을 Qt 프레임워크에 맞게 개발해야 하는 비용이 수반된다. 프로젝트에 따라 이것은 받아들일 수 없는 조건이 될 수도 있다.

이들 API 중에 일부는 요구 사항에 따라 부합할 수도 있다. 하지만 플랫폼 간에 광범위한 이식성을 가지면서 성능에 심각한 훼손이 없이도 개발 절차를 손쉽게 해주는 C++11 스레드와 POCO 등과 같은 API를 사용할 수 있는 경우, Pthreads와 윈도우 스레드 등을 사용해도 큰 의미가 없다고 말하는 것은 당연할 수도 있다.

모든 API는 제공하는 기능에서 있어서 적어도 그 핵심 부분은 어느 정도 유사하다.

▐ 요약

3장에서 몇몇 유명한 멀티스레딩 API와 프레임워크를 살펴보고 이들을 비교해 각각 그 장점과 단점을 알아봤다. 이들 각 API를 사용해 기본 기능을 구현하는 방법을 보여주는 몇몇 예제를 살폈다.

4장에서는 스레드 간의 동기화와 통신하는 방법을 세부적으로 관찰한다.

04

스레드 동기화와 통신

일반적으로 스레드는 다른 스레드와 어느 정도 독립적으로 작업을 수행하기 위해 사용되지만 스레드 간에 데이터를 전달하거나 중앙 태스크 스케줄러 스레드가 다른 스레드를 제어하는 등의 경우도 많이 존재한다. 4장은 이런 태스크가 C++11 스레딩 API를 통해 수행되는 방법을 살펴본다.

4장에서 다루는 주제는 다음과 같다.

- 뮤텍스와 락, 그 유사한 동기화 구조체 사용하기
- 스레드 제어에 조건 변수와 시그널 사용하기
- 스레드 간에 데이터를 안전하게 전달하고 공유하기

█ 안전 제일

동시성^{concurrency}의 핵심 문제는 스레드 간에 통신할 때 공유 자원을 안전하게 접근하도록 보장하는 것이다. 또한 스레드가 통신하고 자체적으로 동기화를 할 수 있다는 문제도 존재한다.

멀티스레드 프로그래밍을 어렵게 만드는 요인은 스레드 간의 각 상호 작용을 추적할 수 있어야 하고 교착 상태^{deadlock}나 데이터 경쟁^{races}을 유발하지 않으면서 모든 형태의 접근이 안전하게 유지되도록 해야 한다는 것이다.

4장에서 태스크 스케줄러가 관여된 꽤나 복잡한 예제를 살펴볼 것이다. 잠시 후 살펴보겠지만 이것은 여러 상이한 요구 조건이 여러 잠재적인 장애 요소와 함께 공존하는 상황에서 고도의 동시성과 높은 처리량을 보이는 한 형태다.

█ 스케줄러

스레드 간에 상당한 양의 동기화와 통신을 하는 멀티스레딩의 좋은 예로는 태스크 스케줄링을 들 수 있다. 이는 들어오는 태스크를 받아서 이들을 가능한 빨리 작업자 스레드에 할당하는 것이 목적이다.

이 시나리오에서 여러 상이한 접근법이 가능하다. 종종 작업자 스레드가 활성 루프에서 실행하면서 새로운 태스크에 대한 큐를 계속해서 폴링한다. 이 접근법의 단점은 폴링으로 인한 프로세서 사이클의 낭비와 사용한 동기화 메커니즘(일반적으로 뮤텍스)으로 인한 정체가 있다. 이 활성 폴링 접근법은 작업자 스레드가 증가할 때 확장성이 매우 떨어진다.

이상적으로 각 작업자 스레드는 다시 필요로 할 때까지 유휴 상태로 대기한다. 이를 위해 다른 관점에서 문제에 접근해야 한다. 즉, 작업자 스레드의 관점이 아닌 큐의 관점에서 접근해야 한다. 운영체제의 스케줄러가 그러하듯이 여기 예제에서 가용한 작업자 스레드와 처리가 필요한 작업 둘 다 인지하는 것은 스케줄러다.

이 접근 방식에서 중앙 스케줄러 인스턴스는 새로운 태스크를 받아서 이들을 작업자 스레드로 할당한다. 이 스케줄러는 들어오는 태스크와 그 유형이나 속성에 따라 이들 작업자 스레드의 수와 우선순위 등을 또한 관리한다.

고수준 관점

예제의 스케줄러나 디스패처^{dispatcher}는 다음 그림에서 보듯이 모든 스케줄링 로직이 내장된 큐처럼 동작하며 그 핵심은 매우 간단하다.

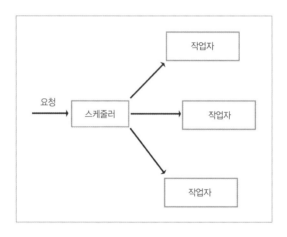

고수준의 관점인 이 그림에서 보듯이 그렇게 복잡해 보이지 않는다. 하지만 잠시 뒤 보겠지만 실제 구현은 여러 복잡성을 가진다.

구현

다른 예제처럼 main.cpp에 존재하는 `main` 함수로 시작한다.

```
#include "dispatcher.h"
#include "request.h"

#include <iostream>
#include <string>
#include <csignal>
#include <thread>
#include <chrono>

using namespace std;

sig_atomic_t signal_caught = 0;
mutex logMutex;
```

포함한 커스텀 헤더는 디스패처 구현과 사용할 요청 클래스를 위한 것이다.

전역으로 시그널 핸들러에 사용될 원자적 변수와 로그 메소드에서 출력(표준 입출력 장치에)을 동기화하는 뮤텍스를 정의한다.

```
void sigint_handler(int sig) {
    signal_caught = 1;
}
```

시그널 핸들러 함수(SIGINT 시그널 용도)는 단지 앞서 정의한 전역 원자적 변수를 설정하기만 한다.

```
void logFnc(string text) {
    logMutex.lock();
    cout << text << "\n";
    logMutex.unlock();
}
```

로그 함수에서 전역 뮤텍스를 사용해 표준 출력에 대한 쓰기 작업을 동기화한다.

```
int main() {
    signal(SIGINT, &sigint_handler);
    Dispatcher::init(10);
```

main 함수에서 SIGINT에 대한 시그널 핸들러를 설치해 애플리케이션 실행을 인터럽트하도록 한다. 또한 Dispatcher 클래스를 초기화하기 위해 이 클래스의 정적 init() 함수를 호출한다.

```
cout << "Initialised.\n";
    int cycles = 0;
Request* rq = 0;
while (!signal_caught && cycles < 50) {
    rq = new Request();
    rq->setValue(cycles);
    rq->setOutput(&logFnc);
    Dispatcher::addRequest(rq);
    cycles++;
}
```

이제 새로운 요청을 생성하는 루프를 구성한다. 각 사이클마다 새로운 Request 인스턴스를 생성하고 이 인스턴스의 setValue() 함수를 사용해 정숫값(현재 사이클 번호)을 설정한다. 새로운 요청을 정적 addRequest() 함수를 사용해 Dispatcher 클래스에 추가하기 전에 요청 인스턴스에 대한 로그 함수를 설정한다.

이 루프는 사이클 최댓값에 도달하기 전이나 또는 Ctrl+C를 사용해 SIGINT가 시그널되기 전까지 수행한다.

```
        this_thread::sleep_for(chrono::seconds(5));
        Dispatcher::stop();
```

```
        cout << "Clean-up done.\n";
        return 0;
}
```

마지막으로 스레드의 sleep_for() 함수와 chrono STL 헤더의 chrono::seconds() 함수를 사용해 5초 동안 대기한다.

또한 복귀하기 전에 Dispatcher의 stop() 함수를 호출한다.

요청 클래스

Dispatcher에 대한 요청은 순수 가상 AbstractRequest 클래스로부터 파생된다.

```
#pragma once
#ifndef ABSTRACT_REQUEST_H
#define ABSTRACT_REQUEST_H

class AbstractRequest {
    //
    public:
    virtual void setValue(int value) = 0;
    virtual void process() = 0;
    virtual void finish() = 0;
};
#endif
```

AbstractRequest 클래스는 유도 클래스가 항상 구현해야 할 세 함수의 API를 정의한다. 이들 중에서 process()와 finish() 함수가 실제 구현에서 가장 일반적이며 사용될 가능성도 높다. setValue() 함수는 우리 예제에서 한정적이며 실제 상황에 맞도록 수정하거나 변경할 수도 있다.

요청의 기초로 추상 클래스를 사용하는 장점은 Dispatcher 클래스가 이런 기본 API를 준수하는 한 여러 상이한 유형의 요청을 처리할 수 있다는 것이다.

이 추상 인터페이스를 사용해 다음과 같이 기본 Request 클래스를 구현한다.

```
#pragma once
#ifndef REQUEST_H
#define REQUEST_H

#include "abstract_request.h"

#include <string>

using namespace std;

typedef void (*logFunction)(string text);

class Request : public AbstractRequest {
    int value;
    logFunction outFnc;
    public: void setValue(int value) { this->value = value; }
    void setOutput(logFunction fnc) { outFnc = fnc; }
    void process();
    void finish();
};
#endif
```

헤더 파일에서 먼저 함수 포인터의 형식을 정의한다. 그러고 나서 요청 API를 구현하고 기본 API에 로그를 남기기 위해 함수 포인터를 받는 setOutput() 함수를 추가한다. 두 개의 설정 함수는 단지 제공된 인자를 해당 전용 클래스 멤버에 설정한다.

클래스 함수 구현은 다음과 같다.

```
#include "request.h"
void Request::process() {
    outFnc("Starting processing request " + std::to_string(value) + "...");
    //
}
void Request::finish() {
    outFnc("Finished request " + std::to_string(value));
}
```

이들 두 구현은 매우 단순하다. 이들은 단지 함수 포인터를 사용해 작업자 스레드의 상태를 나타내는 문자열을 출력한다.

실제 구현에서는 process() 함수에 비즈니스 로직을 추가하고 finish() 함수는 문자열에 매핑된 값을 기록하는 것과 같이 요청을 마무리하는 기능을 포함할 것이다.

Worker 클래스

다음 차례는 Worker 클래스다. 이는 요청을 처리하기 위해 Dispatcher가 호출하는 로직을 가지고 있다.

```
#pragma once
#ifndef WORKER_H
#define WORKER_H

#include "abstract_request.h"

#include <condition_variable>
#include <mutex>

using namespace std;

class Worker {
```

```
    condition_variable cv;
    mutex mtx;
    unique_lock<mutex> ulock;
    AbstractRequest* request;
    bool running;
    bool ready;
    public:
    Worker() { running = true; ready = false; ulock =
unique_lock<mutex>(mtx); }
    void run();
    void stop() { running = false; }
    void setRequest(AbstractRequest* request) { this->request = request;
ready = true; }
    void getCondition(condition_variable* &cv);
};
#endif
```

Dispatcher에 요청을 추가하는 데 특별한 로직이 필요하지 않지만 Worker 클래스는 조건 변수를 사용해 디스패처와 동기화를 해야 한다. C++11 스레드 API의 경우 이는 조건 변수와 뮤텍스, 하나의 고유한 락을 필요로 한다.

고유한 락은 뮤텍스를 캡슐화하고 잠시 뒤 보겠지만 최종적으로 조건 변수와 함께 사용된다.

또한 작업자를 시작하고 중지시키며, 처리를 위한 새로운 요청을 설정하고, 해당 요청의 내부 조건 변수를 접근하기 위한 메소드를 정의한다.

계속 진행해 나머지 구현 부분은 다음과 같이 작성할 수 있다.

```
#include "worker.h"
#include "dispatcher.h"

#include <chrono>
```

```
using namespace std;

void Worker::getCondition(condition_variable* &cv) {
    cv = &(this)->cv;
}

void Worker::run() {
    while (running) {
        if (ready) {
            ready = false;
            request->process();
            request->finish();
        }
        if (Dispatcher::addWorker(this)) {
            // Use the ready loop to deal with spurious wake-ups.
            while (!ready && running) {
                if (cv.wait_for(ulock, chrono::seconds(1)) ==
cv_status::timeout) {
                    // We timed out, but we keep waiting unless
                    // the worker is
                    // stopped by the dispatcher.
                }
            }
        }
    }
}
```

조건 변수에 대한 getter 함수 외에도 run() 함수를 정의한다. 디스패처가 각 작업자 스레드를 시작할 때 이 함수를 각 작업자 스레드에 대해 실행한다.

이 클래스의 메인 루프는 running 불리언 값을 false로 설정하는 stop() 함수가 아직 호출되지 않았음을 검사하고 작업 스레드를 마친다. 이것은 종료 시 Dispatcher에 의해 사용돼 작업자 스레드를 끝낸다. 불리언 값은 일반적으로 원자적이므로 설정과 검사 작업은 위험이 없고 뮤텍스 없이도 동시에 이뤄질 수 있다.

ready 변수를 검사하여 스레드가 처음 실행할 때 요청이 실제로 대기 중임을 보장한다. 작업자 스레드가 처음 실행할 때 대기 중인 요청은 없을 것이며 따라서 요청을 처리하려는 시도는 실패한다. Dispatcher가 새로운 요청을 설정할 때 이 불리언 변수는 true로 설정된다.

요청이 대기 중이라면 요청 인스턴스가 자신의 process( )와 finish( ) 함수를 호출한 이후에 ready 변수는 다시 false로 설정된다. 이로써 작업자 스레드에서 요청에 대한 비즈니스 로직이 실행되고 마무리가 된다.

끝으로 작업자 스레드는 자신의 정적 addWorker( ) 함수를 사용해 자신을 디스패처에 추가한다. 이 함수는 새로운 요청이 이용 불가능하다면 false를 반환하여 새로운 요청이 가용할 때까지 작업자 스레드가 대기하도록 한다. 그렇지 않다면 작업자 스레드는 Dispatcher가 설정한 새로운 요청에 대한 처리를 계속 진행한다.

대기 요청을 받으면 새로운 루프로 진입한다. 이 루프는 조건 변수가 깨어날 때 Dispatcher의 시그널로 인한 것이지(ready 변수가 true로 설정) 가짜 깨우기에 의한 것이 아님을 보장한다.

마지막으로 이전에 생성한 고유한 락 인스턴스를 사용해 타임아웃이 설정된 조건 변수의 실제 wait( ) 함수로 진입한다. 타임아웃이 발생하면 해당 스레드를 종료시키거나 계속 대기할 수 있다. 여기서는 아무런 선택을 하지 않고 단지 대기 루프로 재진입한다.

▌ 디스패처

마지막 항목으로 Dispatcher 클래스를 논의한다.

```
#pragma once
#ifndef DISPATCHER_H
#define DISPATCHER_H
```

```
#include "abstract_request.h"
#include "worker.h"

#include <queue>
#include <mutex>
#include <thread>
#include <vector>

using namespace std;

class Dispatcher {
    static queue<AbstractRequest*> requests;
    static queue<Worker*> workers;
    static mutex requestsMutex;
    static mutex workersMutex;
    static vector<Worker*> allWorkers;
    static vector<thread*> threads;
    public:
    static bool init(int workers);
    static bool stop();
    static void addRequest(AbstractRequest* request);
    static bool addWorker(Worker* worker);
};
#endif
```

이것의 대부분은 친숙한 내용들일 것이다. 지금쯤 추측하겠지만 이것은 완전히 정적 클래스다.

계속 진행하여 그 구현은 다음과 같다.

```
#include "dispatcher.h"

#include <iostream>
using namespace std;
```

```
queue<AbstractRequest*> Dispatcher::requests;
queue<Worker*> Dispatcher::workers;
mutex Dispatcher::requestsMutex;
mutex Dispatcher::workersMutex;
vector<Worker*> Dispatcher::allWorkers;
vector<thread*> Dispatcher::threads;

bool Dispatcher::init(int workers) {
    thread* t = 0;
    Worker* w = 0;
    for (int i = 0; i < workers; ++i) {
        w = new Worker;
        allWorkers.push_back(w);
        t = new thread(&Worker::run, w);
        threads.push_back(t);
    }
    return true;
}
```

정적 클래스 멤버를 설정한 이후에 init( ) 함수를 정의한다. 이 함수는 해당 벡터 데이터 구조체에 각 작업자에 대한 참조와 스레드 인스턴스를 유지하면서 지정된 수의 작업자 스레드를 시작한다.

```
bool Dispatcher::stop() {
    for (int i = 0; i < allWorkers.size(); ++i) {
        allWorkers[i]->stop();
    }
    cout << "Stopped workers.\n";
    for (int j = 0; j < threads.size(); ++j) {
    threads[j]->join();
        cout << "Joined threads.\n";
    }
}
```

stop( ) 함수에서 각 작업자 인스턴스는 자신의 stop( ) 함수를 호출한다. Worker 클래스 설명 부분에서 이미 살펴본 대로 이 호출로 인해 각 작업자 스레드는 종료가 된다.

마지막으로 복귀하기 전에 각 스레드가 합류하기(즉 마치기)를 대기한다.

```
void Dispatcher::addRequest(AbstractRequest* request) {
    workersMutex.lock();
    if (!workers.empty()) {
        Worker* worker = workers.front();
        worker->setRequest(request);
        condition_variable* cv;
        worker->getCondition(cv);
        cv->notify_one();
        workers.pop();
        workersMutex.unlock();
    }
    else {
        workersMutex.unlock();
        requestsMutex.lock();
        requests.push(request);
        requestsMutex.unlock();
    }
}
```

흥미로운 부분은 addRequest( ) 함수다. 이 함수에서 새로운 요청이 추가된다. 작업자 스레드가 새로운 요청을 대기하는지 여부에 따라 다음 작업이 결정된다. 대기 중인 작업자 스레드가 없다면 (즉 작업자 큐가 비어 있다면) 요청은 요청 큐에 추가된다.

작업자 스레드가 이들 큐에 동시에 접근하려고 하므로 뮤텍스를 사용해 이들 큐에 대한 접근이 안전하게 이뤄지도록 보장한다.

여기서 주목할 유의점은 데드락 발생의 가능성이다. 즉, 두 스레드가 한 자원에 대한 락을 소유하는 상황에서 두 번째 스레드가 자신의 락을 해제하기 전에 첫 번째 스레드가 락을 해제하기를 대기하는 경우 데드락이 발생한다. 단일 범위에서 하나 이상의 뮤텍스가 사용되는 모든 상황에서 이런 잠재적 가능성이 존재한다.

이 함수에서 잠재적 데드락은 작업자 뮤텍스에 대한 락을 해제하는 부분과 요청 뮤텍스에 대한 락을 획득할 때 발생할 수 있다. 이 함수가 작업 뮤텍스를 소유한 채로 요청 락의 획득을 시도하는 경우(가용한 작업자 스레드가 없을 때), 다른 스레드(처리할 새로운 요청을 찾기 위해)가 동시에 작업자 뮤텍스를 획득하려는 시도(요청을 찾지 못하여 자신을 작업자 큐에 추가하면서)를 하면서 요청 뮤텍스를 소유하고 있을 가능성이 존재한다.

해결책은 간단하다. 다른 뮤텍스를 획득하기 전에 현재 뮤텍스를 해제하는 것이다. 하나 이상의 뮤텍스가 소유돼야 할 상황이라면 잠재적 데드락이 있는 코드를 검사하고 테스트해야 한다. 이런 특정 상황에서 작업자 뮤텍스 락은 더 이상 필요가 없을 때 또는 요청 뮤텍스 락이 획득되기 전에 명시적으로 해제돼 데드락을 방지한다.

이 특별한 코드 부분의 또 다른 중요한 측면은 작업자 스레드를 시그널시키는 방식이다. if/else 블록의 첫 번째 영역에서 보듯 작업자 큐가 비어 있지 않을 때 작업자가 큐로부터 페치돼 자신에게 요청을 설정한 다음 자신의 조건 변수를 참조하고 시그널하거나 통지한다.

내부적으로 조건 변수는 Worker 클래스 정의 부분에서 제공한 뮤텍스를 사용해 원자적 접근을 보장한다. notify_one( ) 함수(일반적으로 다른 API에서는 signal( )이라고 부른다)가 조건 변수에 대해 호출될 때 이 함수는 복귀하여 실행 재개를 위해 스레드 큐에서 조건 변수를 대기하는 첫 번째 스레드에게 통지를 한다.

Worker 클래스의 run( ) 함수에서 이 통지 이벤트를 대기한다. 이 통지를 받을 때 작업자 스레드는 새로운 요청을 계속 처리하게 된다. 스레드 참조는 요청 처리를 마치고서 자신을 다시 큐에 추가할 때까지 큐에서 제거된다.

```
bool Dispatcher::addWorker(Worker* worker) {
    bool wait = true;
```

```
    requestsMutex.lock();
    if (!requests.empty()) {
        AbstractRequest* request = requests.front();
        worker->setRequest(request);
        requests.pop();
        wait = false;
        requestsMutex.unlock();
    }
    else {
        requestsMutex.unlock();
        workersMutex.lock();
        workers.push(worker);
        workersMutex.unlock();
    }

        return wait;
}
```

바로 직전의 이 함수에서 작업자 스레드는 요청 처리를 완료하면 자신을 큐에 추가한다. 이것은 들어오는 작업자가 요청 큐에서 대기 중일 수도 있는 어떤 요청과도 먼저 능동적으로 비교된다는 점에서 이전 함수와 유사하다. 가용한 요청이 없으면 작업자는 작업자 큐에 추가된다.

호출 스레드가 새로운 요청을 대기해야 하는지 또는 큐에 자신을 추가하려고 시도하는 동안에 새로운 요청을 이미 받았는지 여부를 나타내는 불리언 값을 반환하는 것에 유의해야 한다.

이 코드는 이전 함수의 코드보다는 다소 덜 복잡하지만 동일 범위 내에서 두 개의 뮤텍스를 다루기 때문에 잠재적 데드락 문제가 존재한다. 여기서도 마찬가지로 새로운 뮤텍스를 획득하기 전에 먼저 소유한 뮤텍스를 먼저 해제한다.

메이크파일

Dispatcher 예제의 메이크파일은 매우 기본적이다. 현재 폴더에 모든 C++ 소스 파일을 모아서 이들을 g++를 사용해 바이너리로 컴파일한다.

```
GCC := g++

OUTPUT := dispatcher_demo
SOURCES := $(wildcard *.cpp)
CCFLAGS := -std=c++11 -g3

all: $(OUTPUT)
    $(OUTPUT):
    $(GCC) -o $(OUTPUT) $(CCFLAGS) $(SOURCES)
    clean:
    rm $(OUTPUT)
    .PHONY: all
```

출력 결과

애플리케이션을 컴파일하고서 이를 실행하면 총 50개의 요청에 대한 다음과 같은 결과를 볼 수 있다.

```
$ ./dispatcher_demo.exe
Initialised.
Starting processing request 1...
Starting processing request 2...
Finished request 1
Starting processing request 3...
Finished request 3
Starting processing request 6...
Finished request 6
```

```
Starting processing request 8...
Finished request 8
Starting processing request 9...
Finished request 9
Finished request 2
Starting processing request 11...
Finished request 11
Starting processing request 12...
Finished request 12
Starting processing request 13...
Finished request 13
Starting processing request 14...
Finished request 14
Starting processing request 7...
Starting processing request 10...
Starting processing request 15...
Finished request 7
Finished request 15
Finished request 10
Starting processing request 16...
Finished request 16
Starting processing request 17...
Starting processing request 18...
Starting processing request 0...
```

이 시점에서 각 요청이 처리할 시간이 거의 없음에도 불구하고 요청은 병렬적으로 명확히 처리되고 있음을 인지할 수 있다. 첫 번째 요청(요청 0)은 16번째 요청 이후에 처리되기 시작하고 두 번째 요청은 한참 전인 9번째 요청 이후에 이미 처리됐다.

어떤 스레드, 다시 말해서 어떤 요청이 먼저 처리되는지를 결정하는 요인은 2장, '프로세서와 OS에서의 멀티스레딩 구현'에서 설명한 바와 같이 OS 스케줄러와 하드웨어 기반의 스케줄링에 달려 있다. 이것은 멀티스레드 애플리케이션이 단일 플랫폼에서 어떤 방식으로 실행하는가에 대해 아무 가정도 하지 않음을 명확히 보여준다.

```
Starting processing request 5...
Finished request 5
Starting processing request 20...
Finished request 18
Finished request 20
Starting processing request 21...
Starting processing request 4...
Finished request 21
Finished request 4
```

이 출력에서 4, 5번째 요청은 다소 지연된 형태로 마친다.

```
Starting processing request 23...
Starting processing request 24...
Starting processing request 22...
Finished request 24
Finished request 23
Finished request 22
Starting processing request 26...
Starting processing request 25...
Starting processing request 28...
Finished request 26
Starting processing request 27...
Finished request 28
Finished request 27
Starting processing request 29...
Starting processing request 30...
Finished request 30
Finished request 29
Finished request 17
Finished request 25
Starting processing request 19...
Finished request 0
```

이 지점에서 첫 번째 요청이 드디어 끝난다. 이것은 첫 번째 요청에 대한 초기화 시간이 후속하는 요청에 비해 항상 지연되고 있음을 나타낸다. 이 애플리케이션을 여러 번 실행해보면 이를 확인할 수 있을 것이다. 처리 순서가 필요하다면 이런 임의성은 해당 애플리케이션에 부정적인 여향을 미치지 말아야 한다.

```
Starting processing request 33...
Starting processing request 35...
Finished request 33
Finished request 35
Starting processing request 37...
Starting processing request 38...
Finished request 37
Finished request 38
Starting processing request 39...
Starting processing request 40...
Starting processing request 36...
Starting processing request 31...
Finished request 40
Finished request 39
Starting processing request 32...
Starting processing request 41...
Finished request 32
Finished request 41
Starting processing request 42...
Finished request 31
Starting processing request 44...
Finished request 36
Finished request 42
Starting processing request 45...
Finished request 44
Starting processing request 47...
Starting processing request 48...
Finished request 48
Starting processing request 43...
```

```
Finished request 47
Finished request 43
Finished request 19
Starting processing request 34...
Finished request 34
Starting processing request 46...
Starting processing request 49...
Finished request 46
Finished request 49
Finished request 45
```

요청 19 역시 꽤나 지연됐는데 이것은 멀티스레드 애플리케이션이 예측 불가능하다는 것을 다시 한 번 보여준다. 각 요청에 딸린 대용량 데이터를 처리하고자 한다면 일부 지점에서 멈춰서 이들 지연을 고려해야만 할 수도 있다. 그렇지 않다면 출력 캐시가 너무 커질 수 있다.

이런 작업은 애플리케이션의 성능에 부정적인 영향을 미치게 되므로 이런 상황을 방지하기 위해 특정 프로세서 코어에 대해 스레드를 스케줄링하는 것뿐만 아니라 기본적인 최적화를 고려해야 한다.

```
Stopped workers.
Joined threads.
Joined threads.
Joined threads.
Joined threads.
Joined threads.
Joined threads.
Joined threads.
Joined threads.
Joined threads.
Clean-up done.
```

stop( ) 함수를 호출하는 이곳에서 처음 시작된 10개의 모든 작업자 스레드가 여기서 종료된다.

▌ 공유 데이터

4장의 예제에서 스레드 동기화와 스레드 간의 정보를 공유하는 방법을 살펴봤다.

이것은 주 스레드에서 디스패처로 요청을 전달하고 디스패처는 전달받은 요청을 여러 스레드로 다시 보내는 형태로 이뤄졌다.

스레드 간에 데이터를 공유하는 이면의 기본 개념은 공유할 데이터는 둘 또는 그 이상의 스레드가 접근할 수 있는 방식으로 어딘가에 존재한다는 것이다. 그리고 단 하나의 스레드만이 데이터를 변경할 수 있고 데이터는 읽혀지는 동안에 변경되지 않는다는 것을 보장해야 한다. 일반적으로 이를 보장하기 위해 뮤텍스 등을 사용한다.

읽기-쓰기 락의 사용

읽기-쓰기$^{r/w}$ 락을 통해 복수의 스레드가 동시에 하나의 데이터 소스를 읽을 수 있으므로 이 락은 우리 예제에서 가능한 하나의 최적화일 수 있다. 복수의 작업자 스레드가 동일한 정보를 반복해서 읽는 애플리케이션이라면 기본 뮤텍스에 비해 데이터 읽기를 시도하는 것이 다른 스레드를 블록시키지 않는 읽기-쓰기 락을 사용하는 것이 더 효율적일 수 있다.

따라서 읽기-쓰기 락은 뮤텍스의 좀 더 향상된 버전으로 사용될 수 있다. 즉, 접근 유형에 따라 그 동작을 변경할 수 있다. 내부적으로 이 락은 뮤텍스(또는 세마포어)와 조건 변수에 기반해 구축된다.

118

공유 포인터의 사용

상승 라이브러리를 통해 최초로 이용 가능했고 C++11에 네이티브로 도입된 공유 포인터는 힙 할당 인스턴스에 대한 참조 카운트를 사용한 메모리 관리를 추상화한 것이다. 복수의 공유 포인터 인스턴스를 생성할 수 있다는 점에서 이들은 부분적으로 스레드 안전하다고 할 수 있다. 하지만 참조 객체 자체는 스레드 안전하지 않다.

하지만 애플리케이션에 따라 이것만으로도 충분할 수 있다. 이들을 적절하게 스레드 안전하도록 하기 위해 원자적 개체^{atomics}를 사용할 수 있다. 이것은 8장, '원자적 동작−하드웨어와 작업하기'에서 상세히 살펴볼 예정이다.

▌ 요약

4장에서는 꽤나 복잡한 스케줄러 구현의 일부로 안전한 방식으로 스레드 간에 데이터를 전달하는 방법을 살펴봤다. 스케줄러의 비동기적 처리 결과를 알아보고 스레드 간에 데이터 전달에 대한 잠재적인 몇몇 대안과 최적화를 고려해봤다.

이제 스레드 간에 안전하게 데이터를 전달하고 공유 자원에 대한 접근을 동기화할 수 있다.

5장에서는 네이티브 C++ 스레딩과 기본 요소 API를 알아본다.

05

네이티브 C++ 스레드와 기본 요소

2011년에 시작한 C++ 표준 개정안에서 멀티스레딩 API가 공식적으로 C++ 표준 템플 릿 라이브러리^{STL, Standard Template Library}의 일부가 됐다. 이것은 스레드와 스레드 기본 요소 ^{primitive}, 동기화 메커니즘이 서드파티 라이브러리를 설치하지 않고 또는 운영체제의 API 에 의존하지 않고서 새로운 C++ 애플리케이션에서 이용 가능하다는 것을 의미한다.

5장에서는 2014년 표준까지 추가된 이런 네이티브 API에서 사용할 수 있는 멀티스레딩 기능을 살펴본다. 이런 기능을 세부적으로 사용하는 여러 예제를 볼 수 있을 것이다.

5장에서는 다음과 같은 주제를 다룬다.

- C++ STL에서 멀티스레딩 API가 다루는 기능
- 이런 기능에 대한 사용법을 보여주는 세부적 예제

▌ STL 스레딩 API

3장, 'C++ 멀티스레딩 API'에서 멀티스레드 C++ 애플리케이션 개발에 사용할 수 있는 다양한 API를 살펴봤다. 4장, '스레드 동기화와 통신'에서는 네이티브 C++ 스레딩 API를 이용해 멀티스레드 스케줄러 애플리케이션을 구현해봤다.

Boost.Thread API

STL의 <thread> 헤더를 포함하면 추가적인 헤더가 제공하는 상호 배제(뮤텍스 등) 기능을 가진 std::thread 클래스에 접근할 수 있다. 이 API는 기본적으로 Boost.Thread의 멀티스레딩 API와 동일하다. 주요 차이점은 뮤텍스와 조건 변수 같은 기본 요소 위에 구현된 다수의 추가적인 락 유형과 스레드(타임아웃이 있는 합류, 스레드 그룹, 스레드 인터럽션)에 대해 좀 더 많은 제어를 할 수 있다는 것이다.

일반적으로 Boost.Thread는 C++11 지원이 없을 때 또는 추가적인 Boost.Thread 기능이 애플리케이션의 요구 조건일 때를 대비하여 사용돼야 한다. Boost.Thread는 가용한 (네이티브) 스레딩 지원을 기반으로 하기 때문에 C++11 STL 구현에 비해 오버헤드가 추가될 가능성이 있다.

▌ 2011 표준

C++ 표준에 대한 2011 개정안(흔히 C++11로 부른다)은 광범위한 새로운 기능을 추가했다. 가장 중요한 기능으로 네이티브 멀티스레딩 지원을 들 수 있는데, 서드파티 라이브러리를 사용하지 않고서 C++ 내에서 스레드를 생성하고 관리하며, 사용할 수 있는 기능이다.

이 표준안은 스레드-로컬 스토리지 같은 기능을 사용할 수 있을 뿐만 아니라 여러 스레드가 공존할 수 있도록 핵심 언어에 대한 메모리 모델을 표준화한다. 최초의 지원은

C++03 표준에 추가됐지만 C++11 표준이 이 기능을 완전히 사용할 수 있는 최초의 버전이다.

앞서 언급했듯이, 실질적인 스레딩 API 자체는 STL에 구현돼 있다. C++11(C++0x) 표준의 목적 중의 하나는 핵심 언어의 일부가 아닌 STL에 가급적 많은 기능을 가지는 것이었다. 결과적으로 스레드와 뮤텍스 등을 사용하기 위해서는 먼저 관련 STL 헤더를 포함해야 한다.

새로운 멀티스레딩 API를 작업한 표준 위원회는 자신들의 목표가 있었고 결과적으로 일부에서 원했던 몇몇 기능은 최종 표준안에 들어가지 못했다. 스레드 취소로 인해 파기될 스레드에서 자원 정리 같은 문제 때문에 POSIX 대변자들이 강력하게 반대했던 다른 스레드를 종료하는 기능이나 스레드 취소 같은 기능이 여기에 해당한다.

다음은 이 API 구현이 제공하는 기능이다.

- `std::thread`
- `std::mutex`
- `std::recursive_mutex`
- `std::condition_variable`
- `std::condition_variable_any`
- `std::lock_guard`
- `std::unique_lock`
- `std::packaged_task`
- `std::async`
- `std::future`

당분간 이들 각 기능에 대한 세부적 예제를 살펴볼 예정이다. 먼저 차기 C++ 표준 개정안에 추가된 이에 대한 초기 안을 살펴보자.

C++14

2014 표준안은 표준 라이브러리에 다음과 같은 기능을 추가했다.

- std::shared_lock
- std::shared_timed_mutex

이들 두 항목은 <shared_mutex> STL 헤더에 정의돼 있다. 락은 뮤텍스를 기반으로 하기 때문에 공유 락은 공유 뮤텍스에 의존한다.

C++17

2017 표준안은 표준 라이브러리에 다음과 같은 추가적인 기능을 갖는다.

- std::shared_mutex
- std::scoped_lock

여기에서 범위가 지정된 락scoped lock은 범위가 지정된 블록의 기간 동안 뮤텍스를 소유하는 RAII-스타일 메커니즘을 제공하는 뮤텍스 래퍼다.

STL 구성

STL에서 다음과 같은 헤더 조직과 이들이 제공하는 기능을 볼 수 있다.

헤더	제공하는 것
<thread>	std::thread 클래스. std::this_thread 이름 공간 아래의 메소드: • yield • get_id • sleep_for • sleep_until

헤더	제공하는 것
<mutex>	클래스: • mutex • timed_mutex • recursive_mutex • recursive_timed_mutex • lock_guard • scoped_lock (C++17) • unique_lock 함수: • try_lock • lock • call_once • std::swap (std::unique_lock)
<shared_mutex>	클래스: • shared_mutex (C++17) • shared_timed_mutex (C++14) • shared_lock (C++14) 함수: • std::swap (std::shared_lock)
<future>	클래스: • promise • packaged_task • future • shared_future 함수: • async • future_category • std::swap (std::promise) • std::swap (std::packaged_task)
<condition_variable>	클래스: • condition_variable • condition_variable_any 함수: • notify_all_at_thread_exit

이 표에서 2014년과 2017년 표준안에 소개된 기능과 더불어 각 헤더가 제공하는 기능을 볼 수 있다. 다음 절에서 각 기능과 클래스를 세부적으로 살펴본다.

스레드 클래스

스레드 클래스는 전체 스레딩 API의 핵심이 되는 부분이다. 이 클래스는 하부의 운영체제 스레드를 감싸고 스레드를 시작하고 중지시키는 데 필요한 기능을 제공한다.

<thread> 헤더를 포함해 이 기능을 사용할 수 있다.

기본 사용

스레드는 생성과 동시에 즉시 시작한다.

```
#include <thread>

void worker() {
    // Business logic.
}

int main () {
    std::thread t(worker);
    return 0;
}
```

이 코드는 스레드를 시작하고 시작한 스레드의 실행 종료를 대기하지 않기 때문에 애플리케이션은 즉시 종료한다. 올바르게 하려면 다음과 같이 스레드의 종료를 대기하거나 합류하기를 기다려야 한다.

```
#include <thread>

void worker() {
    // Business logic.
}

int main () {
    std::thread t(worker);
    t.join();
    return 0;
}
```

이 코드는 새로운 스레드가 종료하기를 대기한 다음에 합류한다.

인자 전달

또한 새로운 스레드에 인자를 전달할 수도 있다. 이들 인자 값은 이동 가능해야 한다. 즉,
이동 또는 복사 생성자(rvalue 참조로 부른다)를 가지는 유형임을 의미한다. 실제로 이것은
모든 기본 유형과 대부분의 (사용자 정의) 클래스의 경우에 그렇다.

```
#include <thread>
#include <string>

void worker(int n, std::string t) {
    // Business logic.
}

int main () {
    std::string s = "Test";
    int i = 1;
    std::thread t(worker, i, s);
    t.join();
```

```
    return 0;
}
```

이 코드에서 하나의 정수와 문자열을 스레드 함수에 전달한다. 이 함수는 이들 두 변수에 대한 복사본을 받는다. 참조나 포인터를 전달할 때 생명 주기 문제와 데이터 경쟁, 이런 부류의 잠재적 문제로 인해 더욱 복잡해진다.

반환값

스레드 클래스 생성자에 전달된 함수에 의해 반환된 값은 무시된다. 새로운 스레드를 생성한 스레드에 대한 정보를 반환하기 위해 (뮤텍스 같은) 스레드 간의 동기화 메커니즘과 일종의 공유 변수를 사용해야 한다.

스레드 이동하기

2011 표준안은 <utility> 헤더에 std::move를 추가했다. 이 템플릿 메소드를 사용해 객체 간에 자원을 이동할 수 있다. 이것은 또한 스레드 인스턴스도 이동할 수 있음을 의미한다.

```
#include <thread>
#include <string>
#include <utility>

void worker(int n, string t) {
    // Business logic.
}

int main () {
    std::string s = "Test";
    std::thread t0(worker, 1, s);
```

```
        std::thread t1(std::move(t0));
        t1.join();
        return 0;
}
```

이 버전의 코드에서 다른 스레드로 스레드를 이동하기 전에 한 스레드를 생성한다. 따라서 (즉시 종료되기 때문에) 스레드 0은 존재하지 않으며 스레드 실행은 생성된 새로운 스레드에서 재개된다.

이로써 첫 번째 스레드가 재합류하기를 대기할 필요가 없고 두 번째 스레드만 대기하면 된다.

스레드 ID

스레드는 자신과 관련된 식별자를 가진다. 이 ID(또는 핸들)는 STL 구현에 의해 제공되는 고유한 식별자다. thread 클래스 인스턴스의 get_id( ) 함수를 호출해 스레드 ID를 구할 수 있고 또는 std::this_thread::get_id( )를 호출해 함수를 호출하는 스레드의 ID를 구할 수 있다.

```
#include <iostream>
#include <thread>
#include <chrono>
#include <mutex>

std::mutex display_mutex;

void worker( ) {
    std::thread::id this_id = std::this_thread::get_id( );

    display_mutex.lock( );
    std::cout << "thread " << this_id << " sleeping...\n";
```

```cpp
    display_mutex.unlock();

    std::this_thread::sleep_for(std::chrono::seconds(1));
}

int main() {
    std::thread t1(worker);
    std::thread::id t1_id = t1.get_id();

    std::thread t2(worker);
    std::thread::id t2_id = t2.get_id();

    display_mutex.lock();
    std::cout << "t1's id: " << t1_id << "\n";
    std::cout << "t2's id: " << t2_id << "\n";
    display_mutex.unlock();

    t1.join();
    t2.join();

    return 0;
}
```

이 코드는 다음과 같은 결과를 보여줄 것이다.

```
t1's id: 2
t2's id: 3
thread 2 sleeping...
thread 3 sleeping...
```

여기서 내부 스레드 ID는 최초 스레드(ID 1)에 상대적인 값을 갖는 정수(std::thread::id 유형)임을 볼 수 있다. 이것은 POSIX의 ID와 같이 네이티브 스레드 ID와 유사하다. 이들은 native_handle() 함수를 사용해도 구할 수 있다. 이 함수는 하부의 네이티브 스레드 핸들이 무엇이든 이를 반환한다. 이것은 STL 구현에서 사용할 수 없는 매우 특수한 PThread 또는 Win32 기능을 사용하고자 할 때 특히 유용하다.

슬립(Sleep)

두 메소드 가운데 하나를 사용해 스레드의 실행을 지연(슬립sleep)시킬 수 있다. 이 가운데 한 메소드인 sleep_for( )는 최소 지정된 기간 동안(이 시간을 초과할 수도 있다) 실행을 지연시킨다.

```cpp
#include <iostream>
#include <chrono>
#include <thread>
        using namespace std::chrono_literals;

        typedef std::chrono::time_point<std::chrono::high_resolution_clock>
timepoint;
int main( ) {
        std::cout << "Starting sleep.\n";

        timepoint start = std::chrono::high_resolution_clock::now( );

        std::this_thread::sleep_for(2s);

        timepoint end = std::chrono::high_resolution_clock::now( );
        std::chrono::duration<double, std::milli> elapsed = end -
        start;
        std::cout << "Slept for: " << elapsed.count() << " ms\n";
}
```

이 코드는 현재 OS에서 가능한 최고 정확도의 카운터를 사용해 정확한 기간을 측정함으로 대략 2초 동안 슬립하는 방법을 보여준다.

(초 단위의 수에 s 접미어를 붙여) 슬립할 시간을 직접 지정할 수 있음에 주목하자. 이것은 <chrono> 헤더에 추가된 C++14의 기능이다. C++11 버전에서는 std::chrono::seconds 인스턴스를 생성하여 이를 sleep_for() 함수에 전달해야 했다.

또 다른 메소드인 sleep_until()은 std::chrono::time_point<Clock, Duration> 유형의 한 인자를 가진다. 이 함수를 사용해 지정된 시점에 도달할 때까지 스레드가 슬립하도록 설정할 수 있다. 운영체제의 스케줄링 우선순위로 인해 깨어나는 시간은 명시된 시간과 정확하게 일치하지 않을 수 있다.

양보(Yield)

현재 스레드가 재스케줄될 수 있음을 OS에게 알림으로 다른 스레드가 대신 실행되게 할수도 있다. 이를 위해 std::this_thread::yield() 함수를 사용한다. 이 함수의 정확한 결과는 하부의 OS 구현과 스케줄러에 달려 있다. FIFO 스케줄러라면 호출 스레드는 큐의 뒷부분에 놓여질 가능성이 크다.

이는 특수한 경우에 사용하는 매우 특별한 함수다. 이 함수는 애플리케이션의 성능에 대한 영향을 먼저 검증하지 않고서 사용하면 안 된다.

분리(Detach)

스레드를 시작한 이후에 이 스레드 객체에 대해 detach()를 호출할 수 있다. 이것은 효과적으로 새 스레드를 호출 스레드로부터 분리한다. 즉, 새로운 스레드는 호출 스레드가 종료된 이후에도 계속 실행을 한다.

스왑(Swap)

독립적 메소드 또는 스레드 인스턴스의 함수로서 swap()을 사용해 스레드 객체의 내부 스레드 핸들을 교환할 수 있다.

```cpp
#include <iostream>
#include <thread>
#include <chrono>
void worker() {
    std::this_thread::sleep_for(std::chrono::seconds(1));
}
int main() {
        std::thread t1(worker);
        std::thread t2(worker);
        std::cout << "thread 1 id: " << t1.get_id() << "\n";
        std::cout << "thread 2 id: " << t2.get_id() << "\n";
        std::swap(t1, t2);
        std::cout << "Swapping threads..." << "\n";

        std::cout << "thread 1 id: " << t1.get_id() << "\n";
        std::cout << "thread 2 id: " << t2.get_id() << "\n";
        t1.swap(t2);
        std::cout << "Swapping threads..." << "\n";

        std::cout << "thread 1 id: " << t1.get_id() << "\n";
        std::cout << "thread 2 id: " << t2.get_id() << "\n";
        t1.join();
        t2.join();
}
```

이 코드의 결과는 다음과 유사할 것이다.

```
thread 1 id: 2
thread 2 id: 3
Swapping threads...
thread 1 id: 3
thread 2 id: 2
```

```
Swapping threads...
thread 1 id: 2
thread 2 id: 3
```

이의 효과는 각 스레드의 상태가 다른 스레드의 상태와 교환된다. 실제로는 이들의 ID를 교환한다.

뮤텍스

<mutex> 헤더는 뮤텍스와 락에 대한 여러 유형을 포함한다. 뮤텍스 유형이 가장 흔히 사용되는 유형이며 추가적인 복잡함이 없이 기본적인 락/언락 기능을 제공한다.

기본 사용

뮤텍스의 목표는 데이터 손상을 방지하고 스레드 안전하지 않은 루틴의 사용으로 인한 충돌을 방지하기 위해 동시 접근 가능성을 배제하는 것이다.

뮤텍스를 사용해야 하는 경우의 예는 다음과 같다.

```
#include <iostream>
#include <thread>
void worker(int i) {
        std::cout << "Outputting this from thread number: " << i << "\n";
}
int main() {
        std::thread t1(worker, 1);
        std::thread t2(worker, 2);
        t1.join();
    t2.join();
```

```
	return 0;
}
```

방금 살펴본 코드를 있는 그대로 실행하고자 한다면 두 스레드의 텍스트 출력이 차례대로 출력되는 대신 함께 뒤섞이게 된다. 그 이유는 표준 출력(C 또는 C++ 스타일)이 스레드 안전하지 않기 때문이다. 애플리케이션이 비정상 종료하지는 않겠지만 그 출력은 뒤섞이게 된다.

이에 대한 수정은 다음과 같이 간단하다.

```
#include <iostream>
#include <thread>
#include <mutex>

std::mutex globalMutex;
void worker(int i) {
	globalMutex.lock();
		std::cout << "Outputting this from thread number: " << i << "\n";
	globalMutex.unlock();
}
int main() {
		std::thread t1(worker, 1);
		std::thread t2(worker, 2);
		t1.join();
	t2.join();

return 0;
}
```

이제 각 스레드는 먼저 뮤텍스 객체에 대한 접근을 획득한다. 단 하나의 스레드만이 뮤텍스 객체에 접근할 수 있기 때문에 나머지 스레드는 첫 번째 스레드가 표준 출력에 쓰는 작업을 마치기를 대기할 것이고 문자열은 의도한 대로 차례대로 출력된다.

블록이 없는 락

스레드가 블록돼 뮤텍스 객체가 이용 가능해질 때까지 대기해야 하는 것을 원치 않을 수도 있다. 예를 들어 요청이 이미 다른 스레드에 의해 처리되고 있는지 여부만을 알고자 하는 경우에는 요청이 끝날 때까지 대기할 필요가 없을 것이다.

이런 용도로 try_lock() 함수와 함께 뮤텍스가 제공된다.

다음 예제에서는 동일한 카운터를 증가시키고자 하는 두 스레드가 있다. 이 가운데 한 스레드는 공유 카운터에 대한 접근을 즉시 획득하지 못하면 자신의 카운터를 증가시킨다.

```cpp
#include <chrono>
#include <mutex>
#include <thread>
#include <iostream>
std::chrono::milliseconds interval(50);
std::mutex mutex;
int shared_counter = 0;
int exclusive_counter = 0;
void worker0() {
    std::this_thread::sleep_for(interval);
        while (true) {
            if (mutex.try_lock()) {
                std::cout << "Shared (" << job_shared << ")\n";
                mutex.unlock();
                return;
            }
        else {
                ++exclusive_counter;
                    std::cout << "Exclusive (" << exclusive_counter
<< ")\n";
                    std::this_thread::sleep_for(interval);
            }
        }
}
void worker1() {
```

```
        mutex.lock();
            std::this_thread::sleep_for(10 * interval);
            ++shared_counter;
            mutex.unlock();
}
int main() {
            std::thread t1(worker0);
            std::thread t2(worker1);
            t1.join();
            t2.join();
}
```

이 예제에서 두 스레드는 다른 작업자 함수를 실행하지만 둘 다 일정 기간 동안 슬립하고서 깨어날 때 공유 카운터에 대한 뮤텍스를 획득하고자 하는 공통점을 가진다. 뮤텍스를 획득하면 이들은 카운터를 증가시키는데 단, 첫 번째 작업자만이 그 사실을 출력한다.

또한 첫 번째 작업자는 공유 카운터를 얻지 못할 때 로그를 남기지만 자신의 카운터는 증가시킨다.

최종 출력은 다음과 유사할 것이다.

```
Exclusive (1)
Exclusive (2)
Exclusive (3)
Shared (1)
Exclusive (4)
```

타임드 뮤텍스

타임드 뮤텍스$^{timed\ mutex}$는 락 획득 시도가 이뤄져야 할 기간에 대한 제어가 가능한 여러 함수(예를 들어 try_lock_for와 try_lock_until)를 가지는 일반 뮤텍스의 한 유형이다.

try_lock_for 함수는 결과(true 또는 false)를 반환하기 전에 지정 시간 동안(std::chrono object)에 락 획득을 시도한다. try_lock_until 함수는 결과를 반환하기 전에 미래의 특정 시점까지 대기한다.

이들 함수의 사용은 주로 일반 뮤텍스의 블록(락)과 비블록(try_lock) 메소드 간의 중간 경로를 제공하는 데 있다. 태스크를 언제 사용할 수 있는지 알지 못해도 하나의 스레드만을 사용해 여러 태스크를 대기하거나 또는 대기하는 것이 더 이상 의미가 없는 특정 시점에 만료할 수도 있는 태스크를 대기할 수도 있다.

락 가드

락 가드^{lock guard}는 뮤텍스 객체에 대한 락 획득과 락 가드가 범위를 벗어날 때 락 해제를 다루는 단순한 뮤텍스 래퍼다. 이것은 뮤텍스 락을 해제하는 것을 잊지 않도록 보장하고 또한 여러 위치에서 동일한 뮤텍스를 해제해야 하는 경우에 코드의 난잡함을 줄이는 데 도움이 되는 메커니즘이다.

예를 들어 커다란 if/else 블록을 리팩토링하면 뮤텍스 락의 해제 부분을 줄여 줄 수 있겠지만, 이 락 가드 래퍼를 사용하면 훨씬 손쉽게 가능하고 세부적 사항을 염려할 필요가 없다.

```cpp
#include <thread>
#include <mutex>
#include <iostream>
int counter = 0;
std::mutex counter_mutex;
void worker() {
        std::lock_guard<std::mutex> lock(counter_mutex);
    if (counter == 1) { counter += 10; }
    else if (counter >= 10) { counter += 15; }
    else if (counter >= 50) { return; }
        else { ++counter; }
```

```
        std::cout << std::this_thread::get_id() << ": " << counter << '\n';
}
int main() {
        std::cout << __func__ << ": " << counter << '\n';
        std::thread t1(worker);
        std::thread t2(worker);
        t1.join();
        t2.join();
        std::cout << __func__ << ": " << counter << '\n';
}
```

이 예제에서 작업자 함수가 즉시 복귀되도록 하는 조건이 있는 작은 크기의 if/else 블록을 볼 수 있다. 락 가드가 없었더라면 함수에서 복귀하기 전에 각 조건에서 뮤텍스를 언락시켜야 했을 것이다.

하지만 락 가드 덕택에 이런 세부적 사항을 염려할 필요가 없다. 이로써 뮤텍스 관리를 염려하는 대신에 비즈니스 로직에 전념할 수 있다.

고유 락

고유 락^{unique lock}은 일종의 범용 뮤텍스 래퍼다. 타임드 뮤텍스와 유사하지만 추가적인 특징을 가진다. 그중 하나가 소유권 개념이다. 다른 락 유형과 달리 고유 락은 뮤텍스를 포함한다고 하더라도 자신이 감싸는 뮤텍스를 소유할 필요가 없다. 뮤텍스는 swap() 함수를 사용해 앞서 언급한 뮤텍스의 소유권과 함께 고유 락 인스턴스 간에 전송이 가능하다.

고유 락 인스턴스가 자신의 뮤텍스에 대한 소유권을 가질지 여부와 그 뮤텍스가 락됐는지 아닌지 여부는 락을 생성할 때 먼저 결정된다. 다음에 그 예제가 있다.

```
std::mutex m1, m2, m3;
std::unique_lock<std::mutex> lock1(m1, std::defer_lock);
std::unique_lock<std::mutex> lock2(m2, std::try_lock);
std::unique_lock<std::mutex> lock3(m3, std::adopt_lock);
```

이 코드의 첫 번째 생성자는 할당된 뮤텍스를 락하지 않는다(지연시킨다). 두 번째 생성자는 try_lock()을 사용해 뮤텍스의 락을 시도한다. 끝으로 마지막 생성자는 제공된 뮤텍스를 이미 소유했다고 가정한다.

이외의 다른 생성자를 이용해 타임드 뮤텍스 기능을 활용할 수 있다. 즉, 어떤 시간 지점에 도달할 때까지나 락이 획득될 때까지 특정 시간을 대기한다.

마지막으로 락과 뮤텍스 간의 관계는 release() 함수를 사용해 해제되고 뮤텍스 객체에 대한 포인터가 반환된다. 그리고 나서 호출자는 뮤텍스에 남아 있는 락을 해제하고 추가적인 처리를 해야 할 책임을 가진다.

이 유형의 락은 일반적인 경우처럼 자체적으로 그렇게 자주 사용되는 락은 아니다. 그 밖의 다른 대부분의 뮤텍스와 락은 훨씬 덜 복잡하고 모든 경우에 99% 정도의 요구를 충족시켜 줄 것이다. 따라서 고유 락의 복잡성은 장점이기도 하고 위험하기도 하다.

하지만 잠시 뒤 보겠지만 이 락은 조건 변수와 같이 C++11 스레딩 API의 다른 부분에서 흔히 사용된다.

고유 락이 유용한 한 사용처는 C++17 표준의 네이티브 범위 락에 의존하지 않고도 범위 락을 사용할 수 있는 범위 락이다. 다음 예제를 보자.

```cpp
#include <mutex>
std::mutex my_mutex;
int count = 0;
int function() {
        std::unique_lock<mutex> lock(my_mutex);
    count++;
}
```

이 함수에 진입할 때 전역 뮤텍스 인스턴스를 갖는 새로운 unique_lock을 생성한다. 이 뮤텍스는 이 시점에서 락이 되고 이후로 중요한 작업을 수행할 수 있다.

이 함수의 범위가 끝날 때 unique_lock의 소멸자가 호출돼 결과적으로 뮤텍스는 다시 언락 상태가 된다.

범위 락

2017 표준안에 처음 소개된 범위 락scoped lock은 제공된 뮤텍스에 대한 접근을 획득하는 (즉, 락시키는) 일종의 뮤텍스 래퍼로 범위 락이 범위를 벗어날 때 언락을 보장한다. 이것은 하나가 아닌 여러 뮤텍스에 대한 래퍼라는 점에서 락 가드와 다르다.

이것은 한 영역 내에서 여러 뮤텍스를 다룰 때 유용하다. 범위 락을 사용하는 이유는 우연히 발생하는 데드락과 그 밖의 달갑지 않은 복잡함(예를 들어 한 뮤텍스는 범위 락에 의해 락돼 있고 또 다른 락은 여전히 대기 중인 상황에서 정확히 이와 반대되는 상황을 가지는 또 다른 스레드 인스턴스가 존재하는 경우)을 방지하기 위함이다.

범위 락의 한 속성은 이런 상황을 방지하고자 하는 것이다. 즉, 이론적으로는 이 유형의 락을 데드락 안전deadlock-safe한 것으로 만든다.

재귀 뮤텍스

재귀 뮤텍스recursive mutex는 뮤텍스의 또 다른 서브유형이다. 이것은 일반 뮤텍스와 동일한 기능을 갖지만 최초에 뮤텍스를 락시킨 호출 스레드로 하여금 동일한 뮤텍스를 반복해서 락시킬 수 있게 해준다. 이렇게 함으로 뮤텍스는 소유자 스레드가 이 뮤텍스를 락시킨 횟수만큼 언락시킬 때까지 다른 스레드에 의해 이용될 수 없게 된다.

예를 들어 재귀 함수를 사용하는 경우 재귀 뮤텍스를 사용할 수 있다. 일반적인 뮤텍스를 사용한다면 재귀 함수에 진입하기 전에 뮤텍스를 락시킬 일종의 진입점을 만들어야 한다.

재귀 뮤텍스 덕분에 재귀 함수의 각 반복 호출 때 재귀 뮤텍스를 다시 락시키고 하나의 반복이 종료될 때 뮤텍스를 언락한다. 결과적으로 뮤텍스는 동일한 횟수만큼 락, 언락된다.

여기서 잠재적 복잡성은 재귀 뮤텍스가 락될 수 있는 최대 횟수가 표준안에 정의돼 있지 않다는 것이다. 구현의 제한치에 도달한 상태에서 뮤텍스를 락시키고자 한다면 std::system_error가 던져지거나 비블록 try_lock 함수를 사용할 때 false가 반환된다.

재귀 타임드 뮤텍스

재귀 타임드 뮤텍스recursive timed mutex는 이름이 말하듯 타임드 뮤텍스와 재귀 뮤텍스의 기능을 합친 것이다. 결과적으로 타임드 조건 함수를 사용해 뮤텍스를 재귀적으로 락시킬 수 있다.

이것은 스레드가 락시킨 횟수만큼 뮤텍스가 언락되는 것을 보장하기 위해 어려움이 따르지만 앞서 언급한 태스크-핸들러와 같은 좀 더 복잡한 알고리즘에 대한 가능성을 제공한다.

▌ 공유 뮤텍스

<shared_mutex> 헤더는 2014년 표준안에 shared_timed_mutex 클래스를 추가하면서 처음 도입됐다. 2017년 표준안에도 shared_mutex 클래스가 추가됐다.

공유 뮤텍스shared mutex 헤더는 C++17 이후로 존재했었다. 일반적인 상호 배제 접근과 더불어 이 뮤텍스 클래스는 뮤텍스에 대한 공유 접근을 제공하는 기능을 가진다. 예를 들어 이 기능을 사용하면 하나의 쓰기 스레드가 여전히 배타적 접근을 획득할 수 있으면서도 복수의 스레드가 그 자원을 읽을 수 있다. 이것은 Pthreads의 읽기-쓰기 락과 비슷하다.

이 뮤텍스 유형에 추가된 함수는 다음과 같다.

- `lock_shared()`
- `try_lock_shared()`
- `unlock_shared()`

이 뮤텍스의 공유 기능 사용은 꽤나 명료하다. 하나의 스레드만이 해당 자원에 언제라도 쓰기를 하면서도 이론적으로 제한이 없는 읽기 스레드가 뮤텍스에 대한 읽기 접근을 획득할 수 있다.

공유 타임드 뮤텍스

이 헤더는 C++14 이래로 존재했다. 이것은 다음과 같은 함수를 통해 타임드 뮤텍스에 공유 락 기능을 제공한다.

- `lock_shared()`
- `try_lock_shared()`
- `try_lock_shared_for()`
- `try_lock_shared_until()`
- `unlock_shared()`

이 클래스는 그 이름이 암시하듯이 기본적으로 공유 뮤텍스와 타임드 뮤텍스를 혼합한 것이다. 흥미로운 점은 이것은 기본 공유 뮤텍스보다 먼저 표준에 추가됐다는 것이다.

▌ 조건 변수

조건 변수는 기본적으로 다른 스레드에 의해 스레드 실행을 제어할 수 있는 메커니즘을 제공한다. 이것은 다른 스레드에 의해 시그널될 때까지 대기하는 공유 변수에 의해 이뤄진다. 4장, '스레드 동기화와 통신'에서 살펴봤던 스케줄러 구현의 핵심 부분이다.

C++11 API의 경우, 조건 변수와 이들의 관련 기능은 <condition_variable> 헤더에 정의돼 있다.

조건 변수의 기본 사용법은 4장, '스레드 동기화와 통신'에서 사용한 스케줄러 코드에 요약돼 있다.

```cpp
#include "abstract_request.h"

#include <condition_variable>
#include <mutex>

using namespace std;

class Worker {
    condition_variable cv;
    mutex mtx;
    unique_lock<mutex> ulock;
    AbstractRequest* request;
    bool running;
    bool ready;
    public:
    Worker() { running = true; ready = false; ulock =
unique_lock<mutex>(mtx); }
    void run();
    void stop() { running = false; }
    void setRequest(AbstractRequest* request) { this->request = request;
ready = true; }
    void getCondition(condition_variable* &cv);
};
```

Worker 클래스 선언에 정의된 생성자에서 C++11 API의 조건 변수가 초기화되는 방법을 볼 수 있다. 그 단계는 다음과 같다.

1. condition_variable과 mutex 인스턴스를 생성한다.
2. 뮤텍스를 새로운 unique_lock 인스턴스에 할당한다. 락을 위해 여기서 사용하는 생성자를 통해 할당된 뮤텍스는 할당 시에 락이 된다.
3. 조건 변수는 이제 사용할 준비가 됐다.

```
#include <chrono>
using namespace std;
void Worker::run() {
    while (running) {
        if (ready) {
            ready = false;
            request->process();
            request->finish();
        }
        if (Dispatcher::addWorker(this)) {
            while (!ready && running) {
                if (cv.wait_for(ulock, chrono::seconds(1)) ==
                cv_status::timeout) {
                    // We timed out, but we keep waiting unless the
                    worker is
                    // stopped by the dispatcher.
                }
            }
        }
    }
}
```

여기서 조건 변수의 wait_for() 함수를 사용하는데 이때 앞서 생성한 고유 락 인스턴스와 대기하고자 하는 시간을 전달한다. 1초 동안 대기한다. 이 대기에서 타임아웃이 발생하면 반복 루프에서 대기로 재진입하거나 실행을 계속한다.

wait() 함수를 사용하거나 wait_for()로 특정 시점까지 대기할 수도 있다.

이 코드를 처음 봤을 때 언급한 것처럼 작업자 코드가 ready 불리언 변수를 사용하는 이유는 조건 변수를 시그널한 스레드가 가짜 웨이크-업이 아닌 실제로 다른 스레드였음을 검사하기 위한 것이다. 이런 상황에 취약한 것은 C++11의 구현을 포함해 대부분의 조건 변수 구현의 복잡성으로 인한 것이다.

이러한 임의의 깨우기 이벤트로 인해 실제로 의도하여 깨어났음을 보장할 수단이 필요하다. 스케줄러 코드에서 이것은 작업자 스레드를 깨우는 스레드로 하여금 작업자 스레드가 깨어날 수 있는 불리언 값을 설정하게 함으로 이뤄진다.

타임아웃이 됐는지 또는 통지를 받는지, 가짜 깨우기에 의한 것인지는 cv_status 열거 유형으로 검사할 수 있다. 이 열거 유형은 다음과 같은 가능한 두 조건을 인지한다.

- timeout
- no_timeout

시그널 또는 통지는 그 자체로 매우 명료하다.

```cpp
void Dispatcher::addRequest(AbstractRequest* request) {
    workersMutex.lock();
    if (!workers.empty()) {
        Worker* worker = workers.front();
        worker->setRequest(request);
        condition_variable* cv;
        worker->getCondition(cv);
        cv->notify_one();
        workers.pop();
        workersMutex.unlock();
    }
    else {
        workersMutex.unlock();
        requestsMutex.lock();
        requests.push(request);
        requestsMutex.unlock();
```

```
        }
}
```

Dispatcher 클래스의 이 함수에서 이용 가능한 작업 스레드 인스턴스를 얻기 위한 시도를 한다. 발견을 하면 다음과 같이 작업자 스레드의 조건 변수에 대한 참조를 갖게 된다.

```
void Worker::getCondition(condition_variable* &cv) {
    cv = &(this)->cv;
}
```

작업자 스레드에 새로운 요청을 설정하게 되면 ready 변수의 값도 true로 변경된다. 이를 통해 작업자는 실제로 계속 진행할 수 있는지를 검사할 수 있다.

마지막으로 조건 변수는 notify_one( )을 사용해 자신을 대기하고 있는 스레드가 이제 계속 진행할 수 있는지에 대해 통지를 받는다. 이 특별한 함수는 이 조건 변수에 대한 FIFO 큐 내의 첫 번째 스레드를 시그널하여 재개하도록 한다. 여기서는 단 하나의 스레드만이 통지를 받는다. 하지만 동일한 조건 변수를 복수의 스레드가 대기하고 있다면 notify_all( )을 호출해 FIFO 큐 내의 모든 스레드가 재개되도록 할 수 있다.

Condition_variable_any

condition_variable_any 클래스는 condition_variable 클래스를 일반화한 것이다. 이것은 unique_lock<mutex> 이상의 다른 상호 배제 메커니즘의 사용을 허용한다는 점에서 condition_variable 클래스와는 다르다. 유일한 요건은 사용되는 락이 BasicLockable 요구 사항을 충족시켜야 한다는 것이다. 즉, lock( )과 unlock( ) 함수를 제공해야 한다.

스레드 종료 시점에 모두에게 통지하기

std::notify_all_at_thread_exit() 함수를 이용해 (분리된) 한 스레드가 자신이 완전히 마쳤고 자신의 영역에 속한(스레드-로컬) 모든 객체가 해제되고 있음을 나머지 모든 스레드에게 통지할 수 있다. 이것은 제공된 조건 변수를 시그널하기 이전에 제공된 락을 내부 저장소로 이동시키면서 동작한다.

결과는 락이 언락되고 조건 변수에 notify_all()이 호출된 것과 동일하다.

(동작은 하지 않지만) 기본 예제는 다음과 같다.

```
#include <mutex>
#include <thread>
#include <condition_variable>
using namespace std;
mutex m;
condition_variable cv;
bool ready = false;
ThreadLocal result;
void worker() {
    unique_lock<mutex> ulock(m);
    result = thread_local_method();
        ready = true;
        std::notify_all_at_thread_exit(cv, std::move(ulock));
}
int main() {
        thread t(worker);
        t.detach();
        // Do work here.

        unique_lock<std::mutex> ulock(m);
        while(!ready) {
            cv.wait(ulock);
        }
```

```
        // Process result
}
```

여기서 작업자 스레드는 스레드-로컬 객체를 생성하는 메소드를 실행한다. 따라서 주 스레드는 분리된 작업자 스레드가 먼저 종료하기를 대기해야 한다. 주 스레드가 작업을 끝냈을 때 분리된 작업자 스레드가 아직 완료되지 않았다면 주 스레드는 전역 조건 변수를 사용해 대기 상태로 진입한다. 작업자 스레드에서 ready 불리언을 설정한 이후에 std::notify_all_at_thread_exit( )가 호출된다.

여기서 이뤄지는 것은 두 가지다. std::notify_all_at_thread_exit( )를 호출한 이후에 어떤 스레드라도 조건 변수를 대기할 수 없다. 또한 주 스레드는 분리된 작업자 스레드의 결과가 이용 가능하게 될 때까지 대기할 수 있다.

▌ 퓨처

C++11 스레드 지원 API에 대한 마지막 부분은 <future>에 정의돼 있다. 이것은 멀티스레드 아키텍처에 대한 구현이라기보다는 용이한 비동기적 처리를 목표로 한 좀 더 고수준의 멀티스레딩 개념을 구현하는 일련의 클래스를 제공한다.

여기서 퓨처^{Future}와 프라미스^{promise}에 대한 두 개념을 구분해야 한다. 전자는 구독자/소비자에 의해 사용될 최종 결과물(미래의 산출물)이다. 후자는 제작자/생산자가 사용하는 개념이다.

퓨처의 기본 예제는 다음과 같다.

```
#include <iostream>
#include <future>
#include <chrono>
```

```
bool is_prime (int x) {
    for (int i = 2; i < x; ++i) if (x%i==0) return false;
    return true;
}

int main () {
    std::future<bool> fut = std::async (is_prime, 444444443);
    std::cout << "Checking, please wait";
    std::chrono::milliseconds span(100);
    while (fut.wait_for(span) == std::future_status::timeout) {
std::cout << '.' << std::flush;
    }

    bool x = fut.get();
    std::cout << "\n444444443 " << (x?"is":"is not") << " prime.\n";
    return 0;
}
```

이 코드는 비동기적으로 한 함수를 호출하면서 인자(잠재적인 소수)를 전달한다. 그러고 나서 비동기 함수 호출로부터 받은 퓨처가 종료하기를 대기하면서 활성 루프로 진입한다. 대기 함수에는 100ms 타임아웃이 설정돼 있다.

퓨처가 종료되면 (대기 함수에서 타임아웃을 반환하지 않고서) 결괏값을 구한다. 이 경우 함수에 제공했던 값이 실제로는 소수임을 알려준다.

5장의 'async' 절에서 비동기 함수 호출에 대해 더 살펴볼 예정이다.

프라미스

프라미스promise는 스레드 간에 상태 전송을 가능하게 해준다. 다음은 그 예제다.

```
#include <iostream>
#include <functional>
```

150

```
#include <thread>
#include <future>

void print_int (std::future<int>& fut) {
    int x = fut.get();
    std::cout << "value: " << x << '\n';
}

int main () {
    std::promise<int> prom;
    std::future<int> fut = prom.get_future();
    std::thread th1 (print_int, std::ref(fut));
    prom.set_value (10);
    th1.join();
    return 0;
```

이 코드에서 다른 스레드에 값(여기서는 정수)을 전송하기 위해 작업자 스레드에 전달되는 프라미스 인스턴스를 사용한다. 새로운 스레드는 프라미스에서 생성한 퓨처(작업을 완료하기 위해 주 스레드로부터 받은)를 대기한다.

프라미스에 값을 설정할 때 프라미스는 완료된다. 이것은 퓨처를 완료시키고 작업자 스레드는 종료하게 된다.

이 특별한 예제에서 퓨처 객체에 대한 블록 대기^{blocking wait}를 사용했다. 하지만 퓨처에 관한 이전 예제에서 살펴본 것처럼 일정 시간 동안이나 일정 시점까지 대기하기 위해 각각 wait_for( ) 또는 wait_until( )을 사용할 수도 있다.

공유 퓨처

shared_future는 일반 퓨처 객체와 유사하지만 복사가 될 수 있어서 복수의 스레드가 그 결과를 읽을 수 있다.

shared_future는 일반 퓨처와 유사한 방법으로 생성할 수 있다.

```
std::promise<void> promise1;
std::shared_future<void> sFuture(promise1.get_future());
```

가장 큰 차이점은 일반 퓨처가 그 생성자로 전달된다는 점에 있다.

이후로 퓨처 객체에 접근하는 모든 스레드는 이를 대기할 수 있고 그 값을 구할 수 있다. 또한 이것은 조건 변수와 유사한 방식으로 스레드를 시그널하는 데 사용될 수 있다.

Packaged_task

packaged_task는 호출 가능한 대상(함수나 바인드^{bind}, 람다^{lambda}, 그 밖의 함수 객체)에 대한 래퍼다. 이것은 퓨처 객체에서 사용할 수 있는 결과로 비동기 실행이 가능하게 한다. 이 것은 std::function와 유사하지만 그 결과를 퓨처 객체에 자동으로 전달한다.

다음은 그 예제다.

```
#include <iostream>
#include <future>
#include <chrono>
#include <thread>

using namespace std;

int countdown (int from, int to) {
    for (int i = from; i != to; --i) {
        cout << i << '\n';
        this_thread::sleep_for(chrono::seconds(1));
    }

    cout << "Finished countdown.\n";
    return from - to;
}
```

```
int main () {
    packaged_task<int(int, int)> task(countdown);
    future<int> result = task.get_future();
    thread t (std::move(task), 10, 0);

    // Other logic.

    int value = result.get();

    cout << "The countdown lasted for " << value << " seconds.\n";

    t.join();
    return 0;
}
```

이 코드는 10부터 0까지 카운트다운하는 간단한 기능을 구현한다. 태스크를 생성하고 그 퓨처 객체에 대한 참조를 구한 이후에 작업자 함수에 대한 인자와 태스크를 이용해 스레드 인스턴스를 생성한다.

카운트다운 작업자 스레드의 결과는 종료 즉시 이용 가능하다. 여기서 프라미스의 경우와 동일한 방식으로 퓨처 객체의 대기 함수를 사용할 수 있다.

Async

프라미스와 packaged_task의 좀 더 직관적인 버전은 std::async()에서 볼 수 있다. 이 것은 호출 객체(함수와 바인드bind, 람다lambda 등)와 그 밖의 다른 인자를 가지며 퓨처 객체를 반환하는 간단한 함수다.

다음은 async() 함수의 기본 예제다.

```
#include <iostream>
#include <future>
```

```
using namespace std;

bool is_prime (int x) {
    cout << "Calculating prime...\n";
    for (int i = 2; i < x; ++i) {
        if (x % i == 0) {
            return false;
        }
    }

    return true;
}

int main () {
    future<bool> pFuture = std::async (is_prime, 343321);

    cout << "Checking whether 343321 is a prime number.\n";

    // Wait for future object to be ready.

    bool result = pFuture.get();
    if (result) {
        cout << "Prime found.\n";
    }
    else {
        cout << "No prime found.\n";
    }

    return 0;
}
```

이 코드에서 worker 함수는 제공된 정수가 소수인지 아닌지 여부를 결정한다. 보다시피
최종 코드는 packaged_task나 프라미스의 경우보다 훨씬 단순해졌다.

154

시작 정책

std::async( )의 기본 버전 외에 첫 번째 인자로 시작 정책Launch policy을 지정할 수 있는 또 다른 버전이 존재한다. 이것은 다음과 같은 값을 가질 수 있는 std::launch 유형의 비트마스크 값이다.

---

* launch::async
* launch::deferred

---

async 플래그는 새로운 스레드와 작업자 함수의 실행 컨텍스트가 즉시 생성됨을 의미한다. deferred 플래그는 퓨처 객체에 대해 wait( ) 또는 get( )이 호출될 때까지 지연됨을 의미한다. 이들 두 플래그를 함께 지정하면 함수는 현재 시스템 상황에 따라 자동으로 해당 메소드를 선택한다.

명시적으로 비트마스크 값을 지정하지 않은 std::async( )는 기본으로 후자가 된다.

▌ 원자적 요소

멀티스레딩에 있어서 원자적 요소의 사용 또한 매우 중요하다. C++11 STL은 이런 이유로 <atomic> 헤더를 제공한다. 이 주제는 8장, '원자적 동작-하드웨어와 작업하기'에서 심도 있게 다룬다.

▌ 요약

5장에서는 C++14과 C++17에 추가된 특징과 더불어 C++11 API의 멀티스레딩 지원에 관해 전반적으로 살펴봤다.

설명과 예제 코드를 통해 각 기능을 사용하는 방법을 알아봤다. 이제 네이티브 C++ 멀티스레딩 API를 사용해 멀티스레드, 스레드 안전한 코드를 구현할 수 있으며 함수의 속도를 향상시키고 병렬로 실행하기 위한 비동기 실행 기능을 사용할 수 있을 것이다.

6장에서는 멀티스레드 코드 구현에서 필수적 다음 단계인 애플리케이션의 디버깅과 검증에 대해 알아본다.

06

멀티스레드 코드의 디버깅

이상적으로는 처음에 코드가 제대로 작동하고 애플리케이션이 크래시^{crash}되거나 데이터가 손상되거나, 다른 문제가 유발될 수 있는 숨겨진 버그를 가지지 않아야 한다. 물론 현실에서 이것은 불가능한 일이다. 그래서 멀티스레드 애플리케이션을 쉽게 검사하고 디버깅할 수 있는 툴이 개발됐다.

6장에서는 Valgrind 슈트의 일부인 몇몇 툴(특별히 Helgrind와 DRD)과 더불어 일반적인 디버거를 포함한 여러 툴을 살펴볼 것이다. 멀티스레드 애플리케이션 설계에서 핫스팟^{hotspots}과 잠재적 문제를 찾기 위해 멀티스레드 애플리케이션 프로파일링을 또한 살펴볼 것이다.

6장에서 다루는 주제는 다음과 같다.

- Valgrind 슈트 툴 소개

- Helgrind와 DRD 툴의 사용
- Helgrind와 DRD의 분석 결과 해석하기
- 애플리케이션의 프로파일링과 그 결과 분석하기

▌ 언제 디버깅을 시작해야 하는가

이상적인 것은 특정 목표에 이를 때마다 단일 모듈이든, 여러 모듈이든 또는 전체 애플리케이션이든 간에 자신의 코드를 테스트하고 검증하는 것이다. 가정한 것이 최종적 기능과 일치하는지 확인하는 것이 중요하다.

특히 멀티스레드 코드인 경우 특정 오류 상태가 매번 애플리케이션을 실행할 때마다 발생하지 않는다는 점에서 우연적인 요소가 크게 작용한다. 부적절하게 구현된 멀티스레드 애플리케이션의 증상은 결국에 아무 때나 비정상적으로 크래시되는 현상으로 이어질 수 있다.

첫 조짐으로 애플리케이션이 크래시될 때 무엇인가 올바르지 않다는 첫 증상이 나타나고 이에 대한 덤프를 보게 될 것이다. 덤프는 애플리케이션이 크래시될 때 스택을 포함한 메모리 내용을 가지는 파일이다.

이 핵심 덤프는 실행 프로세스에 디버거를 구동함으로서 거의 동일한 방식으로 사용될 수 있다. 이것은 스레드 내에서 크래시가 발생한 코드의 위치를 조사하는 데 특히 유용하다. 이 방식으로 메모리 내용 또한 살펴볼 수 있다.

멀티스레딩 문제를 다루는 가장 좋은 지표 중 하나는 애플리케이션이 동일한 위치(상이한 스택 추적)에서 크래시되지 않거나 전역 데이터 구조체를 조작하는 것과 같이 상호 배제 동작을 수행하는 지점에서 항상 크래시되는 상황이다.

시작에 앞서 Valgrind 슈트 툴을 살펴보기 전에 진단과 디버깅을 위한 디버거 사용법을 좀 더 자세히 살펴볼 것이다.

▍ 단순한 디버거

개발자가 가지는 여러 의문점 가운데 "애플리케이션이 왜 크래시될까?"라는 것이 아마도 가장 중요할 것이다. 이 의문점은 디버거를 통해 가장 손쉽게 답변할 수 있다. 프로세스를 라이브 디버깅하든지 또는 크래시된 프로세스의 핵심 덤프를 분석하든지 간에 디버거는 스택 추적$^{stack\ trace}$으로도 부르는 백 트레이스$^{back\ trace}$를 생성할 수 있다(희망 사항이지만). 이 추적 정보에는 개발자가 스택에서 찾고자 하는 함수에 대해 애플리케이션이 시작된 이후로 호출된 모든 함수의 시간순 목록이 포함돼 있다(스택이 동작하는 세부적 방법은 2장, '프로세서와 OS에서의 멀티스레딩 구현'을 참고하자).

따라서 이 백 트레이스의 마지막 몇몇 항목은 코드의 어느 부분에서 잘못됐는지 보여준다. 디버그 정보가 바이너리에 포함돼 컴파일됐거나 또는 디버거가 이 정보를 제공받으면, 변수의 이름과 더불어 해당 라인의 코드를 볼 수 있다.

상황이 더욱 좋은 것은 스택 프레임을 살펴보고 있기 때문에 스택 프레임 내의 변수를 조사해 볼 수도 있다. 이것은 인자가 지역 변수와 그 값이 함께 함수에 전달됐음을 의미한다.

디버그 정보(심볼)를 이용하려면 적절한 컴파일러 플래그를 설정한 채로 소스 코드를 컴파일해야 한다. GCC의 경우 디버그 정보의 레벨과 유형에 대한 한 가지 안을 선택할 수 있다. 가장 흔하게 디버그 레벨을 지정하는 정수가 붙은 -g 플래그를 다음과 같이 사용한다.

- -g0: 디버그 정보를 만들지 않는다(-g를 무효화한다)
- -g1: 함수 설명과 외부 변수에 대한 최소의 정보
- -g3: 매크로 정의를 포함한 모든 정보

이 플래그는 GCC로 하여금 OS에 대한 네이티브 형식으로 디버그 정보를 생성하도록 한다. 물론 다른 플래그를 사용해 특수한 형식으로 디버그 정보를 생성할 수도 있다. 하지만 GCC 디버거(GDB)와 Valgrind인 경우에는 이렇게 할 필요가 없다.

GDB와 Valgrind는 이 디버그 정보를 사용한다. 디버그 정보를 이용할 수 없더라도 기술적으로 이들 툴을 사용하는 것이 가능하지만 불가피한 경우에만 이렇게 한다.

GDB

C와 C++를 기반으로 하는 코드에서 가장 흔히 사용하는 디버거 중 하나는 GNU 디버거(간단히 GDB)다. 이 디버거가 광범위하게 사용되고 무료로 이용할 수 있기 때문에 다음 예제에서 이를 사용한다. 1986년에 처음 작성된 이 디버거는 광범위한 프로그래밍 언어에서 사용되고 개인적인 용도나 전문적인 용도로 가장 흔히 사용되고 있다.

GDB 디버거의 가장 기본적인 인터페이스는 명령행 셸이지만 Qt Creator와 Dev-C++, Code::Blocks와 같은 여러 IDE를 포함하는 그래픽 프론트엔드frontends 방식으로 사용할 수도 있다. 이들 프론트엔드와 IDE는 브레이크포인트와 변수 보기 설정, 그 밖의 일반적인 동작을 직관적으로 좀 더 쉽게 조작할 수 있다. 그렇다고 하더라고 반드시 이들을 사용해야 하는 것은 아니다.

리눅스와 BSD 보급으로 인해 MSYS2가 장착된 윈도우나 유사한 유닉스 환경처럼 패키지를 통해 gdb를 쉽게 설치할 수 있다. OS X/MacOS의 경우, Homebrew 같은 서드파티 패키지 관리자를 이용해 gdb를 설치해야 한다.

gdb는 일반적으로 MacOS에서는 코드 서명이 돼 있지 않아 일반 동작에 필요한 시스템 레벨의 접근을 할 수가 없다. 이런 경우 gdb를 루트(권장되지 않음)로 실행하거나 독자의 MacOS 버전에 맞는 지침서를 따라야 한다.

멀티스레드 코드의 디버깅

앞서 언급했듯이 디버거 내에서 애플리케이션을 시작하든가 (즉, 실행 중인 프로세스에 연결해) 또는 핵심 덤프 파일을 로드하는 두 가지 방법을 사용해 디버거를 사용할 수 있다. 디버깅 세션에서 실행 중인 프로세스를 인터럽트할 수 있거나(SIGINT 시그널을 보내는 Ctrl+C

로) 또는 로드된 핵심 덤프 파일에 대한 디버그 심볼을 로드할 수 있다. 이 작업 이후 해당 프레임 내에 활성 스레드를 조사할 수 있다.

```
Thread 1 received signal SIGINT, Interrupt.
0x00007fff8a3fff72 in mach_msg_trap () from
/usr/lib/system/libsystem_kernel.dylib
(gdb) info threads
Id  Target Id              Frame
* 1      Thread 0x1703 of process 72492 0x00007fff8a3fff72 in mach_msg_trap
() from /usr/lib/system/libsystem_kernel.dylib
3       Thread 0x1a03 of process 72492 0x00007fff8a406efa in kevent_qos ()
from /usr/lib/system/libsystem_kernel.dylib
10      Thread 0x2063 of process 72492 0x00007fff8a3fff72 in mach_msg_trap ()
from /usr/lib/system/libsystem_kernel.dylibs
14      Thread 0x1e0f of process 72492 0x00007fff8a405d3e in __pselect () from
/usr/lib/system/libsystem_kernel.dylib
(gdb) c
Continuing.
```

이 코드에서 SIGINT 시그널을 애플리케이션(OS X에서 실행하는 Qt 기반 애플리케이션)에 보낸 이후에 스레드 번호와 ID, 현재 스레드가 실행하는 함수와 더불어 현재 이 시점에 존재하는 모든 스레드의 목록을 요청하는 방법을 볼 수 있다. 이것은 또한 이와 같은 그래픽 사용자 인터페이스 애플리케이션에서의 흔한 경우처럼 후자의 정보를 기반으로 해 어떤 스레드가 대기할 가능성이 있는지 명확히 보여준다. 애플리케이션에서 그 번호(스레드 1) 앞에 별표(*)로 표시된 현재 활성 상태인 스레드를 볼 수 있다.

thread <ID> 명령을 사용해 스레드 간에 전환할 수 있고 스레드의 스택 프레임을 위, 아래로 이동할 수 있다. 이를 통해 개별 스레드의 모든 면면을 조사할 수 있다.

전체 디버그 정보를 이용할 수 있다면 일반적으로 스레드가 실행 중인 코드의 정확한 라인을 볼 수도 있다. 이것은 애플리케이션 개발 단계에서 가급적 많은 디버그 정보를 가질수록 디버깅이 그만큼 쉬워진다는 의미다.

브레이크포인트

4장, '스레드 동기화와 통신'에서 살펴본 디스패처 코드의 경우, 브레이크포인트를 설정해 활성 스레드를 조사할 수 있다.

```
$ gdb dispatcher_demo.exe
GNU gdb (GDB) 7.9
Copyright (C) 2015 Free Software Foundation, Inc.
Reading symbols from dispatcher_demo.exe...done.
(gdb) break main.cpp:67
Breakpoint 1 at 0x4017af: file main.cpp, line 67.
(gdb) run
Starting program: dispatcher_demo.exe
[New Thread 10264.0x2a90]
[New Thread 10264.0x2bac]
[New Thread 10264.0x2914]
[New Thread 10264.0x1b80]
[New Thread 10264.0x213c]
[New Thread 10264.0x2228]
[New Thread 10264.0x2338]
[New Thread 10264.0x270c]
[New Thread 10264.0x14ac]
[New Thread 10264.0x24f8]
[New Thread 10264.0x1a90]
```

이 명령행 출력에서 볼 수 있듯이 인자로 디버깅할 애플리케이션의 이름을 사용해 GDB를 시작한다. 여기서는 윈도우에서 Bash 셸을 사용한다. 그러고 나서 gdb 명령행 입력에서 (gdb) 바로 뒤에 중단하기를 원하는 소스 파일의 파일 이름과 줄을 명시해 브레이크포인트를 설정할 수 있다. 요청이 디스패처로 전송되는 루프 다음에 첫 번째 줄을 선택하고서 애플리케이션을 실행한다. 이제 GDB에 의해 보고가 이뤄짐에 따라, 디스패처에 의해 생성되는 새로운 스레드 목록이 그 뒤를 잇는다.

이제 브레이크포인트에 도달할 때까지 대기한다.

```
Breakpoint 1, main ( ) at main.cpp:67
67              this_thread::sleep_for(chrono::seconds(5));
(gdb) info threads
Id      Target          Id Frame
11  Thread 10264.0x1a90 0x00000000775ec2ea in
ntdll!ZwWaitForMultipleObjects ( ) from /c/Windows/SYSTEM32/ntdll.dll
10  Thread 10264.0x24f8 0x00000000775ec2ea in
ntdll!ZwWaitForMultipleObjects ( ) from /c/Windows/SYSTEM32/ntdll.dll
9   Thread 10264.0x14ac 0x00000000775ec2ea in
ntdll!ZwWaitForMultipleObjects ( ) from /c/Windows/SYSTEM32/ntdll.dll
8   Thread 10264.0x270c 0x00000000775ec2ea in
ntdll!ZwWaitForMultipleObjects ( ) from /c/Windows/SYSTEM32/ntdll.dll
7   Thread 10264.0x2338 0x00000000775ec2ea in
ntdll!ZwWaitForMultipleObjects ( ) from /c/Windows/SYSTEM32/ntdll.dll
6   Thread 10264.0x2228 0x00000000775ec2ea in
ntdll!ZwWaitForMultipleObjects ( ) from /c/Windows/SYSTEM32/ntdll.dll
5   Thread 10264.0x213c 0x00000000775ec2ea in
ntdll!ZwWaitForMultipleObjects ( ) from /c/Windows/SYSTEM32/ntdll.dll
4   Thread 10264.0x1b80 0x0000000064942eaf in ?? ( ) from
/mingw64/bin/libwinpthread-1.dll
3   Thread 10264.0x2914 0x00000000775c2385 in ntdll!LdrUnloadDll ( ) from
/c/Windows/SYSTEM32/ntdll.dll
2   Thread 10264.0x2bac 0x00000000775c2385 in ntdll!LdrUnloadDll ( ) from
/c/Windows/SYSTEM32/ntdll.dll
* 1 Thread 10264.0x2a90 main ( ) at main.cpp:67
(gdb) bt
#0  main ( ) at main.cpp:67
(gdb) c
Continuing.
```

브레이크포인트에 도달하면 info threads 명령을 통해 활성 스레드를 나열한다. 스레드가 ntdll!ZwWaitForMultipleObjects( ) 내에서 대기하고 있는 조건 변수의 사용을 명확히 볼 수 있다. 3장, 'C++ 멀티스레딩 API'에서 설명했듯이 이것은 자신의 네이티브 멀티스레딩 API를 사용해 조건 변수를 구현한 윈도우의 구현 부분이다.

백 트레이스(bt 명령)를 생성해보면 스레드 1(현재 스레드)의 현재 스택은 주 메소드만을 위한 단지 하나의 프레임을 갖는데, 이것은 시작 부분인 현재 라인에서 다른 함수를 아직 호출하지 않았기 때문이다.

백 트레이스

앞서 살펴본 GUI 애플리케이션 같이 일반적인 애플리케이션 실행 동안에 SIGINT를 애플리케이션으로 보내면 다음과 같이 백 트레이스를 만드는 명령을 수반할 수 있다.

```
Thread 1 received signal SIGINT, Interrupt.
0x00007fff8a3fff72 in mach_msg_trap () from
/usr/lib/system/libsystem_kernel.dylib
(gdb) bt
#0      0x00007fff8a3fff72 in mach_msg_trap () from
/usr/lib/system/libsystem_kernel.dylib
#1      0x00007fff8a3ff3b3 in mach_msg () from
/usr/lib/system/libsystem_kernel.dylib
#2      0x00007fff99f37124 in __CFRunLoopServiceMachPort () from
/System/Library/Frameworks/CoreFoundation.framework/Versions/A/CoreFoundati
on
#3      0x00007fff99f365ec in __CFRunLoopRun () from
/System/Library/Frameworks/CoreFoundation.framework/Versions/A/CoreFoundati
on
#4      0x00007fff99f35e38 in CFRunLoopRunSpecific () from
/System/Library/Frameworks/CoreFoundation.framework/Versions/A/CoreFoundati
on
#5      0x00007fff97b73935 in RunCurrentEventLoopInMode ()
from
/System/Library/Frameworks/Carbon.framework/Versions/A/Frameworks/HIToolbox
.framework/Versions/A/HIToolbox
#6      0x00007fff97b7376f in ReceiveNextEventCommon ()
from
/System/Library/Frameworks/Carbon.framework/Versions/A/Frameworks/HIToolbox
```

```
.framework/Versions/A/HIToolbox
#7      0x00007fff97b735af in _BlockUntilNextEventMatchingListInModeWithFilter
()
from
/System/Library/Frameworks/Carbon.framework/Versions/A/Frameworks/HIToolbox
.framework/Versions/A/HIToolbox
#8      0x00007fff9ed3cdf6 in _DPSNextEvent () from
/System/Library/Frameworks/AppKit.framework/Versions/C/AppKit
#9      0x00007fff9ed3c226 in -[NSApplication
_nextEventMatchingEventMask:untilDate:inMode:dequeue:] ()
from /System/Library/Frameworks/AppKit.framework/Versions/C/AppKit
#10 0x00007fff9ed30d80 in -[NSApplication run] () from
/System/Library/Frameworks/AppKit.framework/Versions/C/AppKit
#11 0x0000000102a25143 in qt_plugin_instance () from
/usr/local/Cellar/qt/5.8.0_1/plugins/platforms/libqcocoa.dylib
#12 0x0000000100cd3811 in
QEventLoop::exec(QFlags<QEventLoop::ProcessEventsFlag>) () from
/usr/local/opt/qt5/lib/QtCore.framework/Versions/5/QtCore
#13 0x0000000100cd80a7 in QCoreApplication::exec() () from
/usr/local/opt/qt5/lib/QtCore.framework/Versions/5/QtCore
#14 0x0000000100003956 in main (argc=<optimized out>, argv=<optimized out>)
at main.cpp:10
(gdb) c
Continuing.
```

이 코드에서 그 생성 시점부터 진입점(main)까지의 스레드 ID 1의 실행을 볼 수 있다. 각 후속하는 함수 호출이 스택에 추가된다. 한 함수가 종료되면 스택에서 제거된다. 이는 장점이자 단점이기도 하다. 백 트레이스를 깔끔하게 정리하는 반면 마지막 함수 호출 이전에 발생한 이력이 더 이상 스택에 존재하지 않는다는 것을 의미한다.

핵심 덤프 파일로 백 트레이스를 수행할 때 이런 이력 정보가 없다면 매우 성가시고 크래시의 추정 원인을 줄이는 데 가능성이 희박한 시도에서부터 시작해야 할 수도 있다. 이것은 성공적인 디버깅에는 어느 정도의 경험이 요구된다는 것을 의미한다.

크래시가 발생된 애플리케이션의 경우 디버거는 크래시를 겪는 스레드에서 시작하도록 한다. 이 스레드가 바로 종종 문제의 코드를 가진 스레드일 수 있지만 실제 문제는 다른 스레드에 의해 실행된 코드나 또는 심지어 변수의 안전하지 않은 사용으로 인한 것일 수 있다. 어떤 스레드가 다른 스레드가 현재 읽고 있는 정보를 변경하고자 한다면 후자의 스레드는 가비지 데이터를 읽어올 수도 있다. 이것은 애플리케이션이 크래시될 수도 있고 더욱 나쁜 경우에는 데이터 손상으로 이어질 수도 있다.

최악의 상황은 스택이 와일드 포인터에 의해 덮어쓰기될 수도 있다. 이 경우, 버퍼나 스택 등이 자신의 제한 영역을 벗어나 덮어쓰기될 수 있어 스택의 일부가 새로운 데이터로 채워 질 수 있다. 이런 버퍼 오버플로우는 애플리케이션 크래시로 이어지거나 애플리케이션의 (악의적) 취약점으로 작용할 수 있다.

▌ 동적 분석 툴

디버거의 가치는 무시하기 어렵지만 메모리 사용과 누수와 같은 문제를 파악하고 스레딩 문제를 진단하고 예방하기 위해 다른 유형의 툴이 필요한 경우도 있다. 이런 경우가 바로 Valgrind 슈트 같은 동적 분석 툴이 큰 도움이 될 수 있는 분야다. 동적 분석 툴을 구축하기 위한 프레임워크로서 현재 Valgrind 배포판에는 다음과 같은 흥미로운 툴이 존재한다.

- Memcheck
- Helgrind
- DRD

Memcheck는 메모리 오류 탐지기로서 메모리 누수와 불법적인 읽기와 쓰기, 할당, 해제, 그 밖의 메모리 관련 문제를 탐지한다.

Helgrind와 DRD는 스레드 오류 탐지기로서 데이터 경쟁과 잘못된 뮤텍스의 사용 같은 멀티스레딩 문제를 기본적으로 탐지한다. Helgrind에 비해 더 작은 메모리를 사용하면서 DRD는 분리된 스레드를 지원하고, Helgrind는 락 순서 위반을 탐지한다는 점에서 이 두 툴은 다르다.

제약

동적 분석 툴의 주요 제약은 호스트 운영체제와 긴밀한 통합을 요한다는 것이다. 이것이 바로 Valgrind가 POSIX 스레드에 중점을 두고서 현재 윈도우에는 작동하지 않는 주된 이유다. Valgrind 웹사이트(http://valgrind.org/info/platforms.html)에는 이 문제에 대해 다음과 같이 설명하고 있다.

> "윈도우로의 이식은 너무나 많은 변경이 필요하여 별도의 프로젝트로 진행해야 하기 때문에 윈도우는 현재 고려 중에 있지 않다(하지만 Valgrind+Wine은 약간의 노력으로 이식이 가능할 수도 있다). 또한 비 오픈소스 OS는 다루기가 어렵다. OS와 관련 (libc) 소스 코드를 볼 수 있다면 작업이 훨씬 용이할 것이다. 하지만 Valgrind는 Wine과 연계해 사용이 가능하다. 이것은 약간의 노력으로 Valgrind 하에서 윈도우 프로그램을 실행할 수 있다는 것을 의미한다."

기본적으로 이것은 윈도우 애플리케이션은 약간의 어려움을 감수하면 리눅스에서 Valgrind로 디버깅이 가능하다는 것을 의미한다. OS로 윈도우를 이용하는 것은 당분간 기대하기 어려울 듯하다.

Valgrind는 OS X 10.8(마운틴 라이온)부터 OS X/MacOS에서 동작한다. 하지만 최신 버전의 MacOS에 대한 지원은 애플에 의해 가해진 변경으로 인해 다소간 불완전하다. 리눅스 버전의 Valgrind인 경우, 최신 버전의 Valgrind를 사용하는 것이 최선책이다. gdb의 경우, distro 패키지 관리자나 MacOS의 경우 Homebrew처럼 서드파티의 것을 사용하자.

대안

윈도우와 그 밖의 다른 플랫폼에서 Valgrind 툴에 대한 대안으로 다음 표에 나열된 툴이 있다.

이름	유형	플랫폼	라이센스
Dr. Memory	메모리 검사기	모든 주요 플랫폼	오픈소스
gperftools (Google)	힙, CPU, 호출 프로파일러	리눅스 (x86)	오픈소스
Visual Leak Detector	메모리 검사기	윈도우(비주얼 스튜디오)	오픈소스
Intel Inspector	메모리와 스레드 디버거	윈도우, 리눅스	소유권
PurifyPlus	메모리, 성능	윈도우, 리눅스	소유권
Parasoft Insure++	메모리와 스레드 디버거	윈도우, 솔라리스, 리눅스, AIX	소유권

Memcheck

Memcheck는 실행 파일 인자에 다른 툴이 지정되지 않은 경우에 기본 Valgrind 툴이다. Memcheck는 다음과 같은 유형의 문제를 탐지할 수 있는 메모리 오류 탐지기다.

- 할당된 메모리의 경계를 벗어난 접근과 스택 오버플로우, 이전에 해제된 메모리 블록의 접근
- 초기화되지 않은 변수와 같이 정의되지 않은 값의 사용
- 반복해서 블록을 해제하는 것을 포함해 힙 메모리의 부적절한 해제
- 배열 할당자와 해제자(new[]와 delete[])를 포함해 C와 C++ 형식의 메모리 할당에 대한 불일치되는 사용
- memcpy 같은 함수에서 소스와 대상 포인터의 겹침
- 크기 인자로 유효하지 않은 값(예를 들어 음수)을 malloc이나 그 유사한 함수로 전달

- 메모리 누수. 즉, 자신들에 대한 유효한 참조가 없는 힙 블록

디버거나 간단한 태스크 관리자를 사용해 앞서 소개한 목록의 문제를 탐지하기란 실질적으로 불가능하다. Memcheck의 가치는 데이터 손상이나 원인이 명확하지 않은 크래시로 이어질 수 있는 문제를 개발 초기에 탐지하고 수정할 수 있다는 것이다.

기본 사용

Memcheck의 사용은 꽤나 용이하다. 4장, '스레드 동기화와 통신'에서 소개한 데모 애플리케이션을 사용한다면 다음과 같이 실행하는 것은 익히 알 것이다.

```
$ ./dispatcher_demo
```

로그 파일에 출력 결과를 로그로 남기면서 기본 Memcheck 툴 기능으로 Valgrind을 실행하기 위해 다음과 같이 시작한다.

```
$ valgrind --log-file=dispatcher.log --read-var-info=yes --leak-check=full
./dispatcher_demo
```

이 명령은 바이너리 내의 가용한 디버그 정보를 사용해 Memcheck의 출력을 dispatcher .log로 명명된 파일에 로그로 남기며, 메모리 누수가 발생한 지점에 대한 세부적 보고를 포함해 메모리 누수에 대한 완전한 검사가 이뤄지게 한다. 또한 다양한 정보를 읽어 (--read-var-info=yes), 메모리 누수가 발생한 지점에 대한 좀 더 세부적 정보를 구한다.

매우 단순한 애플리케이션이 아니라면 Valgrind로부터의 출력물이 터미널 버퍼에 적합하지 않을 만큼 너무나 방대해 파일에 로그를 남길 수 없다. 출력을 파일로 남겨두면 나중에 참고로 사용할 수 있고 또한 터미널이 통상적으로 제공하는 툴보다 더 고급 툴을 사용해 파일을 조사할 수도 있다.

이 실행 이후에 다음과 같은 로그 파일의 내용을 살펴볼 수 있다.

```
==5764== Memcheck, a memory error detector
==5764== Copyright (C) 2002-2015, and GNU GPL'd, by Julian Seward et al.
==5764== Using Valgrind-3.11.0 and LibVEX; rerun with -h for copyright info
==5764== Command: ./dispatcher_demo
==5764== Parent PID: 2838
==5764==
==5764==
==5764== HEAP SUMMARY:
==5764==        in use at exit: 75,184 bytes in 71 blocks
==5764==      total heap usage: 260 allocs, 189 frees, 88,678 bytes allocated
==5764==
==5764== 80 bytes in 10 blocks are definitely lost in loss record 1 of 5
==5764==        at 0x4C2E0EF: operator new(unsigned long) (in
/usr/lib/valgrind/vgpreload_memcheck-amd64-linux.so)
==5764==        by 0x402EFD: Dispatcher::init(int) (dispatcher.cpp:40)
==5764==        by 0x409300: main (main.cpp:51)
==5764==
==5764== 960 bytes in 40 blocks are definitely lost in loss record 3 of 5
==5764==        at 0x4C2E0EF: operator new(unsigned long) (in
/usr/lib/valgrind/vgpreload_memcheck-amd64-linux.so)
==5764==        by 0x409338: main (main.cpp:60)
==5764==
==5764== 1,440 (1,200 direct, 240 indirect) bytes in 10 blocks are
definitely lost in loss record 4 of 5
==5764==        at 0x4C2E0EF: operator new(unsigned long) (in
/usr/lib/valgrind/vgpreload_memcheck-amd64-linux.so)
==5764==        by 0x402EBB: Dispatcher::init(int) (dispatcher.cpp:38)
==5764==        by 0x409300: main (main.cpp:51)
==5764==
==5764== LEAK SUMMARY:
==5764==        definitely lost: 2,240 bytes in 60 blocks
==5764==        indirectly lost: 240 bytes in 10 blocks
==5764==          possibly lost: 0 bytes in 0 blocks
```

```
==5764==        still reachable: 72,704 bytes in 1 blocks
==5764==             suppressed: 0 bytes in 0 blocks
==5764== Reachable blocks (those to which a pointer was found) are not
shown.
==5764== To see them, rerun with: --leak-check=full --show-leak-kinds=all
==5764==
==5764== For counts of detected and suppressed errors, rerun with: -v
==5764== ERROR SUMMARY: 3 errors from 3 contexts (suppressed: 0 from 0)
```

여기서 총 3건의 메모리 누수를 볼 수 있다. 이들 중 두 건은 dispatcher 클래스 메모리 할당 부분인 라인 38과 40에서 발생한 것이다.

```
w = new Worker;
```

다른 한 건은,

```
t = new thread(&Worker::run, w);
```

또한 main.cpp 라인 60에서 할당에 대한 누수를 볼 수 있다.

```
rq = new Request();
```

이들 할당 자체에는 특별한 문제가 없을지라도 애플리케이션 생명 주기 동안에 이들을 추적하면 이들 객체에 대해 delete를 호출하지 않았음을 알 수 있을 것이다. 이들 메모리 누수를 수정하려면 Request 인스턴스에 대한 작업을 마친 이후에 이들을 삭제하여 dispatcher 클래스의 소멸자에서 Worker와 thread 인스턴스를 정리해야 한다.

이 데모 애플리케이션에서는 애플리케이션 종료 시점에 OS에 의해 전체 애플리케이션이 끝나고 정리되므로 이것은 실제로 문제가 되지 않는다. 작업자 스레드의 수가 동적으로 증가하는 상황에서 새로운 요청이 계속해서 생성돼 추가되는 방식으로 이런 디스패처가 사용되는 애플리케이션이라면 실제로 문제가 발생한다. 이런 경우 앞서 살펴본 메모리 누수는 해결하도록 조치를 취해야 한다.

오류 유형

Memcheck는 광범위한 메모리 관련 문제를 탐지할 수 있다. 다음 절에서 이들 오류와 그 의미를 요약한다.

불법적인 읽기/불법적인 쓰기 오류

이들 오류는 일반적으로 다음의 형식으로 보고된다.

```
Invalid read of size <bytes>
at 0x<memory address>: (location)
by 0x<memory address>: (location)
by 0x<memory address>: (location)
Address 0x<memory address> <error description>
```

이 오류 메시지의 첫 번째 라인은 유효하지 않은 읽기 또는 쓰기 접근인지를 알려준다. 다음 몇몇 라인은 유효하지 않은 읽기 또는 쓰기가 수행된 세부적 위치와 이들 코드가 호출된 곳(아마도 소스 파일 내의 라인)을 알려주는 백 트레이스다.

마지막 라인은 이미 해제된 메모리 블록에 대한 읽기와 같이 불법적인 접근 유형에 대한 세부 정보다.

이 유형의 오류는 접근하지 말아야 할 메모리 영역에 쓰기 작업을 하거나 읽기 작업을 했다는 표시다. 이것은 와일드 포인터(즉, 임의의 메모리 주소를 참조하는)를 접근했거나 또는 잘못된 메모리 주소가 계산되도록 한 코드의 문제이거나, 메모리 경계를 준수하지 않거나, 배열 경계를 벗어난 읽기로 인해 발생할 수 있다.

일반적으로 이 유형의 오류가 보고되면 이것은 데이터 손상과 크래시뿐만 아니라 취약점으로 악용될 수 있는 버그로 이어질 수 있는 중대한 문제임을 나타내므로 매우 심각하게 받아들여야 한다.

초기화되지 않은 값의 사용

간단히 이것은 변수에 값이 할당되지 않은 채로 변수의 값이 사용되는 문제다. 이 경우, 변수의 내용은 막 할당이 이뤄진 시점에 RAM의 해당 부분에 있던 그 내용이 될 가능성이 크다. 결과적으로 이것은 이들 내용이 사용되거나 접근될 때 예상할 수 없는 동작으로 이어질 수 있다.

Memcheck는 이런 오류를 만나면 다음과 같은 유사한 오류를 던진다.

```
$ valgrind --read-var-info=yes --leak-check=full ./unval
==6822== Memcheck, a memory error detector
==6822== Copyright (C) 2002-2015, and GNU GPL'd, by Julian Seward et al.
==6822== Using Valgrind-3.11.0 and LibVEX; rerun with -h for copyright info
==6822== Command: ./unval
==6822==
==6822== Conditional jump or move depends on uninitialised value(s)
==6822==    at 0x4E87B83: vfprintf (vfprintf.c:1631)
==6822==    by 0x4E8F898: printf (printf.c:33)
==6822==    by 0x400541: main (unval.cpp:6)
==6822==
==6822== Use of uninitialised value of size 8
==6822==    at 0x4E8476B: _itoa_word (_itoa.c:179)
==6822==    by 0x4E8812C: vfprintf (vfprintf.c:1631)
==6822==    by 0x4E8F898: printf (printf.c:33)
==6822==    by 0x400541: main (unval.cpp:6)
==6822==
==6822== Conditional jump or move depends on uninitialised value(s)
==6822==    at 0x4E84775: _itoa_word (_itoa.c:179)
==6822==    by 0x4E8812C: vfprintf (vfprintf.c:1631)
==6822==    by 0x4E8F898: printf (printf.c:33)
```

```
==6822==          by 0x400541: main (unval.cpp:6)
==6822==
==6822== Conditional jump or move depends on uninitialised value(s)
==6822==          at 0x4E881AF: vfprintf (vfprintf.c:1631)
==6822==          by 0x4E8F898: printf (printf.c:33)
==6822==          by 0x400541: main (unval.cpp:6)
==6822==
==6822== Conditional jump or move depends on uninitialised value(s)
==6822==          at 0x4E87C59: vfprintf (vfprintf.c:1631)
==6822==          by 0x4E8F898: printf (printf.c:33)
==6822==          by 0x400541: main (unval.cpp:6)
==6822==
==6822== Conditional jump or move depends on uninitialised value(s)
==6822==          at 0x4E8841A: vfprintf (vfprintf.c:1631)
==6822==          by 0x4E8F898: printf (printf.c:33)
==6822==          by 0x400541: main (unval.cpp:6)
==6822==
==6822== Conditional jump or move depends on uninitialised value(s)
==6822==          at 0x4E87CAB: vfprintf (vfprintf.c:1631)
==6822==          by 0x4E8F898: printf (printf.c:33)
==6822==          by 0x400541: main (unval.cpp:6)
==6822==
==6822== Conditional jump or move depends on uninitialised value(s)
==6822==          at 0x4E87CE2: vfprintf (vfprintf.c:1631)
==6822==          by 0x4E8F898: printf (printf.c:33)
==6822==          by 0x400541: main (unval.cpp:6)
==6822==
==6822==
==6822== HEAP SUMMARY:
==6822==              in use at exit: 0 bytes in 0 blocks
==6822==              total heap usage: 1 allocs, 1 frees, 1,024 bytes allocated
==6822==
==6822== All heap blocks were freed -- no leaks are possible
==6822==
==6822== For counts of detected and suppressed errors, rerun with: -v
==6822== Use --track-origins=yes to see where uninitialised values come from
==6822== ERROR SUMMARY: 8 errors from 8 contexts (suppressed: 0 from 0)
```

이 일련의 오류는 다음의 작은 코드에 의해 유발된 것이다.

```
#include <cstring>
#include <cstdio>

int main() {
    int x;
    printf ("x = %d\n", x);
    return 0;
}
```

이 코드에서 보다시피 임의의 값으로 설정돼 있을 변수를 초기화하지 않았다. 운이 좋다면 0 또는 유해하지 않는(희망 사항) 어떤 값으로 설정돼 있을 수도 있다. 이 코드는 초기화되지 않은 변수가 라이브러리 코드에 입력되는 방식을 보여준다.

초기화되지 않은 변수의 사용이 유해할 지의 여부는 단언하기 어렵지만 변수의 유형과 영향을 받는 코드에 주로 좌우된다. 하지만, 초기화되지 않은 변수로 발생할 수 있는 (임의적으로) 이상한 문제를 찾아서 디버깅하는 것보다는 안전한 기본값을 할당하는 것이 훨씬 쉽다.

초기화되지 않은 변수의 출처에 대한 추가적인 정보를 위해 -track-origins=yes 플래그를 Memcheck에 전달할 수 있다. 이 플래그는 Memcheck에게 변수별로 좀 더 많은 정보를 유지하도록 알려준다. 이런 정보를 통해 이러한 유형의 문제를 훨씬 쉽게 추적할 수 있다.

초기화되지 않았거나 주소 지정이 불가능한 시스템 호출 값

함수가 호출될 때 인자로 초기화되지 않은 값이나 심지어 주소 지정이 불가능한 버퍼에 대한 포인터가 전달될 수 있다. 어느 경우이든 Memcheck는 다음과 같은 로그를 남긴다.

```
$ valgrind --read-var-info=yes --leak-check=full ./unsyscall
==6848== Memcheck, a memory error detector
==6848== Copyright (C) 2002-2015, and GNU GPL'd, by Julian Seward et al.
==6848== Using Valgrind-3.11.0 and LibVEX; rerun with -h for copyright info
==6848== Command: ./unsyscall
==6848==
==6848== Syscall param write(buf) points to uninitialised byte(s)
==6848==     at 0x4F306E0: __write_nocancel (syscall-template.S:84)
==6848==     by 0x4005EF: main (unsyscall.cpp:7)
==6848==  Address 0x5203040 is 0 bytes inside a block of size 10 alloc'd
==6848==     at 0x4C2DB8F: malloc (in /usr/lib/valgrind/vgpreload_memcheck-
amd64-linux.so)
==6848==     by 0x4005C7: main (unsyscall.cpp:5)
==6848==
==6848== Syscall param exit_group(status) contains uninitialised byte(s)
==6848==     at 0x4F05B98: _Exit (_exit.c:31)
==6848==     by 0x4E73FAA: __run_exit_handlers (exit.c:97)
==6848==     by 0x4E74044: exit (exit.c:104)
==6848==     by 0x4005FC: main (unsyscall.cpp:8)
==6848==
==6848==
==6848== HEAP SUMMARY:
==6848==      in use at exit: 14 bytes in 2 blocks
==6848==    total heap usage: 2 allocs, 0 frees, 14 bytes allocated
==6848==
==6848== LEAK SUMMARY:
==6848==    definitely lost: 0 bytes in 0 blocks
==6848==    indirectly lost: 0 bytes in 0 blocks
==6848==      possibly lost: 0 bytes in 0 blocks
==6848==    still reachable: 14 bytes in 2 blocks
==6848==         suppressed: 0 bytes in 0 blocks
==6848== Reachable blocks (those to which a pointer was found) are not
shown.
==6848== To see them, rerun with: --leak-check=full --show-leak-kinds=all
==6848==
```

```
==6848== For counts of detected and suppressed errors, rerun with: -v
==6848== Use --track-origins=yes to see where uninitialised values come from
==6848== ERROR SUMMARY: 2 errors from 2 contexts (suppressed: 0 from 0)
```

이 로그는 다음 코드로 인해 발생된 것이다.

```
#include <cstdlib>
#include <unistd.h>

int main( ) {
    char* arr = (char*) malloc(10);
    int* arr2 = (int*) malloc(sizeof(int));
    write(1, arr, 10 );
    exit(arr2[0]);
}
```

이전 절에서 자세히 설명했듯이 초기화되지 않은 값의 일반적인 사용처럼, 초기화되지 않았거나 의심스런 인자를 전달하는 것은 최소의 경우라도 위험하며 최악의 경우 크래시나 데이터 손상과 같은 원인이 된다.

불법적인 해제

불법적인 해제free나 삭제는 일반적으로 이미 해제된 메모리 블록에 대해 free( ) 또는 delete( )를 다시 호출하려는 시도다. 이는 반드시 유해한 것은 아니지만 잘못된 설계이며 반드시 수정돼야 한다.

이것은 메모리 블록의 시작을 가리키지 않는 포인터를 사용해 해당 메모리 블록을 해제하려고 할 때에도 발생할 수 있다. 이것은 malloc( ) 또는 new( )의 호출로 얻은 원본 포인터 대신에 복사본을 사용해 포인터 연산을 해야 하는 주된 이유 중 하나다.

일치하지 않는 해제

메모리 블록의 할당과 해제는 항상 상호 일치하는 함수를 사용해 수행돼야 한다. 이것은 C 유형의 함수를 사용해 할당을 하면 할당 API와 대응하는 해제 함수를 사용해 해제해야 한다는 것을 의미한다. 이것은 C++ 유형의 할당과 해제에도 동일하게 적용된다.

간략히 말해 이것은 다음과 같은 의미를 지닌다.

- malloc 또는 calloc, valloc, realloc, memalign을 사용해 할당한다면 free로 해제해야 한다.
- new를 사용해 할당한다면 delete로 해제해야 한다.
- new[]를 사용해 할당한다면 delete[]로 해제해야 한다.

이들을 혼용해서 사용하더라도 문제가 발생하지 않을 수 있지만 예측할 수 없는 동작이 일어날 수 있다. 마지막 유형의 할당과 해제는 배열에 한정된 것이다. new[]로 할당된 배열에 delete[]를 사용하지 않는다면 메모리 누수나 더 나쁜 상황이 초래될 수 있다.

소스와 대상의 겹침

이 유형의 오류는 전달된 소스와 대상 메모리 블록의 포인터가 겹친다는 것을 나타낸다 (예상 크기를 근거로 하여). 이 유형의 버그 결과는 일반적으로 데이터 손상이나 시스템 크래시의 형태를 띤다.

수상한 인자 값

메모리 할당 함수의 경우, Memcheck는 이들에게 전달된 인자가 실제로 유효한지를 검증한다. 음수값을 전달하거나 합당한 예상을 훨씬 벗어나는 할당 크기(예를 들어 페타바이트[1] 크기의 메모리 할당 요청)가 이런 예일 것이다. 대부분의 경우 이런 값들은 코드 내에서 이뤄진 잘못된 연산의 결과다.

---

1   1,024TB – 옮긴이

Memcheck는 Memcheck 매뉴얼에서 발췌한 이 예제와 같이 이런 오류를 다음과 같이 보고한다.

```
==32233== Argument 'size' of function malloc has a fishy (possibly
negative) value: -3
==32233==    at 0x4C2CFA7: malloc (vg_replace_malloc.c:298)
==32233==    by 0x400555: foo (fishy.c:15)
==32233==    by 0x400583: main (fishy.c:23)
```

여기서는 터무니 없이 malloc에 −3을 전달하려고 했다. 이것은 명확히 터무니없는 동작이기 때문에 코드의 심각한 버그임이 분명하다.

메모리 누수 탐지

Memcheck의 메모리 누수에 관한 보고에서 유념해야 할 가장 중요한 사항은 보고된 누수 중 상당량은 실제로 누수가 아니라는 것이다. 이것은 Memcheck가 발견한 잠재적 문제를 다음과 같이 보고하는 방식 때문이다.

- 명확한 손실Definitely lost
- 간접 손실Indirectly lost
- 가능한 손실Possibly lost

이들 가능한 세 보고 유형 중에서 포인터나 참조가 더 이상 존재하지 않아 문제의 메모리 블록이 더 이상 접근 불가능하며 애플리케이션이 해당 메모리를 해제할 수 없는 유일한 경우는 명확한 손실Definitely lost 유형이다.

간접 손실Indirectly lost의 경우, 메모리 블록 자체에 대한 포인터를 손실하지는 않았지만 대신 해당 블록을 참조하는 구조체에 대한 포인터를 손실한 것이다. 예를 들어 이것은 데이터 구조체(레드/블랙이나 바이너리 트리와 같이)의 루트 노드에 대한 접근을 직접적으로 손실할 때 발생할 수 있다. 결과적으로 이런 구조체의 자식 노드 또한 접근할 수 없게 된다.

마지막으로, 가능한 손실Possibly lost은 Memcheck가 메모리 블록에 대한 참조가 여전히 존재하는지 완전히 확신하지 못하는 catch-all 유형이다. 이것은 특정 유형의 배열 할당처럼 내부 포인터가 존재하는 경우에 발생할 수 있다. 또한 C++ 객체가 자가 참조를 사용하는 다중 상속의 사용을 통해서도 발생할 수 있다.

'Memcheck에 대한 기본 사용' 절에서 앞서 언급했듯이, 메모리 누수가 발견된 정확한 지점에 관한 세부적 정보를 얻기 위해 --leak-check=full을 지정한 채로 Memcheck를 항상 실행하기를 권장한다.

Helgrind

Helgrind의 목적은 멀티스레드 애플리케이션 내의 동기화 구현과 관련된 문제를 탐지하는 것이다. 이것은 POSIX 스레드의 잘못된 사용과 잘못된 락 순서로 인한 잠재적 데드락, 스레드 동기화 없이 데이터를 읽고 쓰는 데이터 경쟁을 탐지할 수 있다.

기본 사용

다음과 같은 방식으로 예제의 애플리케이션에 대해 Helgrind를 시작한다.

```
$ valgrind --tool=helgrind --read-var-info=yes --logfile=
dispatcher_helgrind.log ./dispatcher_demo
```

Memcheck를 실행하는 것과 유사하게 이것은 애플리케이션을 실행하고 생성된 모든 출력을 로그 파일에 기록하며 바이너리에서 가용한 모든 디버깅 정보를 명시적으로 사용한다.

애플리케이션을 실행한 이후에 생성된 로그 파일을 살펴볼 수 있다.

```
==6417== Helgrind, a thread error detector
==6417== Copyright (C) 2007-2015, and GNU GPL'd, by OpenWorks LLP et al.
```

```
==6417== Using Valgrind-3.11.0 and LibVEX; rerun with -h for copyright info
==6417== Command: ./dispatcher_demo
==6417== Parent PID: 2838
==6417==
==6417== ---Thread-Announcement------------------------------------------
==6417==
==6417== Thread #1 is the program's root thread
```

애플리케이션과 Valgrind 버전에 관한 기본적인 정보 다음에 루트 스레드가 생성됐다는
정보를 받는다.

```
==6417==
==6417== ---Thread-Announcement------------------------------------------
==6417==
==6417== Thread #2 was created
==6417==          at 0x56FB7EE: clone (clone.S:74)
==6417==          by 0x53DE149: create_thread (createthread.c:102)
==6417==          by 0x53DFE83: pthread_create@@GLIBC_2.2.5
(pthread_create.c:679)
==6417==          by 0x4C34BB7: ??? (in /usr/lib/valgrind/vgpreload_helgrind-
amd64-linux.so)
==6417==          by 0x4EF8DC2:
std::thread::_M_start_thread(std::shared_ptr<std::thread::_Impl_base>, void
(*)()) (in /usr/lib/x86_64-linux-gnu/libstdc++.so.6.0.21)
==6417==          by 0x403AD7: std::thread::thread<void (Worker::*)(),
Worker*&>(void (Worker::*&&)(), Worker*&) (thread:137)
==6417==          by 0x4030E6: Dispatcher::init(int) (dispatcher.cpp:40)
==6417==          by 0x4090A0: main (main.cpp:51)
==6417==
==6417== ----------------------------------------------------------------
```

첫 번째 스레드가 디스패처에 의해 생성되고 로그로 남는다. 이제 다음과 같은 첫 번째
경고를 보게 될 것이다.

```
==6417==
==6417== Lock at 0x60F4A0 was first observed
==6417==          at 0x4C321BC: ??? (in /usr/lib/valgrind/vgpreload_helgrind-
amd64-linux.so)
==6417==          by 0x401CD1: __gthread_mutex_lock(pthread_mutex_t*) (gthr-
default.h:748)
==6417==          by 0x402103: std::mutex::lock() (mutex:135)
==6417==          by 0x40337E: Dispatcher::addWorker(Worker*)
(dispatcher.cpp:108)
==6417==          by 0x401DF9: Worker::run() (worker.cpp:49)
==6417==          by 0x408FA4: void std::_Mem_fn_base<void (Worker::*)(),
true>::operator()<, void>(Worker*) const (in
/media/sf_Projects/Cerflet/dispatcher/dispatcher_demo)
==6417==          by 0x408F38: void std::_Bind_simple<std::_Mem_fn<void
(Worker::*)()> (Worker*)>::_M_invoke<0ul>(std::_Index_tuple<0ul>)
(functional:1531)
==6417==          by 0x408E3F: std::_Bind_simple<std::_Mem_fn<void (Worker::*)
()>
(Worker*)>::operator()() (functional:1520)
==6417==          by 0x408D47:
std::thread::_Impl<std::_Bind_simple<std::_Mem_fn<void (Worker::*)()>
(Worker*)> >::_M_run() (thread:115)
==6417==          by 0x4EF8C7F: ??? (in /usr/lib/x86_64-linuxgnu/
libstdc++.so.6.0.21)
==6417==          by 0x4C34DB6: ??? (in /usr/lib/valgrind/vgpreload_helgrind-
amd64-linux.so)
==6417==          by 0x53DF6B9: start_thread (pthread_create.c:333)
==6417== Address 0x60f4a0 is 0 bytes inside data symbol
"_ZN10Dispatcher12workersMutexE"
==6417==
==6417== Possible data race during write of size 1 at 0x5CD9261 by thread #1
==6417== Locks held: 1, at address 0x60F4A0
==6417==    at 0x403650: Worker::setRequest(AbstractRequest*) (worker.h:38)
==6417==    by 0x403253: Dispatcher::addRequest(AbstractRequest*) (dispatcher.
cpp:70)
```

```
==6417==       by 0x409132: main (main.cpp:63)
==6417==
==6417== This conflicts with a previous read of size 1 by thread #2
==6417== Locks held: none
==6417==          at 0x401E02: Worker::run() (worker.cpp:51)
==6417==          by 0x408FA4: void std::_Mem_fn_base<void (Worker::*)(),
true>::operator()<, void>(Worker*) const (in
/media/sf_Projects/Cerflet/dispatcher/dispatcher_demo)
==6417==          by 0x408F38: void std::_Bind_simple<std::_Mem_fn<void
(Worker::*)()> (Worker*)>::_M_invoke<0ul>(std::_Index_tuple<0ul>)
(functional:1531)
==6417==          by 0x408E3F: std::_Bind_simple<std::_Mem_fn<void (Worker::*)
()>(Worker*)>::operator()() (functional:1520)
==6417==          by 0x408D47:
std::thread::_Impl<std::_Bind_simple<std::_Mem_fn<void (Worker::*)()>(Worker*)>
>::_M_run() (thread:115)
==6417==          by 0x4EF8C7F: ??? (in /usr/lib/x86_64-linuxgnu/libstdc++.
so.6.0.21)
==6417==          by 0x4C34DB6: ??? (in /usr/lib/valgrind/vgpreload_helgrind-
amd64-linux.so)
==6417==          by 0x53DF6B9: start_thread (pthread_create.c:333)
==6417== Address 0x5cd9261 is 97 bytes inside a block of size 104 alloc'd
==6417==          at 0x4C2F50F: operator new(unsigned long) (in
/usr/lib/valgrind/vgpreload_helgrind-amd64-linux.so)
==6417==          by 0x40308F: Dispatcher::init(int) (dispatcher.cpp:38)
==6417==          by 0x4090A0: main (main.cpp:51)
==6417== Block was alloc'd by thread #1
==6417==
==6417== ----------------------------------------------------------------
```

방금 살펴본 경고에서 스레드 ID 1과 2 사이에서 크기가 1인 읽기의 충돌에 관해 Hel grind로부터 보고를 받는다. C++11 스레딩 API는 상당량의 템플릿을 사용하기 때문에 이 추적 내역은 읽기가 조금 어려울 수 있다. 핵심은 다음의 몇몇 라인에 존재한다.

```
==6417==   at 0x403650: Worker::setRequest(AbstractRequest*) (worker.h:38)
==6417==   at 0x401E02: Worker::run() (worker.cpp:51)
```

이것은 다음의 코드 라인에 해당한다.

```
void setRequest(AbstractRequest* request) { this->request = request; ready =
true; }
while (!ready && running) {
```

이들 라인에서 크기 1인 유일한 변수는 불리언 변수 ready다. 이것은 불리언 변수이므로 원자적 연산이 이뤄진다는 것을 알고 있다(자세한 사항은 8장, '원자적 동작-하드웨어와 작업하기'를 보자). 결과적으로 이 경고는 무시해도 된다.

이제 이 스레드에 대한 추가적인 경고를 받는다.

```
==6417== Possible data race during write of size 1 at 0x5CD9260 by thread
#1
==6417== Locks held: none
==6417==        at 0x40362C: Worker::stop() (worker.h:37)
==6417==        by 0x403184: Dispatcher::stop() (dispatcher.cpp:50)
==6417==        by 0x409163: main (main.cpp:70)
==6417==
==6417== This conflicts with a previous read of size 1 by thread #2
==6417== Locks held: none
==6417==        at 0x401E0E: Worker::run() (worker.cpp:51)
==6417==        by 0x408FA4: void std::_Mem_fn_base<void (Worker::*)
(),true>::operator()<, void>(Worker*) const (in
/media/sf_Projects/Cerflet/dispatcher/dispatcher_demo)
==6417==        by 0x408F38: void std::_Bind_simple<std::_Mem_
fn<void(Worker::*)()> (Worker*)>::_M_invoke<0ul>(std::_Index_tuple<0ul>)
(functional:1531)
==6417==        by 0x408E3F: std::_Bind_simple<std::_Mem_fn<void (Worker::*)
```

```
()>(Worker*)>::operator()() (functional:1520)
==6417==          by 0x408D47:
std::thread::_Impl<std::_Bind_simple<std::_Mem_fn<void (Worker::*)()>(Worker*)>
>::_M_run() (thread:115)
==6417==          by 0x4EF8C7F: ??? (in /usr/lib/x86_64-linuxgnu/libstdc++.
so.6.0.21)
==6417==          by 0x4C34DB6: ??? (in /usr/lib/valgrind/vgpreload_
helgrindamd64-linux.so)
==6417==          by 0x53DF6B9: start_thread (pthread_create.c:333)
==6417== Address 0x5cd9260 is 96 bytes inside a block of size 104 alloc'd
==6417==          at 0x4C2F50F: operator new(unsigned long) (in/usr/lib/
valgrind/vgpreload_helgrind-amd64-linux.so)
==6417==          by 0x40308F: Dispatcher::init(int) (dispatcher.cpp:38)
==6417==          by 0x4090A0: main (main.cpp:51)
==6417== Block was alloc'd by thread #1
```

첫 번째 경고와 유사하게 이것 또한 불리언 변수를 참조한다. 즉, Worker 인스턴스에서 running 변수를 참조한다. 이 또한 원자적 연산이므로 이 경고를 무시할 수 있다.

이 경고에 후속하여 다른 스레드에 대한 이들 경고가 반복된다. 또한 이 경고가 여러 번 반복되는 것을 볼 수 있다.

```
==6417== Lock at 0x60F540 was first observed
==6417==          at 0x4C321BC: ??? (in /usr/lib/valgrind/vgpreload_helgrind-
amd64-linux.so)
==6417==          by 0x401CD1: __gthread_mutex_lock(pthread_mutex_t*) (gthr-
default.h:748)
==6417==          by 0x402103: std::mutex::lock() (mutex:135)
==6417==          by 0x409044: logFnc(std::__cxx11::basic_string<char,
std::char_traits<char>, std::allocator<char> >) (main.cpp:40)
==6417==          by 0x40283E: Request::process() (request.cpp:19)
==6417==          by 0x401DCE: Worker::run() (worker.cpp:44)
==6417==          by 0x408FA4: void std::_Mem_fn_base<void (Worker::*)(),
true>::operator()<, void>(Worker*) const (in/media/sf_Projects/Cerflet/
```

dispatcher/dispatcher_demo)
==6417==   by 0x408F38: void std::_Bind_simple<std::_Mem_
fn<void(Worker::*)()> (Worker*)>::_M_invoke<0ul>(std::_Index_tuple<0ul>)
(functional:1531)
==6417==   by 0x408E3F: std::_Bind_simple<std::_Mem_fn<void (Worker::*)
()>(Worker*)>::operator()() (functional:1520)
==6417==   by 0x408D47:std::thread::_Impl<std::_Bind_simple<std::_Mem_
fn<void (Worker::*)()>(Worker*)> >::_M_run() (thread:115)
==6417==   by 0x4EF8C7F: ??? (in /usr/lib/x86_64-linuxgnu/libstdc++.
so.6.0.21)
==6417==   by 0x4C34DB6: ??? (in /usr/lib/valgrind/vgpreload_helgrind-
amd64-linux.so)
==6417== Address 0x60f540 is 0 bytes inside data symbol "logMutex"
==6417==
==6417== Possible data race during read of size 8 at 0x60F238 by thread #1
==6417== Locks held: none
==6417==   at 0x4F4ED6F: std::basic_ostream<char, std::char_traits<char>
>& std::__ostream_insert<char, std::char_traits<char>
>(std::basic_ostream<char, std::char_traits<char> >&, char const*, long)(in /
usr/lib/x86_64-linux-gnu/libstdc++.so.6.0.21)
==6417==   by 0x4F4F236: std::basic_ostream<char, std::char_traits<char>>&
std::operator<< <std::char_traits<char> >(std::basic_ostream<char, std::char_
traits<char> >&, char const*) (in /usr/lib/x86_64-linuxgnu/libstdc++.so.6.0.21)
==6417==   by 0x403199: Dispatcher::stop() (dispatcher.cpp:53)
==6417==   by 0x409163: main (main.cpp:70)
==6417==
==6417== This conflicts with a previous write of size 8 by thread #7
==6417== Locks held: 1, at address 0x60F540
==6417==   at 0x4F4EE25: std::basic_ostream<char, std::char_
traits<char>>& std::__ostream_insert<char, std::char_traits<char>>(std::basic_
ostream<char, std::char_traits<char> >&, char const*, long)(in /usr/lib/x86_64-
linux-gnu/libstdc++.so.6.0.21)
==6417==   by 0x409055: logFnc(std::__cxx11::basic_string<char,std::char_
traits<char>, std::allocator<char> >) (main.cpp:41)
==6417==   by 0x402916: Request::finish() (request.cpp:27)
==6417==   by 0x401DED: Worker::run() (worker.cpp:45)

```
==6417==        by 0x408FA4: void std::_Mem_fn_base<void (Worker::*)
(),true>::operator()<, void>(Worker*) const (in/media/sf_Projects/Cerflet/
dispatcher/dispatcher_demo)
==6417==        by 0x408F38: void std::_Bind_simple<std::_Mem_
fn<void(Worker::*)()> (Worker*)>::_M_invoke<0ul>(std::_Index_tuple<0ul>)
(functional:1531)
==6417==        by 0x408E3F: std::_Bind_simple<std::_Mem_fn<void (Worker::*)
()>(Worker*)>::operator()() (functional:1520)
==6417==        by 0x408D47:std::thread::_Impl<std::_Bind_simple<std::_Mem_
fn<void (Worker::*)()>(Worker*)> >::_M_run() (thread:115)
==6417== Address 0x60f238 is 24 bytes inside data symbol
"_ZSt4cout@@GLIBCXX_3.4"
```

이 경고는 스레드 간에 표준 출력 사용이 동기화되지 않아서 유발된 것이다. 이 데모 애
플리케이션의 로그 함수가 작업자 스레드에 의해 로그되는 텍스트를 동기화하기 위해 뮤
텍스를 사용했지만 몇몇 곳에서는 안전하지 않은 방식으로 표준 출력에 기록한다.

이것은 중앙 집중적인 스레드 안전한 로그 함수를 사용해 상대적으로 쉽게 수정이 가능
하다. 특별한 안전성 문제를 일으킬 것 같지는 않지만 로그 출력이 왜곡돼 사용할 수 없
을 정도로 뒤섞여 버릴 가능성이 크다.

pthreads API의 오사용

Helgrind는 pthreads API와 관련된 많은 오류를 탐지한다. 다음은 그 매뉴얼에 요약된
내용이다.

- 유효하지 않은 뮤텍스의 언락
- 락되지 않은 뮤텍스의 언락
- 다른 스레드가 소유한 뮤텍스의 언락
- 유효하지 않거나 락된 뮤텍스의 해제
- 비재귀적인 뮤텍스를 재귀적으로 락하기

- 락된 뮤텍스를 포함한 메모리의 해제
- 리더-라이터reader-writer 락 인자를 기대하는 함수에 뮤텍스 인자를 전달하는 경우와 그 반대의 경우
- POSIX pthread 함수의 실패가 처리돼야 하는 오류 코드로 실패하는 경우
- 락된 락을 소유하는 동안 스레드가 종료되는 경우
- 락되지 않은 뮤텍스나 유효하지 않은 뮤텍스, 다른 스레드에 의해 락된 뮤텍스로 pthread_cond_wait를 호출하는 경우
- 조건 변수와 관련 뮤텍스 간의 불일치하는 결합bindings
- pthread 장벽의 유효하지 않거나 중복된 초기화
- 스레드가 여전히 대기 중인 pthread 장벽의 초기화
- 초기화되지 않았거나 스레드가 여전히 대기 중인 pthread 장벽 객체의 해제
- 초기화되지 않은 pthread 장벽에 대한 대기

이외에도 Helgrind 자체는 오류를 탐지하지 않지만 pthreads 라이브러리가 Helgrind가 가로채는 각 함수에 대해 오류를 반환하면, Helgrind에서도 오류가 반환된다.

락 순서 문제

락 순서 탐지는 일련의 락들이 특정 순서로 접근됐다면 이들 락은 이 순서대로 항상 사용될 것이라는 가정을 사용한다. 예를 들어 두 락에 의해 보호되는 한 자원을 가정해보자. 4장, '스레드 동기화와 통신'의 디스패처 예제에서 살펴본 것처럼 Dispatcher 클래스에서 두 뮤텍스를 사용했다. 하나는 작업자 스레드에 대한 접근을, 다른 하나는 요청 인스턴스에 대한 접근을 각각 관리하기 위한 것이었다.

이 코드의 올바른 구현에서 한 뮤텍스를 언락시킨 이후에 다른 뮤텍스의 획득을 시도하도록 보장해야 한다. 이것은 다른 스레드가 이미 두 번째 뮤텍스에 대한 접근을 획득한 상태에서 첫 번째 뮤텍스의 접근 획득을 시도해, 따라서 데드락 상황이 발생할 가능성이 존재하기 때문이다.

이 탐지 알고리즘은 유용하지만 현재로는 불완전한 부분이 존재함을 인식하는 것이 중요하다. 이것이 명확한 경우는 예를 들어 Helgrind에 의해 잘못된 것으로 보고되는 경향이 있는 락 순서를 그대로 사용하는 조건 변수를 이용할 때다.

여기서 유념할 것은 이들 로그 메시지를 조사해 그 장점을 판단해야 하지만, 멀티스레딩 API의 직접적인 잘못된 사용과는 달리 보고된 문제가 거짓-양성^{false-positive}인지 아닌지는 훨씬 덜 명확하다는 것이다.

데이터 경쟁

기본적으로 데이터 경쟁은 둘 이상의 스레드가 동기화 메커니즘이 없이 동일한 자원에 대해 읽거나 쓰기를 시도할 때 발생한다. 여기서는 동시에 읽고 쓰거나 또는 동시에 일어나는 두 개의 쓰기 작업이 실질적으로 문제가 된다. 따라서 이들 두 유형의 접근에 대해서만 보고가 된다.

기본 Helgrind 사용법에 관한 이전 절의 로그에서 이런 유형의 오류에 대한 몇몇 예를 봤다. 그때는 변수에 대한 동시적 쓰기와 읽기에 관심을 기울였다. 그 절에서 다뤘듯이 Helgrind 자체는 쓰기나 읽기가 원자적인지에 대해서는 관심이 없고 단지 잠재적 문제만을 보고한다.

락 순서 문제와 유사하게 많은 보고가 거짓-양성을 띨 것이므로 이 문제 또한 사용자가 각 데이터 경쟁 보고에 대해 그 장점을 판단해야 한다.

DRD

DRD는 애플리케이션에서 스레딩과 동기화 문제를 또한 탐지한다는 점에서 Helgrind와 매우 유사하다. DRD가 Helgrind와 주요하게 다른 점은 다음과 같다.

* DRD는 메모리를 좀 더 작게 사용한다.

- DRD는 락 순서 위반을 탐지하지 않는다.
- DRD는 분리된^{detached} 스레드를 지원한다.

일반적으로 DRD와 Helgrind를 모두 실행해 각각의 출력을 비교하기를 원할 수도 있다. 많은 잠재적인 문제는 매우 비결정적이기 때문에 이들 두 툴을 함께 사용하면 가장 심각한 문제를 찾는 데 일반적으로 도움이 된다.

기본 사용

DRD를 시작하는 것은 다른 툴을 시작하는 것과 매우 유사하다. 다음과 같이 원하는 툴을 지정해주면 된다.

```
$ valgrind --tool=drd --log-file=dispatcher_drd.log --read-var-info=yes
./dispatcher_demo
```

애플리케이션이 종료한 이후에 생성된 로그 파일의 내용을 살펴볼 수 있다.

```
==6576== drd, a thread error detector
==6576== Copyright (C) 2006-2015, and GNU GPL'd, by Bart Van Assche.
==6576== Using Valgrind-3.11.0 and LibVEX; rerun with -h for copyright info
==6576== Command: ./dispatcher_demo
==6576== Parent PID: 2838
==6576==
==6576== Conflicting store by thread 1 at 0x05ce51b1 size 1
==6576==        at 0x403650: Worker::setRequest(AbstractRequest*) (worker.
h:38)
==6576==        by 0x403253: Dispatcher::addRequest(AbstractRequest*)
(dispatcher.cpp:70)
==6576==        by 0x409132: main (main.cpp:63)
==6576== Address 0x5ce51b1 is at offset 97 from 0x5ce5150. Allocation context:
==6576==        at 0x4C3150F: operator new(unsigned long) (in/usr/lib/
valgrind/vgpreload_drd-amd64-linux.so)
```

```
==6576==        by 0x40308F: Dispatcher::init(int) (dispatcher.cpp:38)
==6576==        by 0x4090A0: main (main.cpp:51)
==6576== Other segment start (thread 2)
==6576==        at 0x4C3818C: pthread_mutex_unlock (in/usr/lib/valgrind/
vgpreload_drd-amd64-linux.so)
==6576==        by 0x401D00: __gthread_mutex_unlock(pthread_mutex_t*) (gthr-
default.h:778)
==6576==        by 0x402131: std::mutex::unlock() (mutex:153)
==6576==        by 0x403399: Dispatcher::addWorker(Worker*)(dispatcher.
cpp:110)
==6576==        by 0x401DF9: Worker::run() (worker.cpp:49)
==6576==        by 0x408FA4: void std::_Mem_fn_base<void (Worker::*)
(),true>::operator()<, void>(Worker*) const (in/media/sf_Projects/Cerflet/
dispatcher/dispatcher_demo)
==6576==        by 0x408F38: void std::_Bind_simple<std::_Mem_
fn<void(Worker::*)()> (Worker*)>::_M_invoke<0ul>(std::_Index_tuple<0ul>)
(functional:1531)
==6576==        by 0x408E3F: std::_Bind_simple<std::_Mem_fn<void (Worker::*)
()>(Worker*)>::operator()() (functional:1520)
==6576==        by 0x408D47:std::thread::_Impl<std::_Bind_simple<std::_Mem_
fn<void (Worker::*)()>(Worker*)> >::_M_run() (thread:115)
==6576==        by 0x4F04C7F: ??? (in /usr/lib/x86_64-linuxgnu/libstdc++.
so.6.0.21)
==6576==        by 0x4C3458B: ??? (in /usr/lib/valgrind/vgpreload_drd-amd64-
linux.so)
==6576==        by 0x53EB6B9: start_thread (pthread_create.c:333)
==6576== Other segment end (thread 2)
==6576==        at 0x4C3725B: pthread_mutex_lock (in/usr/lib/valgrind/
vgpreload_drd-amd64-linux.so)
==6576==        by 0x401CD1: __gthread_mutex_lock(pthread_mutex_t*) (gthr-
default.h:748)
==6576==        by 0x402103: std::mutex::lock() (mutex:135)
==6576==        by 0x4023F8: std::unique_lock<std::mutex>::lock() (mutex:485)
==6576==        by 0x40219D:std::unique_lock<std::mutex>::unique_
lock(std::mutex&) (mutex:415)
==6576==        by 0x401E33: Worker::run() (worker.cpp:52)
```

```
==6576==          by 0x408FA4: void std::_Mem_fn_base<void (Worker::*)
(),true>::operator()<, void>(Worker*) const (in/media/sf_Projects/Cerflet/
dispatcher/dispatcher_demo)
==6576==          by 0x408F38: void std::_Bind_simple<std::_Mem_
fn<void(Worker::*)()> (Worker*)>::_M_invoke<0ul>(std::_Index_tuple<0ul>)
(functional:1531)
==6576==          by 0x408E3F: std::_Bind_simple<std::_Mem_fn<void (Worker::*)
()>(Worker*)>::operator()() (functional:1520)
==6576==          by 0x408D47:std::thread::_Impl<std::_Bind_simple<std::_Mem_
fn<void (Worker::*)()>(Worker*)> >::_M_run() (thread:115)
==6576==          by 0x4F04C7F: ??? (in /usr/lib/x86_64-linuxgnu/libstdc++.
so.6.0.21)
==6576==          by 0x4C3458B: ??? (in /usr/lib/valgrind/vgpreload_drd-amd64-
linux.so)
```

이 요약은 Helgrind 로그에서 본 것을 반복한다. 원자적 동작으로 인해 안심하고 무시할 수 있는 동일한 데이터 경쟁 보고(충돌하는 저장소)가 보인다. 이 특정 코드의 경우에는 DRD를 사용해도 Helgrind의 사용으로부터 알지 못했던 것을 더 추가하지는 않는다.

그럼에도 한 툴이 찾지 못한 문제를 또 다른 툴이 찾을 수 있으므로 두 툴 모두를 사용하는 것이 좋다.

기능

DRD는 다음과 같은 오류를 탐지한다.

- 데이터 경쟁
- 락 경쟁(데드락과 지연)
- pthreads API의 오사용

세 번째 항목의 경우, 그 매뉴얼에 따라 DRD에 의해 탐지되는 다음과 같은 오류 목록은 Helgrind의 목록과 매우 유사하다.

- 동기화 객체(예를 들어 뮤텍스)에 대한 한 유형의 주소를 다른 동기화 객체(예를 들어 조건 변수)의 유형에 대한 포인터를 기대하는 POSIX API 호출에 전달하는 경우
- 락되지 않은 뮤텍스를 언락하려는 시도
- 다른 스레드에 의해 락된 뮤텍스를 언락하려는 시도
- PTHREAD_MUTEX_NORMAL 또는 스핀락 유형의 뮤텍스를 재귀적으로 락하려는 시도
- 락된 뮤텍스에 대한 소멸 또는 해제
- 해당 조건 변수와 관련된 뮤텍스에 대해 락이 안된 상태에서 이 조건 변수로 시그널을 보내는 경우
- 락이 안 됐거나(즉, 다른 스레드에 의해 락됐거나) 또는 재귀적으로 락이 된 뮤텍스에 대해 pthread_cond_wait를 호출하는 경우
- pthread_cond_wait를 통해 조건 변수에 서로 다른 두 뮤텍스를 연계시키는 경우
- 대기 중인 조건 변수의 소멸 또는 해제
- 락된 리더-라이터^{reader-writer} 동기화 객체의 소멸 또는 해제
- 호출 스레드에 의해 락이 되지 않은 리더-라이터 동기화 객체를 언락하려는 시도
- 리더-라이터 동기화 객체를 배타적 용도로 재귀적으로 락하려는 시도
- 사용자 정의 리더-라이터 동기화 객체의 주소를 POSIX 스레드 함수에 전달하려는 시도
- POSIX 리더-라이터 동기화 객체의 주소를 사용자 정의 리더-라이터 동기화 객체에 대한 주석 중의 하나로 전달하려는 시도
- 뮤텍스나 조건 변수, 리더-라이터 락, 세마포어, 장벽에 대한 재초기화
- 대기 중인 세마포어나 장벽에 대한 소멸이나 해제
- 장벽 대기와 장벽 소멸 간의 동기화 누락
- 스레드에 의해 락된 스핀락이나 뮤텍스, 리더-라이터 동기화 객체를 언락하지 않고서 해당 스레드가 종료하는 경우

- 유효하지 않은 스레드 ID를 pthread_join 또는 pthread_cancel로 전달하는 경우

앞서 언급했듯이 DRD는 분리된 스레드도 지원한다는 점은 여기서도 유용하다. 락 순서 검사가 중요한지의 여부는 애플리케이션에 달려 있다.

C++11 스레드 지원

DRD 매뉴얼에는 C++11 스레드 지원에 관한 절이 포함돼 있다.

c++11 클래스 std::thread를 사용하고자 한다면 이 클래스의 구현에서 사용되는 std::shared_ptr<> 객체에 주석을 추가하려면 다음의 항목을 수행해야 한다.

- C++ 헤더 파일을 포함하기 전에 공통 헤더의 시작 부분이나 각 소스 파일의 시작 부분에 다음 코드를 추가한다.

```
#include <valgrind/drd.h>
#define _GLIBCXX_SYNCHRONIZATION_HAPPENS_BEFORE(addr)
ANNOTATE_HAPPENS_BEFORE(addr)
#define _GLIBCXX_SYNCHRONIZATION_HAPPENS_AFTER(addr)
ANNOTATE_HAPPENS_AFTER(addr)
```

- GCC 소스 코드를 다운로드하여 libstdc++v3/src/c++11/thread.cc 소스 파일에서 execute_native_thread_routine()와 std::thread::_M_start_thread() 함수의 구현을 독자의 애플리케이션과 링크할 소스 파일로 복사한다. 이 소스 파일에도 _GLIBCXX_SYNCHRONIZATION_HAPPENS_*() 매크로가 적절하게 정의돼 있는지 확인하자.

C++11 스레드 API를 사용하는 애플리케이션에 DRD를 사용할 때 많은 거짓-양성을 보게 될 수도 있다. 이것은 바로 전의 수정 사항으로 해결될 수 있다.

GCC 5.4와 Valgrind 3.11(더 이전 버전을 사용 역시 가능하다)을 사용할 때, 이 문제는 더 이상 존재하지 않는 것처럼 보인다. 하지만, C++11 스레드 API를 사용하는 동안에 DRD 출력물에서 다수의 거짓-양성을 갑자기 보게 될 수도 있음을 유념해야 한다.

▌ 요약

6장에서 멀티스레드 애플리케이션의 디버깅 접근법을 살펴봤다. 멀티스레드 컨텍스트에서 디버거를 사용하는 기본 사항을 알아봤다. 그 다음으로 Valgrind 프레임워크에서 멀티스레딩과 그 밖의 심각한 문제를 해결하는 데 도움이 되는 세 가지 툴을 사용하는 방법을 봤다.

이제 이전 장들의 정보를 사용해 작성된 애플리케이션에 대해 메모리 누수와 동기화 메커니즘의 부적절한 사용을 포함해 해결해야 할 문제에 직면할 경우 이들 애플리케이션을 분석할 수 있다.

7장에서는 지금까지 학습한 모든 내용을 갖고 일반적으로 멀티스레드 프로그래밍과 개발에 있어 몇몇 모범 사례를 살펴볼 것이다.

07

모범 실전 사례

대부분의 경우처럼 오류를 추후에 바로잡기보다는 오류를 범하지 않는 것이 최선이다. 7장은 멀티스레드 애플리케이션에서의 여러 흔한 실수와 설계 문제를 살펴보고 일반적인 문제(그리고 흔치 않은 문제)를 방지하는 법을 보여준다.

7장에 다루는 주제는 다음과 같다.

- 데드락과 데이터 경쟁 같은 일반적인 멀티스레딩 문제
- 뮤텍스와 락의 적절한 사용과 함정들
- 정적 초기화를 사용할 때의 잠재적 문제

▌올바른 멀티스레딩

이전 장들에서 멀티스레드 코드를 작성할 때 발생할 수 있는 다양한 잠재적 문제를 봤다. 이들 문제는 두 스레드가 동시에 동일한 위치에 쓰기 작업을 할 수 없는 명확한 것에서부터 뮤텍스의 부정확한 사용법 같이 좀 더 미묘한 것까지 걸쳐 있다.

멀티스레드 코드와 직접적인 관련이 없는 요소와 관련된 많은 문제도 존재한다. 그럼에도 이런 문제들은 임의의 크래시나 그 밖의 어려운 문제를 유발시킬 수 있다. 한 예로 변수의 정적 초기화가 있다. 다음 절에서 이런 문제를 항상 처리해야 하는 것을 방지할 수 있는 방법과 더불어 이들 문제의 많은 부분을 살펴볼 것이다.

인생의 많은 것들과 마찬가지로 이것은 흥미로운 경험이긴 하겠지만 반복할 필요는 없다.

▌잘못된 기대-데드락

데드락은 그 이름으로 이미 꽤나 간결하게 설명이 된다. 이것은 둘 또는 그 이상의 스레드가 다른 스레드가 소유하고 있는 한 자원에 대한 접근 획득을 시도할 때 그리고 이때 락을 소유한 바로 그 스레드는 동시에 자신이 소유하고 있는 자원에 대한 접근 획득을 대기 중인 상황에서 발생한다.

예를 들면 다음과 같다.

1. 스레드 1은 자원 A에 대한 접근을 얻는다.
2. 스레드 1과 2 둘 모두는 자원 B에 대한 접근을 얻고자 한다.
3. 스레드 2가 승리하여 이제 B를 소유하고 있다. 스레드 1은 여전히 B를 대기하고 있다.
4. 스레드 2는 이제 A를 사용하기를 원하여 접근을 대기한다.
5. 두 스레드 1과 2는 자원에 대해 영원히 대기한다.

이 상황에서 각각의 스레드는 다른 스레드가 필요로 하는 자원을 소유하고 있어서 스레드는 어느 시점에서 각각의 자원에 대한 접근을 획득할 수 있을 것이라고 가정한다(반대의 경우도 성립한다).

이 데드락 과정을 시각화하면 다음과 같다.

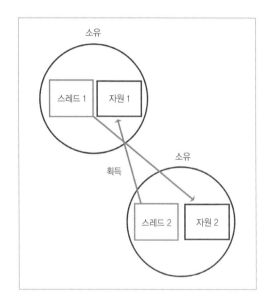

이 사실로부터 데드락을 방지하는 두 가지 기본 규칙이 존재한다.

- 가능하다면 두 개 이상의 락을 소유하지 않도록 한다.
- 가능하면 빨리 소유한 락을 해제하자.

4장, '동기화와 통신'에서 디스패처 데모 코드를 살펴볼 때 이에 대한 실제 예제를 봤다. 다음의 코드에서 두 데이터 구조체에 대한 안전한 접근을 위해 두 개의 뮤텍스가 관여한다.

```
void Dispatcher::addRequest(AbstractRequest* request) {
    workersMutex.lock();
```

```
        if (!workers.empty()) {
            Worker* worker = workers.front();
            worker->setRequest(request);
            condition_variable* cv;
            mutex* mtx;
            worker->getCondition(cv);
            worker->getMutex(mtx);
            unique_lock<mutex> lock(*mtx);
            cv->notify_one();
            workers.pop();
            workersMutex.unlock();
        }
        else {
            workersMutex.unlock();
            requestsMutex.lock();
            requests.push(request);
            requestsMutex.unlock();
        }
    }
```

여기서 뮤텍스는 변수 workersMutex와 requestsMutex다. 다른 뮤텍스에 대한 접근 시도를 하기 전에 어떤 시점에서도 나머지 한 뮤텍스를 소유하고 있지 않음을 명확히 볼 수 있다. 이 메소드의 시작 부분에서 명시적으로 workersMutex를 락하여 workers 데이터 구조체가 비어 있는지 여부를 안전하게 검사할 수 있다.

이것이 비어 있지 않다면 새로운 요청을 작업자에게 전달한다. 이제 workers 데이터 구조체에 대한 작업을 마쳤으므로 해당 뮤텍스를 해제한다. 이 시점에서는 소유하고 있는 뮤텍스가 없다. 여기서는 단 하나의 뮤텍스만 사용하기 때문에 복잡한 상황이 전혀 없다.

흥미로운 부분은 대기 중인 작업자가 존재하지 않는 경우로 두 번째 뮤텍스의 획득이 필요한 else 문에 있다. 이 영역으로 진입할 때 하나의 뮤텍스를 소유한 상태다. 단지 requestsMutex 획득을 시도해 이것이 동작할 수 있다고 가정할 수 있겠지만 이 단순한 이유로 인해 이것은 데드락에 이를 수 있다.

```
bool Dispatcher::addWorker(Worker* worker) {
    bool wait = true;
    requestsMutex.lock();
    if (!requests.empty()) {
        AbstractRequest* request = requests.front();
        worker->setRequest(request);
        requests.pop();
        wait = false;
        requestsMutex.unlock();
    }
    else {
        requestsMutex.unlock();
        workersMutex.lock();
        workers.push(worker);
        workersMutex.unlock();
    }

        return wait;
}
```

살펴본 이전 함수와 함께 이 함수 역시 동일한 두 뮤텍스를 사용한다. 더군다나 이 함수
는 별도의 스레드에서 동작한다. 결과적으로 이전에 살펴본 첫 번째 함수가 requests
Mutex 획득을 시도하면서 workersMutex를 소유하고, 이 두 번째 함수가 workersMutex
획득하기 시도하면서 그와 동시에 requestsMutex를 소유한 상태라면 데드락이 발생
한다.

하지만 여기서 보듯이 이 함수에서는 두 가지 규칙 모두 성공적으로 구현돼 있다. 한 순
간에 두 개 이상의 락을 소유하지 않으며 가능한 빨리 소유한 락을 해제한다. 이것은 이
들 함수의 else 부분에서 모두 볼 수 있다. else 문에 진입하면 먼저 더 이상 필요 없는 락
을 해제한다.

두 경우 모두 workers 또는 requests 데이터 구조체를 개별적으로 더 이상 검사하지 않
아도 된다. 다른 작업을 하기 전에 관련 락을 해제할 수 있다. 이를 도식화하면 다음과
같다.

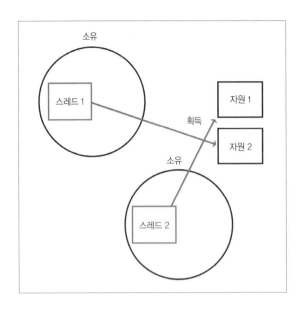

물론 둘 또는 그 이상의 데이터 구조체나 변수에 포함된 데이터(다른 스레드에 의해 동시에 사용되는)를 사용할 필요가 있을 수도 있다. 이런 코드에서 데드락의 가능성이 없도록 보장하는 것은 어려울 수 있다.

여기서는 임시 변수나 그 유사한 것을 사용하는 것을 고려해볼 수도 있다. 뮤텍스를 락하고서 관련 데이터를 복사하고 즉시 락을 해제하면 이 뮤텍스와 관련된 데드락 가능성은 없다. 그 결과를 다시 데이터 구조체에 기록해야 하더라도 이것은 별도의 동작으로 가능하다.

이런 사실은 데드락 방지에 대한 추가적인 두 가지 이상의 규칙을 추가한다.

- 어느 한 순간에 두 개 이상의 락을 소유하지 않는다.
- 가급적 빨리 소유한 락을 해제한다.
- 반드시 필요하지 않다면 락을 더 이상 소유하지 않는다.
- 복수의 락을 소유할 때, 그 순서에 유념하자.

■ 부주의-데이터 경쟁

경쟁 상태race condition라고도 부르는 데이터 경쟁data race은 둘 또는 그 이상의 스레드가 동시에 동일한 공유 메모리에 쓰기를 시도할 때 발생한다. 결과적으로 각 스레드에 의해 실행되는 명령 순서 동안과 그 종료 시점의 공유 메모리의 상태는 정의에 의하면 비결정non-deterministic 상태에 놓이게 된다.

6장, '멀티스레드 코드의 디버깅'에서 살펴본 것처럼 데이터 경쟁은 멀티스레드 애플리케이션 디버깅에 사용되는 툴에 의해 흔히 보고된다. 예를 들면 다음과 같다.

```
==6984== Possible data race during write of size 1 at 0x5CD9260 by thread #1
==6984== Locks held: none
==6984==          at 0x40362C: Worker::stop() (worker.h:37)
==6984==          by 0x403184: Dispatcher::stop() (dispatcher.cpp:50)
==6984==          by 0x409163: main (main.cpp:70)
==6984==
==6984== This conflicts with a previous read of size 1 by thread #2
==6984== Locks held: none
==6984==          at 0x401E0E: Worker::run() (worker.cpp:51)
==6984==          by 0x408FA4: void std::_Mem_fn_base<void (Worker::*)
(),true>::operator()<, void>(Worker*) const (in/media/sf_Projects/Cerflet/
dispatcher/dispatcher_demo)
==6984==          by 0x408F38: void std::_Bind_simple<std::_Mem_
fn<void(Worker::*)()> (Worker*)>::_M_invoke<0ul>(std::_Index_tuple<0ul>)
(functional:1531)
==6984==          by 0x408E3F: std::_Bind_simple<std::_Mem_fn<void(Worker::*)()>
(Worker*)>::operator()() (functional:1520)
==6984==          by 0x408D47:
std::thread::_Impl<std::_Bind_simple<std::_Mem_fn<void (Worker::*)()>(Worker*)>
>::_M_run() (thread:115)
==6984==          by 0x4EF8C7F: ??? (in /usr/lib/x86_64-linuxgnu/libstdc++.
so.6.0.21)
==6984==          by 0x4C34DB6: ??? (in /usr/lib/valgrind/vgpreload_helgrind-
amd64-linux.so)
```

```
==6984==          by 0x53DF6B9: start_thread (pthread_create.c:333)
==6984== Address 0x5cd9260 is 96 bytes inside a block of size 104 alloc'd
==6984==          at 0x4C2F50F: operator new(unsigned long) (in/usr/lib/
valgrind/vgpreload_helgrind-amd64-linux.so)
==6984==          by 0x40308F: Dispatcher::init(int) (dispatcher.cpp:38)
==6984==          by 0x4090A0: main (main.cpp:51)
==6984== Block was alloc'd by thread #1
```

이 경고를 생성시킨 코드는 다음과 같다.

```
bool Dispatcher::stop() {
    for (int i = 0; i < allWorkers.size(); ++i) {
        allWorkers[i]->stop();
    }

        cout << "Stopped workers.\n";
        for (int j = 0; j < threads.size(); ++j) {
        threads[j]->join();
                cout << "Joined threads.\n";
    }
}
```

Worker 인스턴스에서 이 코드를 고려해보자.

```
void stop() { running = false; }
```

또한 다음의 코드도 고려하자.

```
void Worker::run() {
    while (running) {
        if (ready) {
            ready = false;
            request->process();
```

```
                request->finish();
        }
                if (Dispatcher::addWorker(this)) {
            while (!ready && running) {
                unique_lock<mutex> ulock(mtx);
                if (cv.wait_for(ulock, chrono::seconds(1)) ==
cv_status::timeout) {
                    }
            }
        }
    }
}
```

여기서 running은 false로 설정되고 있는 불리언 변수(하나의 스레드가 여기에 쓰기 작업 중이다)로 작업자 스레드에게 그 대기 루프를 종료할 것을 시그널한다. 이 루프에서는 불리언 변수를 읽는 동작이 상이한 스레드(주 스레드와 작업자 스레드)에서 이뤄진다.

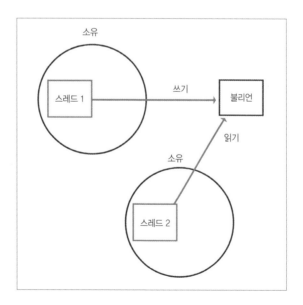

이 특정 예제의 경고는 동시에 씌어지고 읽히는 한 불리언 변수로 인한 것이다. 당연하게 이 특정 상황이 안전한 이유는 8장, '원자적 동작-하드웨어와 작업하기'에서 자세히 설명할 원자적 동작과 관련이 있다.

이런 동작조차도 잠재적으로 위험한 이유는 변수가 갱신되는 과정 동안에 읽기 동작이 발생할 수 있기 때문이다. 예를 들어 32-비트 정수의 경우, 하드웨어 아키텍처에 따라 이런 변수의 갱신은 하나 또는 여러 동작에 의해 이뤄질 수도 있다. 후자의 경우 읽기 동작은 예측이 어려운 결과를 지닌 변경 중인 값을 읽을 수도 있다.

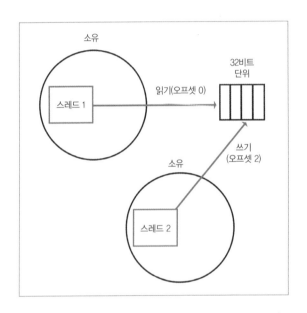

여러 스레드가 cout을 사용해 표준 출력 장치에 쓰기를 할 때 좀 더 이상한 상황이 연출될 수 있다. 이 스트림은 스레드 안전하지 않기 때문에 스레드 중 하나가 기회가 있을 때마다 쓰게 됨으로 결과 출력 스트림은 입력 스트림의 비트와 조각 부분을 갖게 될 것이다.

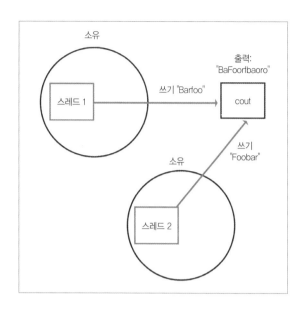

따라서 데이터 경쟁을 방지하기 위한 기본 규칙은 다음과 같다.

- 락이 안됐거나, 비원자적 공유 자원에 쓰기를 하지 않는다.
- 락이 안됐거나, 비원자적 공유 자원으로부터 읽기를 하지 않는다.

이것은 기본적으로 모든 쓰기나 읽기 동작은 스레드 안전해야 한다는 것을 의미한다. 한 스레드가 공유 메모리에 쓰기를 한다면 그 외의 나머지 스레드는 동시에 이 공유 메모리에 쓸 수 없다. 마찬가지로 공유 자원을 읽을 때 다른 스레드 역시 해당 공유 자원을 읽는 것만은 보장해야 한다.

이런 수준의 상호 배제는 6장에서 살펴본 정교함이 더해진 읽기-쓰기 락을 가진 뮤텍스로 자연스럽게 이뤄진다. 이들을 이용하면 완전히 상호 배타적인 이벤트로서 쓰기 작업을 하면서도 여러 리더가 동시에 수행할 수 있다.

물론 다음 절에서 살펴보겠지만 뮤텍스에도 문제가 존재한다.

█ 만능이 아닌 뮤텍스

뮤텍스는 실질적으로 모든 행태의 상호 배제에 대한 기본을 형성한다. 그 핵심은 매우 간단하다. 즉, 단 하나의 스레드만이 뮤텍스를 소유할 수 있고 그 외의 모든 스레드는 뮤텍스에 대한 락을 획득할 때까지 큐에서 대기한다.

이 과정을 다음과 같이 묘사할 수 있다.

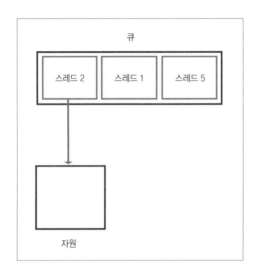

물론 현실은 하드웨어에 의해 부가된 실질적인 제약으로 인해 그렇게 깔끔한 것은 아니다. 한 가지 명확한 제약은 동기화 기본 요소가 자유롭지 못하다는 사실이다. 이들 기본 요소는 하드웨어에 구현됐을지라도 동작하도록 하려면 여러 호출을 필요로 한다.

하드웨어에서 뮤텍스를 구현하는 가장 일반적인 두 가지 방법은 TAS[test-and-set](검사 후 설정)나 CAS[compare-and-swap](비교 후 교환)의 CPU 기능 중 하나를 사용하는 것이다.

TAS는 일반적으로 인터럽트되지 않는 독자적으로 실행하는 두 개의 어셈블리 수준의 명령어로 구현된다. 첫 번째 명령어는 특정 메모리 영역이 1 또는 0으로 설정돼 있는지 검사한다. 두 번째 명령어는 해당 값이 0(false)일 때에만 실행된다. 이것은 뮤텍스가 아직

락되지 않았음을 의미한다. 따라서 두 번째 명령어는 해당 메모리 영역을 1로 설정한다. 즉 뮤텍스를 락한다.

이것에 대한 의사 코드는 다음과 같다.

```
bool TAS(bool lock) {
    if (lock) {
        return true;
    }
    else {
        lock = true;
        return false;
    }
}
```

메모리 위치와 주어진 값에 대해 비교 연산을 수행하고 이들 두 값이 일치한다면 해당 메모리 위치의 내용을 교환하는 CAS는 좀 더 덜 사용되는 변형이다.

```
bool CAS(int* p, int old, int new) {
    if (*p != old) {
            return false;
        }
    *p = new;
        return true;
}
```

두 경우 모두, 양수값이 반환될 때까지 계속해서 해당 함수를 다음과 같이 반복 실행해야 한다.

```
volatile bool lock = false;
    void critical() {
        while (TAS(&lock) == false);
```

```
    // Critical section
    lock = 0;
}
```

이 코드는 메모리 영역을 계속 폴링하는 데 사용되는 while 루프다(발생할 수 있는 컴파일러 최적화 문제를 방지하기 위해 volatile로 선언된). 일반적으로 이를 위해 폴링되는 속도를 느리게 감소시키는 알고리즘이 사용된다. 이것은 프로세서와 메모리 시스템의 압박을 줄여준다.

이것은 뮤텍스의 사용은 비용이 따르지만 뮤텍스 락을 대기하는 각 스레드가 자원을 적극적으로 사용한다는 것을 분명히 한다. 결과적으로 일반적인 규칙은 다음과 같다.

- 스레드가 뮤텍스나 이와 유사한 락을 기다리는 경우 가급적 짧게 대기하도록 한다.
- 좀 더 긴 대기 시간인 경우에는 조건 변수나 타이머를 사용한다.

▌ 훌륭한 뮤텍스인 락

뮤텍스에 관한 절에서 살펴봤듯이 뮤텍스 사용 시 유념할 몇몇 문제들이 존재한다. 이들 문제의 일부분이 이들 API에 의해 다소 완화될지라도 당연하게 뮤텍스에 기반한 메커니즘과 락을 사용할 때에도 이런 상황은 적용된다.

처음에 멀티스레딩 API를 사용할 때 혼란스러울 수 있는 사항 중 하나는 상이한 동기화 유형 간의 실질적 차이점이다. 7장 초반에 다뤘듯이 뮤텍스는 실제로 모든 동기화 메커니즘의 기초를 이룬다. 단지 이들 메커니즘은 뮤텍스를 사용해 제공된 기능을 구현하는 방식만 다를 뿐이다.

여기서 중요한 점은 이들은 별개의 동기화 메커니즘이 아니라 기본 뮤텍스 유형의 특화된 메커니즘이라는 것이다. 일반 뮤텍스나 읽기-쓰기 락, 세마포어, 재진입이 가능한 (재귀적) 뮤텍스나 락 같은 다소 생소한 것 중에서 어느 것을 사용하는가는 해결해야 할 특정 문제에 전적으로 달려있다.

4장, '스레드 동기화와 통신'에서 처음 소개한 스케줄러의 경우, 큐잉된 작업자 스레드와 요청을 가지는 데이터 구조체를 보호하기 위해 일반 뮤텍스를 사용했다. 이들 두 데이터 구조체에 대한 접근은 읽기 동작과 구조체에 대한 조작이 수반될 가능성이 크기 때문에 읽기-쓰기 락을 사용할 수는 없었다. 마찬가지로 재귀적 락은 일반 뮤텍스에 대해 그 목적을 충족시킬 수 없을 것이다.

따라서 각 동기화 문제에 있어서 다음과 같은 질문을 해야 한다.

- 요구 사항이 무엇인가?
- 해당 요구 사항에 최적의 동기화 메커니즘은 무엇인가?

따라서 복잡한 유형을 선택하면 매력적이겠지만 일반적으로 모든 요구 조건을 만족시키는 좀 더 단순한 유형을 고수하는 것이 최선이다. 이렇게 하면 자신의 구현을 디버깅할 때 환상적인 구현에 비해 귀중한 시간을 절약할 수 있다.

▌ 스레드 대 퓨처

최근 스레드의 사용에 반해 대신 프라미스 같은 다른 비동기 처리 메커니즘의 사용을 권장하는 것이 인기를 얻고 있다. 이것에 대한 이면의 이유는 스레드와 동기화의 사용이 복잡하고 실수를 저지르기 쉽다는 데 있다. 태스크를 병렬로 실행하고 그 결과가 얻어지는 방식에는 관심을 두고 싶지 않을 때가 종종 있다.

짧게 실행하는 간단한 태스크의 경우 이것은 분명히 일리가 있어 보인다. 스레드 기반의 구현에서 주요 장점은 개발자는 자신의 동작을 전적으로 커스텀화할 수 있다는 것이다. 프라미스를 이용해 실행할 작업을 보내고 마지막에 퓨처 인스턴스로부터 결과를 구한다. 이것은 단순한 태스크에는 편리하지만 확실히 많은 상황을 다루지는 못한다.

여기서 최선의 접근법은 먼저 스레드와 동기화 메커니즘, 이들의 제약을 숙지하는 것이다. 그 이후에 프라미스나 packaged_task, 완전한 스레드를 사용할지 여부를 고려하는 것이 실제로 의미가 있다.

이들 선호 대상과 더불어 또 다른 주요 고려 사항은 퓨처 기반의 API는 주로 템플릿 기반에 근거한다는 것이다. 이 사실은 발생할 수 있는 문제를 디버깅하고 해결하는 것이 좀 더 직관적이고 저수준의 API를 사용할 때보다 훨씬 어려울 수 있음을 의미한다.

■ 초기화의 정적 순서

정적 변수는 단 한 번 선언되는 변수로 특정 클래스 인스턴스 간에 공유되기도 하지만 기본적으로 전역 영역에 존재한다. 완전히 정적인 클래스를 가지는 것 또한 가능하다.

```cpp
class Foo {
    static std::map<int, std::string> strings;
    static std::string oneString;

public:
    static void init(int a, std::string b, std::string c) {
        strings.insert(std::pair<int, std::string>(a, b));
        oneString = c;
    }
};

std::map<int, std::string> Foo::strings;
std::string Foo::oneString;
```

여기서 보다시피 정적 함수와 정적 변수는 매우 간단하지만 강력한 개념이다. 그 핵심에 있어서 이것은 사실이지만 정적 변수와 클래스의 초기화와 관련해 방심할 수 있는 중요한 문제가 존재한다. 이 문제는 초기화 순서에서 발생한다.

다음과 같이 다른 클래스의 정적 초기화에서 바로 이전 클래스(Foo 클래스)를 사용한다면 어떤 일이 발생할지 고려해보자.

```
class Bar {
    static std::string name;
    static std::string initName();

public:
    void init();
};

// Static initializations.
std::string Bar::name = Bar::initName();

std::string Bar::initName() {
    Foo::init(1, "A", "B");
    return "Bar";
}
```

이것이 잘 동작하는 것처럼 보일지 모르겠지만 정수를 키로 하여 클래스의 map 구조체에 첫 번째 문자열을 추가하면 이 코드가 크래시될 가능성이 매우 크다. 그 이유는 간단하다. Foo::init()을 호출할 때 이 시점에서 Foo::string이 초기화된다는 보장이 없다. 따라서 초기화되지 않은 map 구조체를 사용하려는 시도는 예외로 이어진다.

즉, 정적 변수의 초기화 순서는 기본적으로 임의적이며 따라서 이를 고려하지 않으면 비결정적 동작으로 이어진다.

이 문제에 대한 해결책은 매우 간단하다. 기본적으로 목표는 이전 예제에서와 같이 암시적으로 초기화를 하는 대신 좀 더 복잡한 정적 변수의 초기화는 명시적으로 하는 것이다. Foo 클래스를 다음과 같이 변경한다.

```cpp
class Foo {
    static std::map<int, std::string>& strings();
    static std::string oneString;

public:
    static void init(int a, std::string b, std::string c) {
        static std::map<int, std::string> stringsStatic = Foo::strings();
        stringsStatic.insert(std::pair<int, std::string>(a, b));
        oneString = c;
    }
};

std::string Foo::oneString;

std::map<int, std::string>& Foo::strings() {
    static std::map<int, std::string>* stringsStatic = new std::map<int,
std::string>();
    return *stringsStatic;
}
```

위에서부터 살펴보면 더 이상 정적 map을 직접적으로 정의하지 않음을 알 수 있다. 대신, 같은 이름의 전용 함수가 존재한다. 이 함수의 구현은 이 예제 코드의 마지막 부분에 보인다. 이 함수는 친숙한 map 정의를 가진 map 구조체에 대한 정적 포인터를 가진다.

이 함수가 호출될 때 아직 인스턴스가 존재하지 않는다면 (정적 변수이기 때문에) 새로운 map이 생성된다. 수정된 init() 함수에서는 strings() 함수를 호출해 이 인스턴스에 대한 참조를 구한다. 이것은 명시적 초기화의 일부분이다. 이 함수를 호출하는 것은 map 구조체가 사용되기 전에 초기화된다는 것을 항상 보장하므로 앞서 언급한 문제는 이제 해결된다.

여기에는 또한 간단한 최적화 부분도 보인다. 생성한 stringsStatic 변수 또한 정적인데 이것은 strings() 함수를 단 한 번만 호출할 것임을 의미한다. 이로써 반복적인 함수 호출이 불필요하고 이전의 단순하지만 불안전한 구현에서 가질 수 있었던 속도도 다시 복구할 수 있게 됐다.

따라서 정적 변수 초기화에서 필수적 규칙은 단순하지 않은 정적 변수의 경우 항상 명시적 초기화를 사용해야 한다는 것이다.

▌ 요약

7장에서는 멀티스레드 코드를 작성할 때 유념해야 할 몇몇 일반적인 조언과 더불어 다수의 훌륭한 실전 사례와 규칙을 살펴봤다. 이제 이런 코드를 작성할 때 혼란을 주는 주요 원인과 좀 더 큰 함정을 회피할 수 있어야 한다.

8장에서는 C++11에 소개된 <atomics> 헤더와 더불어 원자적 동작의 이점을 이용하기 위해 하부의 하드웨어를 이용하는 방법에 대해 알아본다.

08

원자적 동작-
하드웨어와 작업하기

최적화의 상당 부분과 스레드 안전성은 일부 아키텍처에서의 정렬된 메모리 접근을 포함해 어떤 데이터 크기(즉, C++ 유형)가 성능에 저해되지 않고서 안전하게 주소 지정이 될 수 있는지 또는 뮤텍스의 필요성 등에 이르기까지 하부 하드웨어의 이해 정도에 좌우된다.

8장은 원자적 동작으로 접근 충돌을 방지할 수 있는 곳에 뮤텍스를 사용하지 않기 위해 여러 프로세서 아키텍처의 특성을 어떻게 이용할 수 있는지 알아본다. GCC 경우처럼 컴파일러 특정적인 확장 또한 살펴본다.

8장에서 다루는 주제는 다음과 같다.

- 원자적 동작의 유형과 이들을 사용하는 방법
- 특정 프로세서 아키텍처를 대상으로 하는 방법
- 컴파일러 기반의 원자적 동작

▌원자적 동작

원자적 동작은 간단히 말하면 프로세서가 단일 명령어로 실행할 수 있는 동작이다. 이것은 이 명령어를 방해하지 않는다(인터럽트할 수 없다)는 점에서 또는 프로세서가 사용하는 변수나 데이터를 변경할 수 없다는 점에서 원자적이라고 할 수 있다.

애플리케이션에는 명령 실행 순서와 락이 없는 구현, 명령 실행 순서와 메모리 접근 보장이 중요한 관련 사용들이 포함된다.

2011 C++ 표준 이전에는 프로세서에서 제공되는 원자적 동작에 대한 접근은 확장 기능을 사용하는 컴파일러에 의해서만 제공됐다.

비주얼 C++

마이크로소프트 MSVC 컴파일러의 경우, MSDN 문서에 요약된 것처럼 다음과 같은 추가 기능을 시작으로 하는 인터락드interlocked 함수가 존재한다.

인터락드 함수	설명
InterlockedAdd	지정된 LONG 값에 대해 원자적 가산 연산을 수행한다.
InterlockedAddAcquire	지정된 LONG 값에 대해 원자적 가산 연산을 수행한다. 이 연산은 획득 메모리 순서 의미론을 준수한다.[1]
InterlockedAddRelease	지정된 LONG 값에 대해 원자적 가산 연산을 수행한다. 이 연산은 해제 메모리 순서 의미론을 준수한다.[2]
InterlockedAddNoFence	지정된 LONG 값에 대해 원자적 가산 연산을 수행한다. 이 연산은 원자적으로 이뤄지지만 메모리 장벽은 사용하지 않는다(8장에서 다룬다).

---

1   후속하는 로드 명령이 현재 또는 그 이전의 로드 명령보다 선행해 배치되지 않는다. – 옮긴이
2   선행하는 저장 명령이 현재 또는 후속하는 저장 명령 뒤로 배치되지 않는다. – 옮긴이

이들 함수는 이 기능에 대한 32-비트 버전이다. API에는 이에 대한 64-비트 버전과 그 밖의 다른 메소드 또한 존재한다. 원자적 함수는 특정 변수 유형에 한정적인 경향을 띠지만 이 API의 변형들은 간략하게 설명하기 위해 이 요약 표에서 제외했다.

획득과 해제 변형 함수도 볼 수 있을 것이다. 이들 함수는 각각 읽기나 쓰기 접근이 후속하는 읽기나 쓰기 동작에 따른 메모리 재순서화(하드웨어 수준에서)로부터 보호가 되도록 보장한다. 마지막으로, (메모리 장벽으로도 알려져 있는) 펜스fence 변형은 메모리 장벽의 사용 없이는 동작을 수행하지 않는다.

일반적으로 CPU는 성능을 최적화하기 위해 순서대로 (메모리 읽기와 쓰기를 포함해) 명령어를 수행하지 않는다. 이런 유형의 행위는 항상 바람직한 것은 아니기 때문에 명령어 재순서화를 방지하기 위해 메모리 장벽이 추가됐다.

다음 표는 원자적 AND 기능을 보여준다.

인터락드 함수	설명
InterlockedAnd	지정된 LONG 값에 대해 원자적 AND 연산을 수행한다.
InterlockedAndAcquire	지정된 LONG 값에 대해 원자적 AND 연산을 수행한다. 이 연산은 획득 메모리 순서 의미론을 준수한다.
InterlockedAndRelease	지정된 LONG 값에 대해 원자적 AND 연산을 수행한다. 이 연산은 해제 메모리 순서 의미론을 준수한다.
InterlockedAndNoFence	지정된 LONG 값에 대해 원자적 AND 연산을 수행한다. 이 연산은 원자적으로 이뤄지지만 메모리 장벽은 사용하지 않는다.

비트-테스트 기능은 다음과 같다.

인터락드 함수	설명
InterlockedBitTestAndComplement	지정된 LONG 값의 지정 비트를 테스트하고 그 값을 보수화한다.
InterlockedBitTestAndResetAcquire	지정된 LONG 값의 지정 비트를 테스트하고 그 값을 0으로 설정한다. 이 연산은 원자적이며 획득 메모리 순서 의미론을 준수한다.

인터락드 함수	설명
InterlockedBitTestAndResetRelease	지정된 LONG 값의 지정 비트를 테스트하고 그 값을 0으로 설정한다. 이 연산은 원자적이며 해제 메모리 순서 의미론을 준수한다.
InterlockedBitTestAndSetAcquire	지정된 LONG 값의 지정 비트를 테스트하고 그 값을 1로 설정한다. 이 연산은 원자적이며 획득 메모리 순서 의미론을 준수한다.
InterlockedBitTestAndSetRelease	지정된 LONG 값의 지정 비트를 테스트하고 그 값을 1로 설정한다. 이 연산은 원자적이며 해제 메모리 순서 의미론을 준수한다.
InterlockedBitTestAndReset	지정된 LONG 값의 지정 비트를 테스트하고 그 값을 0으로 설정한다.
InterlockedBitTestAndSet	지정된 LONG 값의 지정 비트를 테스트하고 그 값을 1로 설정한다.

비교 기능은 다음의 표에 나열돼 있다.

인터락드 함수	설명
InterlockedCompareExchange	지정된 값에 대해 원자적 비교-교환 동작을 수행한다. 이 함수는 지정된 두 32-비트 값을 비교해 비교 결과에 따라 다른 32-비트 값으로 교환한다.
InterlockedCompareExchange Acquire	지정된 값에 대해 원자적 비교-교환 동작을 수행한다. 이 함수는 지정된 두 32-비트 값을 비교해 비교 결과에 따라 다른 32-비트 값으로 교환한다. 이 동작은 획득 메모리 순서 의미론을 준수한다.
InterlockedCompareExchange Release	지정된 값에 대해 원자적 비교-교환 동작을 수행한다. 이 함수는 지정된 두 32-비트 값을 비교해 비교 결과에 따라 다른 32-비트 값으로 교환한다. 이 동작은 해제 메모리 순서 의미론을 준수한다.
InterlockedCompareExchange NoFence	지정된 값에 대해 원자적 비교-교환 동작을 수행한다. 이 함수는 지정된 두 32-비트 값을 비교해 비교 결과에 따라 다른 32-비트 값으로 교환한다. 이 동작은 원자적으로 이뤄지지만 메모리 장벽은 사용하지 않는다.
InterlockedCompareExchange Pointer	지정된 포인터 값에 대해 원자적 비교-교환 동작을 수행한다. 이 함수는 지정된 두 포인터 값을 비교해 비교 결과에 따라 다른 포인터 값으로 교환한다.

인터락드 함수	설명
InterlockedCompareExchange PointerAcquire	지정된 포인터 값에 대해 원자적 비교-교환 동작을 수행한다. 이 함수는 지정된 두 포인터 값을 비교해 비교 결과에 따라 다른 포인터 값으로 교환한다. 이 동작은 획득 메모리 순서 의미론을 준수한다.
InterlockedCompareExchange PointerRelease	지정된 포인터 값에 대해 원자적 비교-교환 동작을 수행한다. 이 함수는 지정된 두 포인터 값을 비교해 비교 결과에 따라 다른 포인터 값으로 교환한다. 이 동작은 해제 메모리 순서 의미론을 준수한다.
InterlockedCompareExchange PointerNoFence	지정된 값에 대해 원자적 비교-교환 동작을 수행한다. 이 함수는 지정된 두 포인터 값을 비교해 비교 결과에 따라 다른 포인터 값으로 교환한다. 이 동작은 원자적으로 이뤄지지만 메모리 장벽은 사용하지 않는다.

감소 기능은 다음과 같다.

인터락드 함수	설명
InterlockedDecrement	지정된 32-비트 변수의 값을 원자적 동작으로 1 감소시킨다.
InterlockedDecrementAcquire	지정된 32-비트 변수의 값을 원자적 동작으로 1 감소시킨다. 이 동작은 획득 메모리 순서 의미론을 준수한다.
InterlockedDecrementRelease	지정된 32-비트 변수의 값을 원자적 동작으로 1 감소시킨다. 이 동작은 해제 메모리 순서 의미론을 준수한다.
InterlockedDecrementNoFence	지정된 32-비트 변수의 값을 원자적 동작으로 1 감소시킨다. 이 동작은 원자적으로 이뤄지지만 메모리 장벽은 사용하지 않는다.

교환(스왑) 기능은 다음과 같다.

인터락드 함수	설명
InterlockedExchange	지정된 값에 32-비트 값을 원자적 동작으로 설정한다.
InterlockedExchangeAcquire	지정된 값에 32-비트 값을 원자적 동작으로 설정한다. 이 동작은 획득 메모리 순서 의미론을 준수한다.
InterlockedExchangeNoFence	지정된 값에 32-비트 값을 원자적 동작으로 설정한다. 이 동작은 원자적으로 이뤄지지만 메모리 장벽은 사용하지 않는다.

인터락드 함수	설명
InterlockedExchangePointer	한 쌍의 포인터 값을 원자적으로 교환한다.
InterlockedExchangePointer Acquire	한 쌍의 포인터 값을 원자적으로 교환한다. 이 동작은 획득 메모리 순서 의미론을 준수한다.
InterlockedExchangePointerNo Fence	한 쌍의 주소를 원자적으로 교환한다. 이 동작은 원자적으로 이뤄지지만 메모리 장벽은 사용하지 않는다.
InterlockedExchangeSubtract	두 값의 원자적 빼기를 수행한다.
InterlockedExchangeAdd	두 개의 32-비트 값을 원자적으로 더한다.
InterlockedExchangeAddAcquire	두 개의 32-비트 값을 원자적으로 더한다. 이 동작은 획득 메모리 순서 의미론을 준수한다.
InterlockedExchangeAddRelease	두 개의 32-비트 값을 원자적으로 더한다. 이 동작은 해제 메모리 순서 의미론을 준수한다.
InterlockedExchangeAddNo Fence	두 개의 32-비트 값을 원자적으로 더한다. 이 동작은 원자적으로 이뤄지지만 메모리 장벽은 사용하지 않는다.

증가 기능은 다음과 같다.

인터락드 함수	설명
InterlockedIncrement	지정된 32-비트 변수의 값을 원자적 동작으로 1 증가시킨다.
InterlockedIncrementAcquire	지정된 32-비트 변수의 값을 원자적 동작으로 1 증가시킨다. 이 동작은 획득 메모리 순서 의미론을 준수한다.
InterlockedIncrementRelease	지정된 32-비트 변수의 값을 원자적 동작으로 1 증가시킨다. 이 동작은 해제 메모리 순서 의미론을 준수한다.
InterlockedIncrementNoFence	지정된 32-비트 변수의 값을 원자적 동작으로 1 증가시킨다. 이 동작은 원자적으로 이뤄지지만 메모리 장벽은 사용하지 않는다.

OR 기능은 다음과 같다.

인터락드 함수	설명
InterlockedOr	지정된 LONG 값에 대해 원자적 OR 연산을 수행한다.

인터락드 함수	설명
InterlockedOrAcquire	지정된 LONG 값에 대해 원자적 OR 연산을 수행한다. 이 연산은 획득 메모리 순서 의미론을 준수한다.
InterlockedOrRelease	지정된 LONG 값에 대해 원자적 OR 연산을 수행한다. 이 연산은 해제 메모리 순서 의미론을 준수한다.
InterlockedOrNoFence	지정된 LONG 값에 대해 원자적 OR 연산을 수행한다. 이 연산은 원자적으로 이뤄지지만 메모리 장벽은 사용하지 않는다.

마지막으로 배타적 OR(XOR) 기능은 다음과 같다.

인터락드 함수	설명
InterlockedXor	지정된 LONG 값에 대해 원자적 XOR 연산을 수행한다.
InterlockedXorAcquire	지정된 LONG 값에 대해 원자적 XOR 연산을 수행한다. 이 연산은 획득 메모리 순서 의미론을 준수한다.
InterlockedXorRelease	지정된 LONG 값에 대해 원자적 XOR 연산을 수행한다. 이 연산은 해제 메모리 순서 의미론을 준수한다.
InterlockedXorNoFence	지정된 LONG 값에 대해 원자적 XOR 연산을 수행한다. 이 연산은 원자적으로 이뤄지지만 메모리 장벽은 사용하지 않는다.

▌ GCC

비주얼 C++처럼, GCC 또한 내장된 원자적 함수를 가진다. 이들은 GCC 버전과 표준 라이브러리가 사용하는 하부의 아키텍처에 따라 상이하다. GCC는 VC++에 비해 상당히 많은 플랫폼과 운영체제에서 사용되기 때문에 이식성을 고려할 때 이는 확실히 중요한 요소다.

예를 들어 특정 ARM 아키텍처의 변형(ARMv6와 ARMv7, 현재의 ARMv8, Thumb 명령어 세트 등과 같이)을 포함한 아키텍처 차이점으로 인해 x86 시스템에서 제공되는 모든 내장된 모든 원자적 함수가 ARM에서 이용 가능한 것은 아니다.

C++11 표준 이전에 GCC는 원자적 기능을 위해 다음과 같은 __sync-prefixed 확장을
사용했다.

```
type __sync_fetch_and_add (type *ptr, type value, ...)
type __sync_fetch_and_sub (type *ptr, type value, ...)
type __sync_fetch_and_or (type *ptr, type value, ...)
type __sync_fetch_and_and (type *ptr, type value, ...)
type __sync_fetch_and_xor (type *ptr, type value, ...)
type __sync_fetch_and_nand (type *ptr, type value, ...)
```

이들 동작은 메모리에서 한 값을 가져와서 지정된 동작을 수행한 이후에 원래 메모리로
그 값을 반환한다. 이들 모두는 메모리 장벽을 사용한다.

```
type __sync_add_and_fetch (type *ptr, type value, ...)
type __sync_sub_and_fetch (type *ptr, type value, ...)
type __sync_or_and_fetch (type *ptr, type value, ...)
type __sync_and_and_fetch (type *ptr, type value, ...)
type __sync_xor_and_fetch (type *ptr, type value, ...)
type __sync_nand_and_fetch (type *ptr, type value, ...)
```

이들 동작은 지정된 동작 이후에 새로운 값을 반환한다는 점을 제외하면 첫 번째 세트와
유사하다.

```
bool __sync_bool_compare_and_swap (type *ptr, type oldval, type newval,
...)
type __sync_val_compare_and_swap (type *ptr, type oldval, type newval, ...)
```

이들 비교 동작은 이전 값이 제공된 값과 일치한다면 새로운 값을 쓴다. 불리언 변형은
새로운 값이 씌어졌다면 true를 반환한다.

```
__sync_synchronize (...)
```

이 함수는 완전한 메모리 장벽을 생성한다.

```
type __sync_lock_test_and_set (type *ptr, type value, ...)
```

이 메소드는 실제로 이름이 암시하는 것과는 달리 동작을 변경한다. 이 함수는 포인터 값을 갱신하고 이전 값을 반환한다. 이것은 완전한 메모리 장벽을 사용하지 않지만 장벽을 획득한다. 즉, 이 함수는 획득한 장벽을 해제하지는 않는다.

```
void __sync_lock_release (type *ptr, ...)
```

이 함수는 이전 메소드에서 구한 장벽을 해제한다.

C++11 메모리 모델에 적응하기 위해 GCC는 __atomic 내장 메소드를 추가했다. 이로써 API가 상당히 변경됐다.

```
type __atomic_load_n (type *ptr, int memorder)
void __atomic_load (type *ptr, type *ret, int memorder)
void __atomic_store_n (type *ptr, type val, int memorder)
void __atomic_store (type *ptr, type *val, int memorder)
type __atomic_exchange_n (type *ptr, type val, int memorder)
void __atomic_exchange (type *ptr, type *val, type *ret, int memorder)
bool __atomic_compare_exchange_n (type *ptr, type *expected, type desired,
bool weak, int success_memorder, int failure_memorder)
bool __atomic_compare_exchange (type *ptr, type *expected, type *desired,
bool weak, int success_memorder, int failure_memorder)
```

처음 몇몇 함수는 일반적인 로드, 저장, 교환 함수들이다. 이들은 그 자체로 자명한 함수들이다. 로드 함수는 메모리로 값을 읽어들이고 저장 함수는 메모리에 값을 저장하며, 교환 함수는 기존 값과 새로운 값을 교환한다. 비교-교환 함수는 조건에 따라 교환 작업을 수행한다.

```
type __atomic_add_fetch (type *ptr, type val, int memorder)
type __atomic_sub_fetch (type *ptr, type val, int memorder)
type __atomic_and_fetch (type *ptr, type val, int memorder)
type __atomic_xor_fetch (type *ptr, type val, int memorder)
type __atomic_or_fetch (type *ptr, type val, int memorder)
type __atomic_nand_fetch (type *ptr, type val, int memorder)
```

특정 동작에 대한 결과를 반환하는 이들 함수는 예전 API와 기본적으로 동일하다.

```
type __atomic_fetch_add (type *ptr, type val, int memorder)
type __atomic_fetch_sub (type *ptr, type val, int memorder)
type __atomic_fetch_and (type *ptr, type val, int memorder)
type __atomic_fetch_xor (type *ptr, type val, int memorder)
type __atomic_fetch_or (type *ptr, type val, int memorder)
type __atomic_fetch_nand (type *ptr, type val, int memorder)
```

새로운 API를 위해 갱신된 동일한 함수다. 이들 함수는 (동작 전에 패치한) 원래 값을 반환
한다.

```
bool __atomic_test_and_set (void *ptr, int memorder)
```

예전 API에서 유사한 이름의 함수와 달리 이 함수는 예전 API 함수의 교환 동작 대신 실
제 테스트와 설정 동작을 수행한다. 여전히 메모리 장벽을 해제하는 후속 작업은 필요
하다. 테스트는 몇몇 정의 값에 대한 것이다.

```
void __atomic_clear (bool *ptr, int memorder)
```

이 함수는 포인터 주소를 0으로 설정하여 정리한다.

```
void __atomic_thread_fence (int memorder)
```

스레드 간의 동기화 메모리 장벽(펜스)은 이 함수를 사용해 생성될 수 있다.

```
void __atomic_signal_fence (int memorder)
```

이 함수는 같은 스레드 내에서 스레드와 시그널 핸들러 간에 메모리 장벽을 생성한다.

```
bool __atomic_always_lock_free (size_t size, void *ptr)
```

이 함수는 지정된 크기의 객체가 현재 프로세서 아키텍처에 대해 락이 없는 원자적 명령어를 항상 생성하는지 여부를 검사한다.

```
bool __atomic_is_lock_free (size_t size, void *ptr)
```

이것은 이전 함수와 기본적으로 동일하다.

메모리 순서

메모리 장벽(펜스)은 원자적 동작 용도로 C++11 메모리 모델에서 항상 사용되는 것은 아니다. GCC의 내장 원자적 API에서는 이것이 그 함수에서 memorder 인자로 반영된다. 다음과 같은 이에 대한 가능한 값은 C++11 원자적 API의 값에 직접 매핑된다.

- __ATOMIC_RELAXED: 스레드 간에 순서 제약이 없음을 암시한다.
- __ATOMIC_CONSUME: 이것은 현재 C++11에서는 memory_order_consume에 대한 의미가 결여돼 있기 때문에 좀 더 강력한 __ATOMIC_ACQUIRE를 사용해 구현된다.

- __ATOMIC_ACQUIRE: 이 획득 로드^{acquire load}에 대해 해제 (또는 좀 더 강력한) 의미론적 저장^{release semantic store}으로부터 스레드 간의 사전 제약^{happens-before constraint}을 만든다.[3]
- __ATOMIC_RELEASE: 이 해제 저장^{release store}으로부터 읽는 획득 (또는 좀 더 강력한) 의미론적 로드^{acquire semantic load}에 대해 스레드 간의 사전 제약을 만든다.[4]
- __ATOMIC_ACQ_REL: __ATOMIC_ACQUIRE와 __ATOMIC_RELEASE의 두 효과를 조합한다.
- __ATOMIC_SEQ_CST: 다른 모든 __ATOMIC_SEQ_CST 동작과 함께 전체 순서를 적용한다.

앞서 소개한 이 항목은 GCC 매뉴얼에서 GCC 7.1의 원자적 동작에 관한 장에서 발췌한 것이다. 이 매뉴얼의 설명을 보면 메모리 모델과 컴파일러에 대한 C++11의 원자적 동작을 지원할 때 트레이드-오프가 이뤄졌음을 확실히 알 수 있다.

원자적 동작은 하부의 하드웨어 지원에 의존하기 때문에 광범위한 아키텍처에서 작동하는 원자적 동작을 사용하는 단일 코드는 존재하지 않는다.

기타 컴파일러

C/C++ 컴파일러 툴체인에는 VC++와 GCC뿐만 아니라 인텔 컴파일러 컬렉션^{ICC, Intel Compiler Collection}과 기타 독점 도구들을 포함하는 많은 툴이 존재한다. 이들 모두는 자신만의 고유한 내장 원자적 함수를 가진다. 다행히도 C++11 표준 덕택에 컴파일러 간에 원자적 동작에 대해 완전한 이식이 가능한 표준을 갖추게 됐다. 일반적으로 이것은 매우 특

---

3 다른 프로세서들이 해당 동작의 영향을 보기 전에 항상 모든 선행하는 동작의 영향을 먼저 볼 수 있다면 이 동작을 release semantic이라고 한다. - 옮긴이

4 다른 프로세서들이 후속하는 다른 동작의 영향을 보기 전에 항상 해당 동작의 영향을 먼저 볼 수 있다면 이 동작을 acquire semantic이라고 한다. - 옮긴이

수한 예외적 사용의 경우가 아니라면(또는 기존 코드의 유지 보수) 컴파일러 한정적인 확장보다는 C++ 표준 기능을 사용한다는 것을 의미한다.

C++11 원자적 요소

네이티브 C++11 원자적 특징을 사용하기 위해 <atomic>을 반드시 포함해야 한다. 이로써 사전 정의된 여러 typedef 템플릿에 <atomic> 키워드를 사용해 필요한 유형에 atomic 클래스를 적용할 수 있다.

Typedef 이름	완전한 기술
std::atomic_bool	std::atomic<bool>
std::atomic_char	std::atomic<char>
std::atomic_schar	std::atomic<signed char>
std::atomic_uchar	std::atomic<unsigned char>
std::atomic_short	std::atomic<short>
std::atomic_ushort	std::atomic<unsigned short>
std::atomic_int	std::atomic<int>
std::atomic_uint	std::atomic<unsigned int>
std::atomic_long	std::atomic<long>
std::atomic_ulong	std::atomic<unsigned long>
std::atomic_llong	std::atomic<long long>
std::atomic_ullong s	td::atomic<unsigned long long>
std::atomic_char16_t	std::atomic<char16_t>
std::atomic_char32_t	std::atomic<char32_t>
std::atomic_wchar_t	std::atomic<wchar_t>
std::atomic_int8_t	std::atomic<std::int8_t>
std::atomic_uint8_t	std::atomic<std::uint8_t>

Typedef 이름	완전한 기술
std::atomic_int16_t	std::atomic<std::int16_t>
std::atomic_uint16_t	std::atomic<std::uint16_t>
std::atomic_int32_t	std::atomic<std::int32_t>
std::atomic_uint32_t	std::atomic<std::uint32_t>
std::atomic_int64_t	std::atomic<std::int64_t>
std::atomic_uint64_t	std::atomic<std::uint64_t>
std::atomic_int_least8_t	std::atomic<std::int_least8_t>
std::atomic_uint_least8_t	std::atomic<std::uint_least8_t>
std::atomic_int_least16_t	std::atomic<std::int_least16_t>
std::atomic_uint_least16_t	std::atomic<std::uint_least16_t>
std::atomic_Int_least32_t	std::atomic<std::int_least32_t>
std::atomic_uint_least32_t	std::atomic<std::uint_least32_t>
std::atomic_int_least64_t	std::atomic<std::int_least64_t>
std::atomic_uint_least64_t	std::atomic<std::uint_least64_t>
std::atomic_int_fast8_t	std::atomic<std::int_fast8_t>
std::atomic_uint_fast8_t	std::atomic<std::uint_fast8_t>
std::atomic_int_fast16_t	std::atomic<std::int_fast16_t>
std::atomic_uint_fast16_t	std::atomic<std::uint_fast16_t>
std::atomic_int_fast32_t	std::atomic<std::int_fast32_t>
std::atomic_uint_fast32_t	std::atomic<std::uint_fast32_t>
std::atomic_int_fast64_t	std::atomic<std::int_fast64_t>
std::atomic_uint_fast64_t	std::atomic<std::uint_fast64_t>
std::atomic_intptr_t	std::atomic<std::intptr_t>
std::atomic_uintptr_t	std::atomic<std::uintptr_t>
std::atomic_size_t	std::atomic<std::size_t>
std::atomic_ptrdiff_t	std::atomic<std::ptrdiff_t>

Typedef 이름	완전한 기술
std::atomic_intmax_t	std::atomic<std::intmax_t>
std::atomic_uintmax_t	std::atomic<std::uintmax_t>

atomic 클래스는 다음과 같은 일반적인 함수를 정의한다.

함수	설명
operator=	원자적 객체에 값을 할당한다.
is_lock_free	원자적 객체가 락을 사용하지 않는다면 true를 반환한다.
store	원자적으로 원자적 객체의 값을 비원자적 인자로 대체한다.
load	원자적 객체의 값을 원자적으로 구한다.
operator T	원자적 객체로부터 값을 로드한다.
exchange	객체의 값을 새로운 값으로 원자적으로 교체하고 이전 값을 반환한다.
compare_exchange_weak compare_exchange_strong	객체의 값을 원자적으로 비교하고 동일하다면 이들 값을 교환하고 그렇지 않다면 현재 값을 반환한다.

C++17 개정안에서 is_always_lock_free 상수가 추가됐다. 이를 통해 해당 유형이 항상 락이 없는^{lock-free} 유형인지를 알아볼 수 있다.

끝으로, 특수한 원자적 함수를 살펴보자.

함수	설명
fetch_add	원자적 객체에 저장된 값에 원자적으로 인자의 값을 더하고 이전 값을 반환한다.
fetch_sub	원자적 객체에 저장된 값에서 원자적으로 인자의 값을 빼고 이전 값을 반환한다.
fetch_and	원자적 객체의 값과 인자에 대해 비트 단위 AND 연산을 원자적으로 수행하고 이전 값을 반환한다.
fetch_or	원자적 객체의 값과 인자에 대해 비트 단위 OR 연산을 원자적으로 수행하고 이전 값을 반환한다.
fetch_xor	원자적 객체의 값과 인자에 대해 비트 단위 XOR 연산을 원자적으로 수행하고 이전 값을 반환한다.

함수	설명
operator++ operator++(int) operator-- operator--(int)	원자적 값을 1만큼 증가하거나 감소시킨다.
operator+= operator-= operator&= operator|= operator^=	원자적 값에 더하거나 빼고 비트 단위 AND, OR, XOR 연산을 수행한다.

예제

fetch_add를 사용하는 기본적인 예제는 다음과 같다.

```cpp
#include <iostream>
#include <thread>
#include <atomic>
std::atomic<long long> count;
void worker() {
        count.fetch_add(1, std::memory_order_relaxed);
}
int main() {
        std::thread t1(worker);
        std::thread t2(worker);
        std::thread t3(worker);
        std::thread t4(worker);
        std::thread t5(worker);
        t1.join();
        t2.join();
        t3.join();
        t4.join();
        t5.join();
```

```
        std::cout << "Count value:" << count << '\n';
}
```

이 예제의 결과는 5가 된다. 여기서 보듯이 스레드 동기화를 제공하기 위해 뮤텍스나 그 유사한 것을 사용하는 대신에 원자적 함수를 사용해 이런 방식으로 기본 카운터를 구현할 수 있다.

비클래스 함수

atomic 클래스 외에도 컴파일러에 내장된 원자적 함수와 유사하게 사용할 수 있는 <atomic> 헤더에 정의된 여러 템플릿 기반의 함수가 존재한다.

함수	설명
atomic_is_lock_free	원자적 유형의 동작에 락이 없는지 검사한다.
atomic_storeatomic_store_explicit	atomic 객체의 값을 비원자적 인자의 값으로 원자적으로 대체한다.
atomic_load atomic_load_explicit	atomic 객체에 저장된 값을 원자적으로 구한다.
atomic_exchange atomic_exchange_explicit	atomic 객체의 값을 비원자적 인자의 값으로 원자적으로 대체하고 atomic 객체의 이전 값을 반환한다.
atomic_compare_exchange_weak atomic_compare_exchange_weak_explicit atomic_compare_exchange_strong atomic_compare_exchange_strong_explicit	atomic 객체의 값을 비원자적 인자의 값과 원자적으로 비교해 값이 일치한다면 원자적 교환을 수행하고 그렇지 않다면 원자적 로드를 수행한다.
atomic_fetch_add atomic_fetch_add_explicit	비원자적 값을 atomic 객체에 더하고 atomic 객체의 이전 값을 구한다.
atomic_fetch_sub atomic_fetch_sub_explicit	atomic 객체에서 비원자적 값을 빼고 atomic 객체의 이전 값을 구한다.
atomic_fetch_and atomic_fetch_and_explicit	비원자적 인자의 값과 논리적 AND 연산을 한 이후에 그 결과로 atomic 객체를 대체하고 atomic 객체의 이전 값을 구한다.

함수	설명
atomic_fetch_or atomic_fetch_or_explicit	비원자적 인자의 값과 논리적 OR 연산을 한 이후에 그 결과로 atomic 객체를 대체하고 atomic 객체의 이전 값을 구한다.
atomic_fetch_xor atomic_fetch_xor_explicit	비원자적 인자의 값과 논리적 XOR 연산을 한 이후에 그 결과로 atomic 객체를 대체하고 atomic 객체의 이전 값을 구한다.
atomic_flag_test_and_set atomic_flag_test_and_set_explicit	플래그를 원자적으로 true로 설정하고 이전 값을 반환한다.
atomic_flag_clear atomic_flag_clear_explicit	플래그를 원자적으로 false로 설정한다.
atomic_init	기본으로 생성된 atomic 객체에 대한 비원자적 초기화
kill_dependency	std::memory_order_consume 종속성 트리에서 지정된 객체를 제거한다.
atomic_thread_fence	범용 메모리 순서 의존적 펜스 동기화 기본 요소
atomic_signal_fence	동일한 스레드에서 실행되는 스레드와 시그널 핸들러 간의 펜스

일반 함수와 명시적 함수 간의 차이점은 후자의 경우 실제로 사용할 메모리 순서를 설정할 수 있는 것이다. 일반 함수는 항상 memory_order_seq_cst 메모리 순서를 사용한다.

예제

atomic_fetch_sub를 사용하는 이 예제에서 락이 없이도 인덱스 컨테이너가 복수의 스레드에 의해 동시에 처리된다.

```
#include <string>
#include <thread>
#include <vector>
#include <iostream>
```

```cpp
#include <atomic>
#include <numeric>

const int N = 10000;
std::atomic<int> cnt;
std::vector<int> data(N);
void reader(int id) {
        for (;;) {
                int idx = atomic_fetch_sub_explicit(&cnt, 1,
std::memory_order_relaxed);
                if (idx >= 0) {
                        std::cout << "reader " << std::to_string(id) <<
" processed item "
                                        << std::to_string(data[idx]) <<
'\n';
                }
        else {
                        std::cout << "reader " << std::to_string(id) <<
" done.\n";
                        break;
                }
        }
}
int main() {
        std::iota(data.begin(), data.end(), 1);
        cnt = data.size() - 1;
        std::vector<std::thread> v;
        for (int n = 0; n < 10; ++n) {
            v.emplace_back(reader, n);
        }

        for (std::thread& t : v) {
            t.join();
        }
}
```

이 예제의 코드는 데이터로 크기 N인 정수로 채워진 벡터(1로 채워진)를 사용한다. 원자적 카운터 객체는 데이터 벡터 크기로 설정된다. 그리고 나서 reader 함수를 실행하는 10개의 스레드(벡터의 emplace_back C++11 기능을 사용해 적절하게 초기화되는)가 생성된다.

reader 함수에서 memory_order_relaxed 메모리 순서를 사용하는 atomic_fetch_sub_explicit 함수를 사용해 메모리에서 인덱스 카운터의 현재 값을 읽는다. 이 함수는 인덱스를 1씩 감소하면서 이전 값으로부터 우리가 전달한 값을 뺀다.

이런 식으로 구한 인덱스 번호가 0보다 크거나 같다면 이 함수는 계속 실행하고 그렇지 않다면 이 함수는 작업을 멈춘다. 모든 스레드가 작업을 마치면 애플리케이션은 종료한다.

원자적 플래그

std::atomic_flag는 원자적 불리언 유형이다. atomic 클래스의 다른 특수한 부분과 달리 이것은 락이 없음을 보장받는다. 하지만 이것은 로드나 저장 동작을 제공하지는 않는다.

대신 이 플래그는 할당 연산자와 플래그를 지우거나 test_and_set하는 함수를 제공한다. 할당 연산자는 플래그를 false로 설정하고 함수는 플래그를 테스트하고서 true로 설정한다.

메모리 순서

이 속성은 <atomic> 헤더에 열거 유형으로 정의돼 있다.

```
enum memory_order {
    memory_order_relaxed,
    memory_order_consume,
    memory_order_acquire,
```

```
    memory_order_release,
    memory_order_acq_rel,
    memory_order_seq_cst
};
```

GCC 절에서 메모리 순서에 관해 잠시 언급했다. GCC 절에서 설명한 바와 같이 이것은 하부의 하드웨어 아키텍처의 특성이 어느 정도 드러나는 부분 가운데 하나다.

기본적으로 메모리 순서는 비원자적 메모리 접근이 원자적 연산에 대해 순서화되는 방식(메모리 접근 순서)을 결정한다. 이것이 영향을 주는 부분은 스레드가 자신들의 명령을 실행할 때 각각의 스레드가 메모리의 데이터를 보는 방식에 있다.

Enum	설명
memory_order_ relaxed	Relaxed 동작:다른 읽기나 쓰기에 대해 부가되는 동기화나 순서 제약이 없다. 이 동작의 원자성만이 보장된다.
memory_order_ consume	이 메모리 순서를 가진 로드 동작은 영향을 받은 메모리 위치에 대해 소비 동작(consume operation)을 수행한다. 즉, 이 로드 이전의 현재 로드된 값에 의존적인 현재 스레드에서의 읽기나 쓰기는 재정렬될 수 없다. 동일한 원자적 변수를 해제하는 다른 스레드 내의 데이터 종속적인 변수에 대한 쓰기는 현재 스레드에서 보여진다. 대부분의 플랫폼에서 이것은 컴파일러 최적화에만 영향을 준다.
memory_order_ acquire	이 메모리 순서를 가진 로드 동작은 영향을 받은 메모리 위치에 대해 획득 동작(acquire operation)을 수행한다. 즉, 이 로드 이전의 현재 스레드에서의 읽기나 쓰기는 재정렬될 수 없다. 동일한 원자적 변수를 해제하는 다른 스레드 내의 모든 쓰기는 현재 스레드에서 보여진다.
memory_order_ release	이 메모리 순서를 가진 저장 동작은 해제 동작(release operation)을 수행한다. 즉, 이 저장 이후의 현재 스레드에서의 읽기나 쓰기는 재정렬 될 수 없다. 현재 스레드의 모든 쓰기는 동일한 원자적 변수를 획득하는 다른 스레드에서 보여진다. 원자적 변수에 종속성을 가지는 쓰기는 동일한 원자적 변수를 소비하는 다른 스레드에서 보여진다.
memory_order_ acq_rel	이 메모리 순서를 가진 read-modify-write 동작은 획득 동작과 해제 동작 둘 다를 수행한다. 이 저장 전 또는 이후의 현재 스레드에서의 읽기나 쓰기는 재정렬 될 수 없다. 동일한 원자적 변수를 해제하는 다른 스레드의 모든 쓰기는 변경 전에는 보이고 해당 변경은 동일한 원자적 변수를 획득하는 다른 스레드에서 보여진다.
memory_order_ seq_cst	이 메모리 순서를 가진 동작은 모든 스레드가 동일한 순서로 모든 변경을 하는 하나의 전체적인 순서에 더하여 획득 동작과 해제 동작 둘 다를 수행한다.

Relaxed 순서

relaxed 메모리 순서의 경우, 동시적 메모리 접근 간에 어떠한 순서도 강제하지 않는다. 이 유형의 순서가 보장하는 것은 원자성과 변경 순서다. 이 순서 유형의 전형적인 사용은 이전 절의 예제 코드에서 살펴본 것처럼 값을 증가하거나 감소시키는 카운터 용도다.

Release-acquire 순서

스레드 A의 원자적 저장이 `memory_order_release`로 지정되고 동일한 변수에 대한 스레드 B의 원자적 로드가 `memory_order_acquire`로 지정돼 있다면 스레드 A의 관점에서 원자적 저장 이전에 발생하는 모든 메모리 쓰기(비원자적과 relaxed 원자적 쓰기)는 스레드 B에서 보이는 부작용이 생긴다. 즉, 원자적 로드가 완료됐다면 스레드 B는 스레드 A가 메모리에 기록한 모든 것을 보도록 보장받는다.

이 유형의 동작은 x86와 SPARC, POWER를 포함하는 소위 강력하게 정렬되는 아키텍처에서는 자동적으로 이뤄진다. ARM과 PowerPC, Itanium 같이 약하게 정렬되는 아키텍처는 여기서 메모리 장벽의 사용을 필요로 한다.

이런 유형의 메모리 순서를 갖는 전형적인 애플리케이션은 뮤텍스나 원자적 스핀락 같은 상호 배제 메커니즘을 포함한다.

Release-consume 순서

스레드 A의 원자적 저장이 `memory_order_release`로 지정되고 동일한 변수에 대한 스레드 B의 원자적 로드가 `memory_order_comsume`로 지정돼 있다면 스레드 A의 관점에서 원자적 저장 이전에 발생하는 종속적 순서가 있는 모든 메모리 쓰기(비원자적과 relaxed 원자적 쓰기)는 로드 동작이 종속성을 갖게 하는 스레드 B의 이들 동작에서 보이는 부작용이 생긴다. 즉, 원자적 로드가 완료되고 나면 로드 동작에서 구한 값을 사용하는 스레드 B의 이들 연산자와 함수는 스레드 A가 메모리에 기록한 것을 보도록 보장받는다.

이 유형의 순서화는 거의 모든 아키텍처에서 자동적으로 이뤄진다. 유일한 예외는 (사라진) Alpha 아키텍처다. 이 유형의 순서화에 대한 전형적인 사용 예로는 거의 변하지 않는 데이터에 대한 읽기 접근이 될 수 있다.

 C++17에서부터는 이 유형의 메모리 순서화는 개정돼 memory_order_consume의 사용은 일시적으로 권장되지 않는다.

Sequentially-consistent 순서

`memory_order_seq_cst` 유형의 원자적 동작은 release/acquire 순서와 동일한 방식으로 메모리를 순서화할 뿐만 아니라(한 스레드 내에서 저장 전에 발생한 모든 것은 로드를 수행한 스레드 내에서 보이는 부작용이 된다) 이런 유형의 모든 원자적 동작에 대한 하나의 전체적인 변경 순서를 만든다.

이 유형의 순서화는 모든 소비자가 다른 스레드에 의해 이뤄지는 변경을 정확하게 동일한 순서로 준수해야만 하는 상황에서 필요할 수도 있다. 이것은 멀티-코어나 멀티-CPU 시스템의 결과로 전체 메모리 장벽이 필요하다.

이런 복잡한 설정의 결과로 이 유형의 순서화는 다른 유형보다 상당히 느리다. 모든 단일 원자적 동작은 이 유형의 메모리 순서화 유형으로 지정돼야 하며 그렇지 않다면 순차적 순서화는 지켜지지 않는다.

Volatile 키워드

`volatile` 키워드는 복잡한 멀티스레드 코드를 작성해본 누구에게나 아마도 익숙할 것이다. 이것의 기본적 사용은 관련 변수의 값에 대해 어떠한 가정도 하지 않고서 메모리에서 항상 로드해야 된다는 것을 컴파일러에게 알려준다. 이것은 또한 컴파일러가 이 변수에 대해 적극적인 최적화를 하지 않도록 보장한다.

멀티스레드 애플리케이션의 경우, 이것은 일반적으로 효과가 없어서 사용이 권장되지 않는다. volatile 사양의 주요 문제점은 멀티스레드 메모리 모델을 정의하지 않는다는 것이다. 즉, 이 키워드의 결과는 플랫폼과 CPU, 심지어 툴체인에 있어서 결정적^{deterministic}이지 않을 수도 있음을 의미한다.

원자적 기능의 분야에서 이 키워드는 필요하지 않으며 실제로 도움이 될 것 같지도 않다. 여러 CPU 코어와 이들의 캐시 간에 공유돼 있는 변수의 현재 값을 얻도록 보장하기 위해서는 하드웨어가 정확한 현재 값을 가져오도록 atomic_compare_exchange_strong 또는 atomic_fetch_add, atomic_exchange 같은 동작을 사용해야만 한다.

멀티스레드 코드의 경우, 적절한 동작을 보장하기 위해서는 volatile 키워드의 사용은 권장되지 않는다. 대신 원자적 기능을 사용하자.

▌ 요약

8장에서는 원자적 동작과 이들이 컴파일러에 통합돼 코드가 가능한 한 하부의 하드웨어와 긴밀하게 작동하도록 하는 방법을 살펴봤다. 독자 여러분은 이제 원자적 동작 유형과 메모리 장벽(펜스)의 사용, 다양한 유형의 메모리 순서 지정과 그 의미를 파악했을 것이다.

독자 여러분은 이제 락이 없는 설계를 하고 C++11 메모리 모델을 적절히 사용하기 위한 여러분의 코드에서 원자적 동작을 사용할 수 있을 것이다.

09

분산 컴퓨팅에서의 멀티스레딩

분산 컴퓨팅은 처음부터 멀티스레딩 프로그래밍의 한 응용 분야였다. 모든 개인 컴퓨터 가 단지 하나의 코어를 가진 단일 프로세서만 장착한 시절에도 정부와 연구소, 몇몇 기업 들은 클러스터 형식의 멀티프로세서 시스템을 가졌었다. 이들 시스템은 멀티스레드 처리 가 가능했다. 태스크를 프로세서에 걸쳐 분할해 시뮬레이션과 CGI 영화의 렌더링 같은 다양한 작업 속도를 개선시킬 수 있었다.

요즘은 거의 모든 데스크톱 수준 이상의 시스템은 하나 이상의 프로세서 코어를 가지며 저렴한 이더넷 연결을 사용해 여러 시스템을 하나의 클러스터로 구성하는 것은 손쉬운 일이 됐다. OpenMP와 MPI 같은 프레임워크와 결합해 C++ 기반 (멀티스레드) 애플리케 이션을 분산 시스템에서 실행하도록 확장하는 것은 매우 손쉬운 일이다.

9장에서 다루는 주제는 다음과 같다.

- 멀티스레드 C++ 애플리케이션에서 OpenMP와 MPI의 통합
- 분산 멀티스레드 애플리케이션의 구현
- 분산 멀티스레드 프로그래밍에서의 일반적인 애플리케이션과 문제점

▌ 분산 컴퓨팅이란

대규모의 데이터를 병렬로 처리할 때 데이터를 소규모로 분할하고 이를 여러 스레드에 할당해 데이터 처리에 소비되는 전체 시간을 상당히 줄일 수 있다면 이상적일 것이다.

분산 컴퓨팅의 개념은 다음과 같다. 즉, 분산 시스템의 각 노드에서 하나 이상의 애플리케이션 인스턴스가 실행한다면 이 애플리케이션은 단일 또는 멀티스레드로 실행 가능하다. 자원 공유 같은 가능한 다른 최적화와 더불어 프로세스 간의 통신 오버헤드로 인해 멀티스레드 애플리케이션을 사용하는 것이 일반적으로 더 효율적이다.

이미 멀티스레드 애플리케이션을 사용할 준비가 돼 있다면 바로 MPI를 사용해 애플리케이션이 분산 시스템에서 동작하도록 할 수 있다. 그렇지 않다면 OpenMP는 일종의 컴파일러 확장(C/C++와 포트란 용도)이다. 이를 이용해 애플리케이션을 재구성하지 않고서도 나름 쉽게 멀티스레드 가능하게 할 수 있다.

이를 위해 OpenMP는 공통 코드 세그먼트를 표시할 수 있게 하여 이들 코드가 모든 슬레이브slave 스레드에서 실행되도록 한다. 마스터master 스레드는 동일한 코드 세그먼트를 동시에 처리하는 다수의 슬레이브 스레드를 생성한다. 기본적인 OpenMP 애플리케이션의 헬로 월드 버전은 다음과 같다.

```
/**********************************************************************
****
* FILE: omp_hello.c
* DESCRIPTION:
*   OpenMP Example - Hello World - C/C++ Version
```

```
 *    In this simple example, the master thread forks a parallel region.
 *    All threads in the team obtain their unique thread number and print
it.
 *    The master thread only prints the total number of threads. Two OpenMP
 *    library routines are used to obtain the number of threads and each
 *    thread's number.
 * AUTHOR: Blaise Barney 5/99
 * LAST REVISED: 04/06/05
 ******************************************************************************
***/
#include <omp.h>
#include <stdio.h>
#include <stdlib.h>

int main (int argc, char *argv[]) {
    int nthreads, tid;

    /* Fork a team of threads giving them their own copies of variables */
#pragma omp parallel private(nthreads, tid) {
        /* Obtain thread number */
        tid = omp_get_thread_num();
        printf("Hello World from thread = %d\n", tid);

        /* Only master thread does this */
        if (tid == 0) {
                nthreads = omp_get_num_threads();
                printf("Number of threads = %d\n", nthreads);
                }
    } /* All threads join master thread and disband */
}
```

이 간단한 예제에서 OpenMP는 <omp.h> 헤더를 통해 C 기반의 API를 제공한다는 사실을 알 수 있다. 또한 #pragma omp 전처리기 매크로에 의해 표시된 섹션이 각각의 스레드에 의해 실행됨을 알 수도 있다.

이전 장들에서 살펴본 멀티스레드 코드 예제에 비해 OpenMP가 가지는 장점은 실제 코드를 변경하지 않고서도 멀티스레드가 될 수 있는 코드 섹션을 표시할 수 있다는 용이성이다. 이에 대한 분명한 제약은 모든 스레드 인스턴스가 동일한 코드를 실행하고 추가적인 최적화가 제한된다는 것이다.

MPI

특정 노드에 코드 실행을 스케줄하기 위해 메시지 전달 인터페이스$^{\text{MPI, Message Passing Interface}}$가 흔히 사용된다. Open MPI는 이에 대한 라이브러리 구현으로 자유롭게 이용 가능하며 다수의 상위 슈퍼컴퓨터에서 사용된다. MPICH는 또 다른 인기 있는 구현이다.

MPI 자체는 병렬 컴퓨터 프로그래밍을 위한 통신 프로토콜로 정의돼 있다. 현재 세 번째 개정안이 이뤄진 상태다(MPI-3).

요약하면 MPI는 다음과 같은 기본적 개념을 제공한다.

- **커뮤니케이터**^{Communicators}: 커뮤니케이터 객체는 MPI 세션 내의 프로세스 그룹을 연결한다. 또한 프로세스에 고유한 식별자를 할당하고 순서화된 토폴로지^{topology} 내에 프로세스를 정렬시킨다.

- **지점 간 동작**$^{\text{Point-to-point operations}}$: 특정 프로세스 간의 직접적인 통신을 가능하게 한다.

- **집합 함수**$^{\text{Collective functions}}$: 이들 함수는 프로세스 그룹 내에 브로드캐스팅 통신을 포함한다. 또한 그룹 내 모든 프로세스로부터 결과를 가져와 이를테면 단일 노드에서 그 결과를 합산하는 등의 반대 방식으로도 사용된다. 좀 더 선택적인 버전은 특정 데이터 항목이 특정 노드로 보내지도록 보장한다.

- **유도된 datatype**: MPI 클러스터 내의 모든 노드가 동일한 정의와 바이트 순서, 데이터 유형에 대한 해석을 갖도록 보장받지 못하기 때문에 MPI는 각 데이터 세그먼트의 유형을 지정해 MPI가 데이터 변환을 할 수 있어야 한다.

- **단방향 통신**^{One-sided communications}: 이들 동작은 원격 메모리로(/부터) 쓰거나 읽도록 해주며 또한 작업 간에 동기화가 필요 없이 여러 작업에 걸쳐 단축 동작 ^{reduction operation}을 수행하도록 해준다. 이것은 분산 행렬 곱셈 연산과 같은 특정 유형의 알고리즘에 유용하다.
- **동적 프로세스 관리**: 이것은 MPI 프로세스가 새로운 MPI 프로세서를 생성하거나 또는 새롭게 생성된 MPI 프로세스와 통신을 가능하도록 하는 기능이다.
- **병렬 I/O**: MPI-IO로도 부르는 이것은 MPI의 사용을 쉽게 하기 위해 분산 시스템에 대한 I/O 관리(파일 접근을 포함해)를 위한 추상 개념이다.

이들 중에 MPI-IO와 동적 프로세스 관리, 단방향 통신은 MPI-2 기능이다. MPI-1 기반 코드로부터의 전환, 일부 설정에 따른 동적 프로세스 관리의 비호환성, MPI-2 기능을 필요로 하지 않는 다수의 애플리케이션이 의미하는 바는 MPI-2의 채택이 상대적으로 느리게 진행되고 있음을 나타낸다.

구현

MPI의 초기 구현은 아르곤 국립 연구소^{Argonne National Laboratory}와 미시시피주립대학교에 의한 MPICH이었다. 이는 현재 가장 인기 있는 구현 중 하나이며 IBM(Blue Gene)과 인텔, QLogic, Cray, Myricom, 마이크로소프트, 오하이오주립대학교(MVAPICH) 등의 구현을 포함해 MPI 구현의 기본으로 사용된다.

또 다른 매우 일반적인 구현은 Open MPI로 다음의 세 가지 MPI 구현을 합친 형태다.

- FT-MPI(테네시대학교)
- LA-MPI(로스앨러모스 국립 연구소)
- LAM/MPI(인디애나대학교)

슈투트가르트대학교의 PACX-MPI 팀과 더불어 이들은 Open MPI 팀의 창립 멤버들이다. Open MPI의 주요 목표 중의 하나는 고품질의 오픈소스 MPI-3 구현을 만드는 것이다.

MPI 구현은 C와 Fortran을 지원해야 한다. 어셈블리 지원과 함께 C/C++, Fortran 지원은 그 밖의 다른 언어에 대한 바인딩과 함께 일반적인 것이다.

MPI 사용

어떤 구현을 선택하든 간에 최종 API는 항상 공식적인 MPI 표준과 일치하며 선택한 라이브러리가 지원하는 MPI 버전에 의해서만 차이가 난다. 모든 MPI-1(리비전 1.3) 기능은 모든 MPI 구현에서 지원돼야 한다.

이것은 MPI 용도의 정규 헬로 월드(예를 들어 MPI 강좌 사이트: http://mpitutorial.com/tutorials/mpi-hello-world/)는 선택한 라이브러리에 관계없이 동작함을 의미한다.

```
#include <mpi.h>
#include <stdio.h>

int main(int argc, char** argv) {
        // Initialize the MPI environment
        MPI_Init(NULL, NULL);

        // Get the number of processes
        int world_size;
        MPI_Comm_size(MPI_COMM_WORLD, &world_size);

        // Get the rank of the process
        int world_rank;
        MPI_Comm_rank(MPI_COMM_WORLD, &world_rank);

        // Get the name of the processor
        char processor_name[MPI_MAX_PROCESSOR_NAME];
        int name_len;
        MPI_Get_processor_name(processor_name, &name_len);

        // Print off a hello world message
```

```
        printf("Hello world from processor %s, rank %d"
                " out of %d processors\n",
                processor_name, world_rank, world_size);

        // Finalize the MPI environment.
        MPI_Finalize();
}
```

MPI 기반의 애플리케이션에 대한 이 기본 예제에서는 특히 MPI에서 사용되는 다음과 같은 용어에 익숙할 필요가 있다.

- **월드**World: 이 작업에 등록된 MPI 프로세스
- **커뮤니케이터**: 세션 내의 모든 MPI 프로세스를 연결하는 객체
- **랭크**Rank: 커뮤니케이터 내의 프로세스 식별자
- **프로세서**: 물리적 CPU 또는 멀티코어 CPU의 한 코어, 시스템의 호스트네임

헬로 월드 예제에서 `<mpi.h>` 헤더를 포함했다. MPI 헤더는 사용하는 구현에 관계없이 항상 동일하다.

MPI 환경을 초기화하기 위해 `MPI_Init()`를 한 번 호출해야 한다. 이 함수는 두 인자를 가지는데 이 시점에서는 선택 사양이다.

다음 단계는 월드의 크기(이용 가능한 프로세스의 개수를 의미한다)를 구해야 한다. 이는 `MPI_Comm_size()`를 사용해 이뤄진다. 이 함수는 첫 번째 인자로 `MPI_COMM_WORLD` 전역 변수(MPI에 의해 정의)를 가지며 해당 월드 내의 프로세스 개수로 두 번째 인자를 갱신한다.

구해진 랭크는 기본적으로 MPI에 의해 이 프로세스에 할당된 고유 ID이다. 이 UID는 `MPI_Comm_rank()`에 의해 구해진다. 이 함수는 첫 번째 인자로 `MPI_COMM_WORLD` 변수를 가지며 두 번째 인자를 통해 수치로 표현된 랭크를 반환한다. 이 랭크는 자가 식별과 프로세스 간의 통신에 유용하다.

실행 중인 특정 부분의 하드웨어 이름을 구하는 것도 유용한데 특히 진단 목적에서 그렇다. 이를 위해 MPI_Get_processor_name( ) 함수를 호출할 수 있다. 반환된 문자열은 전역적으로 정의된 최대 길이를 가지며 일정한 방식으로 하드웨어를 식별한다. 이 문자열의 정확한 형식은 구현에 따라 정의된다.

끝으로, 수집한 정보를 출력하고 애플리케이션을 종료하기 전에 MPI 환경을 정리한다.

MPI 애플리케이션의 컴파일

MPI 애플리케이션을 컴파일하기 위해 mpicc 컴파일러 래퍼가 사용된다. 이 실행 파일은 설치된 MPI 구현의 일부여야 한다.

하지만 이를 사용하는 방법은 GCC와 동일하다.

```
$ mpicc -o mpi_hello_world mpi_hello_world.c
```

이것을 다음의 것과 비교해보자.

```
$ gcc mpi_hello_world.c -lmsmpi -o mpi_hello_world
```

이 명령은 헬로 월드 예제를 컴파일하고 링크해 실행 가능한 바이너리로 만든다.

하지만 이 바이너리의 실행은 이를 직접 시작하는 것이 아니라 대신 다음과 같은 시작 프로그램이 사용된다.

```
$ mpiexec.exe -n 4 mpi_hello_world.exe
Hello world from processor Generic_PC, rank 0 out of 4 processors
Hello world from processor Generic_PC, rank 2 out of 4 processors
Hello world from processor Generic_PC, rank 1 out of 4 processors
Hello world from processor Generic_PC, rank 3 out of 4 processors
```

이 출력 결과는 윈도우 시스템의 Bash 셸에서 실행하는 Open MPI로부터 얻은 것이다. 보다시피 총 4개의 프로세스(4 랭크)를 시작한다. 프로세서 이름은 각 프로세스에 대한 호스트네임으로 보고된다("PC").

MPI 애플리케이션을 시작하는 바이너리는 mpiexec 또는 mpirun, orterun로 불린다. 모든 구현이 동일한 동의어를 갖진 않지만 이들은 동일한 바이너리에 대한 동의어다. Open MPI의 경우, 이들 세 바이너리 모두가 존재하고 이들 중 아무것이나 사용할 수 있다.

클러스터 하드웨어

MPI 기반이나 이와 유사한 애플리케이션이 실행하는 시스템은 각 시스템이 일종의 네트워크 인터페이스로 연결된 여러 독립 시스템(노드)으로 구성된다. 고급 애플리케이션의 경우, 이들 시스템은 고속의 낮은 지연 시간을 가지는 상호 연결이 된 커스텀 노드화가 이뤄지는 추세다. 스펙트럼의 다른 쪽 끝에는 표준(데스크톱) 컴퓨터로 만들어지고 일반 이더넷을 사용해 연결되는 소위 베오울프^{Beowulf}와 그 유사한 유형의 클러스터가 있다.

이 책의 집필 당시 (TOP 500 리스트에 따르면) 가장 빠른 슈퍼컴퓨터는 중국 우시에 있는 국립 슈퍼컴퓨터 센터의 선웨이 타이후 라이트^{Sunway Taihu Light}였다. 이것은 CPU당 256개의 코어(4개의 64-코어 그룹으로 분할)와 4개의 관리 코어를 포함해 중국에서 설계된 총 40,960개의 SW26010 manycore RISC 아키텍처 기반의 CPU를 사용한다. manycore 용어는 대부분의 CPU 코어에서 단일 스레드와 범용 목적에 중점을 둔 것과는 상반되는 명시적 병렬성에 중점을 둔 특수한 CPU 설계를 의미한다. 이 유형의 CPU는 일반적으로 GPU 아키텍처와 벡터 프로세서와 유사하다.

이들 각 노드는 32GB 크기의 DDR3 메모리를 가진 단일 SW26010를 포함한다. 이들은 3단계 계층으로 구성된 PCIe 3.0 기반의 네트워크로 연결된다. 즉, 중앙 스위치 네트워크(슈퍼노드 용도), 슈퍼노드 네트워크(슈퍼노드 내의 256개의 모든 노드를 연결), I/O와 그 밖

의 다른 자원 서비스에 대한 접근을 제공하는 자원 네트워크가 그것이다. 개별 노드 간의
이 네트워크 대역폭은 대략 1마이크로세컨드 정도의 지연 시간을 가지며 12GB/s이다.

다음 그림(출처: 선웨이 타이후 라이트 슈퍼컴퓨터: 시스템과 애플리케이션, DOI: 10.1007/
s11432-016-5588-7)은 이 시스템을 도식화한 것이다.

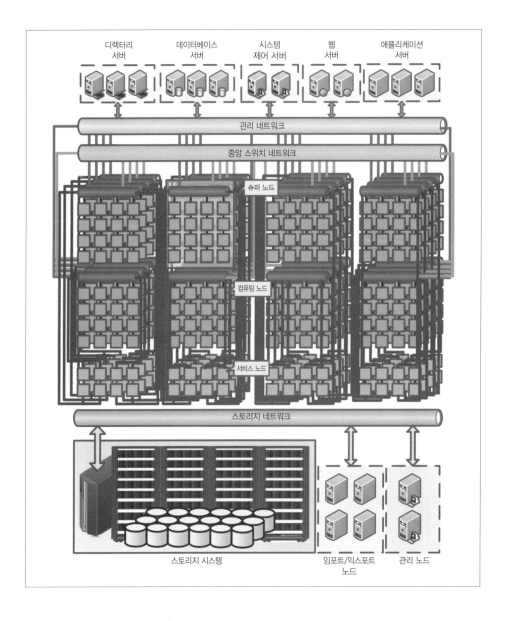

예산 문제로 인하여 정교하고도 고도로 맞춤화된 시스템을 갖출 수 없거나 특정 작업으로 인해 이런 접근법을 사용할 수 없는 경우 '베오울프' 접근법이 가능하다. 베오울프 클러스터는 일반 컴퓨터 시스템으로 구축된 분산 컴퓨팅 시스템을 가리키는 용어다. 이들은 인텔이나 AMD 기반의 x86 시스템으로 가능하며 현재는 ARM 기반의 프로세서가 대중화되고 있다.

클러스터 내의 각 노드를 다른 노드와 대략적으로 동일하게 만들면 일반적으로 도움이 된다. 비대칭 클러스터를 갖는 것도 가능하지만 각 노드에 대해 광범위한 가정을 할 수 있으면 관리와 작업 스케줄링이 훨씬 쉬워진다.

최소한 SSE2/3 그리고 AVX와 그 유사한 것과 같이 CPU 확장의 기본 수준으로 프로세서 아키텍처를 모든 노드에 걸쳐 공통적으로 일치시키는 편이 낫다. 이렇게 하면 노드 간에 컴파일된 동일한 바이너리와 동일한 알고리즘을 사용할 수 있으며 작업의 배치와 코드 기반의 유지 보수를 상당히 단순화할 수 있다.

노드 간 네트워크를 위해 좀 더 빠른 옵션에 대한 부분적인 비용만을 치르면서 수십 마이크로세컨드에서 수백 마이크로세컨드에 이르는 통신 시간을 제공하는 이더넷이 가장 대중적인 선택안이다. 일반적으로 다음 그림과 같이 각각의 노드는 단일 이더넷 네트워크에 연결된다.

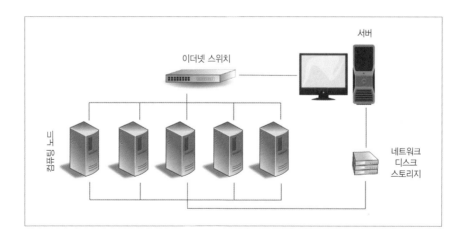

기본 네트워크 계층의 대역폭과 경쟁하지 않고도 파일과 I/O, 그 밖의 자원에 대한 접근을 제공하기 위해 각 노드나 특정 노드에 두 번째 또는 심지어 세 번째 이더넷 링크를 추가할 수 있는 옵션도 있다. 매우 큰 클러스터의 경우, 선웨이 타이후 라이트와 다른 여러 슈퍼컴퓨터와 함께 사용되는 접근법을 고려해볼 수 있다. 즉, 노드를 자신만의 노드 간 네트워크를 가지는 슈퍼노드로 분할할 수 있다. 이를 통해 연관된 노드로만 네트워크의 트래픽을 제한해 네트워크 트래픽을 최적화할 수 있다.

이런 최적화된 베오울프 클러스터의 한 예는 다음과 같다.

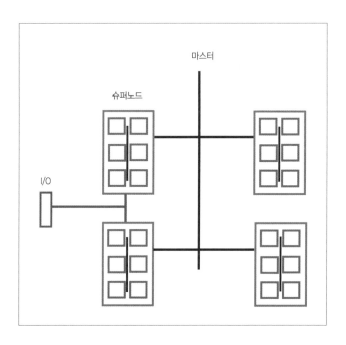

확실히 MPI 기반의 클러스터는 커스텀 또는 규격화된 구성, 이들 두 유형의 하드웨어를 조합한 형태로 광범위한 구성이 가능하다. 시뮬레이션 실행이나 대규모 데이터 세트의 처리 같이 클러스터의 용도에 따라 특정 클러스터에 대한 최적의 배치가 결정된다. 작업에 대한 유형에 따라 제약과 요건이 수반되며 이는 소프트웨어 구현에 또한 반영된다.

▮ Open MPI 설치하기

9장의 나머지 부분에서는 Open MPI에 집중할 것이다. Open MPI에 대한 개발 환경을 구축하려면 지원 도구와 바이너리를 포함해 헤더 파일과 라이브러리 파일을 설치해야 한다.

리눅스와 BSD

패키지 관리 시스템을 갖춘 리눅스와 BSD 배포판에서는 Open MPI의 설치는 매우 간단하여 Open MPI 패키지를 설치하기만 하면 모든 것이 설정되고 구성돼 사용할 준비가 갖춰진다. 특정 패키지를 찾아서 설치하는 방법을 보려면 해당 배포판의 매뉴얼을 참고하자.

데비안^{Debian} 기반의 배포판에서는 다음의 명령을 실행한다.

```
$ sudo apt-get install openmpi-bin openmpi-doc libopenmpi-dev
```

이 명령은 Open MPI 바이너리와, 문서, 개발 헤더를 설치한다. 마지막 두 패키지는 컴퓨팅 노드에서 생략할 수 있다.

윈도우

윈도우에서는 비주얼 C++와 수반되는 컴파일러 툴체인의 폭넓은 사용으로 인해 다소 복잡하다. MinGW를 사용해 리눅스나 BSD에서와 동일한 개발 환경을 사용하고자 한다면 몇몇 추가적인 조치를 취해야 한다.

9장에서는 GCC나 MinGW 중의 하나를 사용한다고 가정한다. 비주얼 스튜디오 환경을 사용해 MPI 애플리케이션을 개발하고자 한다면 관련 문서를 참고하자.

가장 사용하기 쉬운 가장 최신의 MinGW 환경은 MSYS2다. MSYS2는 리눅스와 BSD 환경에서 익숙한 대부분의 툴과 더불어 Bash 셸을 제공한다. 또한 이것은 리눅스 아치[Linux Arch] 배포판에서 알려진 팩맨[Pacman] 패키지 관리자를 제공한다. 이를 사용하면 Open MPI 개발에 필요한 패키지를 쉽게 설치할 수 있다.

https://msys2.github.io/에서 MSYS2 환경을 설치하고 MinGW 툴체인을 다음과 같이 설치한다.

```
$ pacman -S base-devel mingw-w64-x86_64-toolchain
```

이것은 64-비트 버전의 MSYS2가 설치됐다고 가정한 것이다. 32-비트 버전의 경우, x86_64 대신 i686을 사용하자. 이들 패키지를 설치하면 MinGW와 기본 개발 툴이 설치된다. 이들을 사용하기 위해 시작 메뉴의 바로 가기를 통해 이름에 MinGW 64-비트 접미어를 사용하거나 MSYS2 설치 폴더에서 실행 파일을 사용해 새로운 셸을 시작한다.

MinGW의 준비가 됐다면 MS-MPI 버전 7.x를 설치해야 한다. 이것은 MPI에 대한 마이크로소프트의 구현으로 윈도우에서 MPI를 가장 쉽게 사용할 수 있는 방법이다. 이것은 MPI-2 사양에 대한 구현으로 MPICH2 참조 구현과 거의 호환이 된다. MS-MPI 라이브러리는 버전 간에 호환이 되지 않아 여기서는 이 특정 버전을 사용한다.

MS-MPI 버전 7은 이미 문서로 보관돼 있지만 마이크로소프트 다운로드 센터 https://www.microsoft.com/en-us/download/details.aspx?id=49926에서 다운로드 가능하다.

MS-MPI 버전 7은 msmpisdk.msi와 MSMpiSetup.exe의 두 설치 파일을 가진다. 이들 둘 모두를 설치해야 한다. 이들을 설치하면 새로운 MSYS2 셸을 열 수 있고 다음의 환경 변수를 볼 수 있을 것이다.

```
$ printenv | grep "WIN\|MSMPI"
MSMPI_INC=D:\Dev\MicrosoftSDKs\MPI\Include\
```

```
MSMPI_LIB32=D:\Dev\MicrosoftSDKs\MPI\Lib\x86\
MSMPI_LIB64=D:\Dev\MicrosoftSDKs\MPI\Lib\x64\
WINDIR=C:\Windows
```

printenv 명령으로 인한 이 출력은 MS-MPI SDK와 런타임이 적절하게 설치됐음을 보여준다. 이제 다음과 같이 비주얼 C++ LIB 형식에서 MinGW A 형식으로 정적 라이브러리를 변환해야 한다.

```
$ mkdir ~/msmpi
$ cd ~/msmpi
$ cp "$MSMPI_LIB64/msmpi.lib" .
$ cp "$WINDIR/system32/msmpi.dll" .
$ gendef msmpi.dll
$ dlltool -d msmpi.def -D msmpi.dll -l libmsmpi.a
$ cp libmsmpi.a /mingw64/lib/.
```

먼저 원본 LIB 파일을 런타임 DLL과 함께 홈 폴더 내의 새로운 임시 폴더에 복사한다. 그 다음에 DLL을 새로운 형식으로 변환하는 데 필요한 새로운 정의를 만들기 위해 DLL에 gendef 툴을 사용한다.

이 마지막 단계는 dlltool로 이뤄진다. 이 툴은 정의 파일과 DLL을 이용해 MinGW와 호환이 되는 정적 라이브러리 파일을 출력한다. MinGW가 링크 작업을 수행할 때 찾을 수 있는 위치로 이 파일을 복사한다.

MPI 헤더도 다음과 같이 복사한다.

```
$ cp "$MSMPI_INC/mpi.h" .
```

이 헤더 파일을 복사하고서 이 파일을 열어서 다음과 같이 시작하는 부분을 찾는다.

```
typedef __int64 MPI_Aint
```

바로 이 라인 위에 다음과 같은 내용의 한 줄을 추가한다.

```
#include <stdint.h>
```

이것은 코드를 올바르게 컴파일하는데 필요한 __int64에 대한 정의를 추가한다.

끝으로, 헤더 파일을 MinGW의 include 폴더에 복사한다.

```
$ cp mpi.h /mingw64/include
```

이로써 MinGW에서 MPI 개발을 위한 모든 라이브러리와 헤더를 갖추게 돼 앞서 살펴본 헬로 월드 예제를 컴파일하여 실행하고 9장의 나머지 부분을 계속 진행할 수 있다.

▌ 노드 간의 작업 분산

MPI 작업을 클러스터 내의 노드로 분산시키기 위해 이들 노드를 mpirun/mpiexec 명령의 인자로 지정하거나 호스트 파일을 사용해야 한다. 이 호스트 파일은 호스트에서 이용 가능한 슬롯 개수와 더불어 실행에 사용할 수 있는 네트워크상의 노드 이름을 포함한다.

MPI 애플리케이션을 원격 노드에서 실행하기 위한 선결 요건은 MPI 런타임이 해당 노드에 설치돼 있어야 하고 암호가 없이 해당 노드에 대한 접근이 되도록 구성돼 있어야 한다. 이것은 마스터 노드에 SSH 키가 설치돼 있는 한 이들 각 노드에 로그인하여 MPI 애플리케이션을 이들 노드에서 실행할 수 있음을 의미한다.

MPI 노드 설정하기

노드에 MPI를 설치한 다음 단계는 마스터 노드에 대해 암호가 없는 SSH 접근이 되도록 설정하는 것이다. 이 작업을 하려면 SSH 서버가 해당 노드에 설치돼야 한다(데비안 기반의 배포판에서 ssh 패키지의 일부분). 이 작업 후에 SSH 키를 생성해 설치해야 한다.

이를 손쉽게 할 수 있는 한 방법은 마스터 노드와 그 외의 다른 노드에 공통 사용자를 두고서 NFS 네트워크 공유 등을 사용해 컴퓨팅 노드의 마스터 노드에 사용자 폴더를 탑재하는 것이다. 이 방식을 통해 모든 노드가 동일한 SSH 키와 알려진 호스트 파일을 갖게 된다. 이 접근법의 한 가지 단점은 보안성의 결여다. 인터넷에 연결된 클러스터의 경우, 이것은 그다지 좋은 접근법은 아니다.

하지만 동일한 사용자로 각 노드에 작업을 실행해 특히 파일과 그 밖의 자원을 사용할 때 발생할 수 있는 권한 문제를 방지하는 것은 분명히 좋은 생각이다. 각 노드에 생성된 공통 사용자 계정과 생성된 SSH 키가 있다면 다음의 명령을 사용해 공개 키를 노드로 전송할 수 있다.

```
$ ssh-copy-id mpiuser@node1
```

대안으로 공개 키를 설정하는 동안 노드 시스템의 authorized_keys 파일에 공개 키를 복사할 수 있다. 대규모의 노드를 생성하여 구성한다면, 이미지를 사용해 각 노드의 시스템 드라이브에 복사를 하거나, 설치 스크립트를 사용하거나, PEXE 부트를 통해 이미지로부터 부팅을 할 수 있다.

이 단계가 완료되면 마스터 노드는 작업을 실행하기 위해 각 컴퓨팅 노드에 로그인할 수 있다.

MPI 호스트 파일 생성하기

앞서 언급했듯이, 작업을 다른 노드에서 실행하기 위해 이들 노드를 지정해야 한다. 이를 위한 가장 손쉬운 방법은 선택적인 인자와 함께 사용하고자 하는 컴퓨팅 노드의 이름을 가지는 파일을 만드는 것이다.

IP 주소 대신에 노드의 이름을 사용하기 위해 먼저 운영체제의 호스트 파일을 수정해야 한다. 예를 들어 리눅스의 /etc/hosts인 경우는 다음과 같다.

```
192.168.0.1 master
192.168.0.2 node0
192.168.0.3 node1
```

그러고 나서 MPI와 함께 사용할 새로운 호스트 파일을 생성한다.

```
master
node0
node1
```

이런 구성을 통해 작업은 마스터 노드뿐만 아니라 컴퓨팅 노드에서도 실행된다. 이를 방지하기 위해 호스트 파일에서 마스터 노드를 제거할 수 있다.

선택 인자가 제공되지 않는다면 MPI 런타임은 해당 노드에서 이용 가능한 모든 프로세서를 사용한다. 원하는 경우 이 개수를 다음과 같이 제한할 수 있다.

```
node0 slots=2
node1 slots=4
```

두 노드 모두가 쿼드-코어 CPU라고 가정하면, 이 설정은 node0에서 절반의 코어만이 사용되며 node1에서는 모든 코어가 사용됨을 의미한다.

작업 실행하기

여러 MPI 노드에 걸쳐 MPI 작업을 실행하는 것은 9장의 앞부분에서 소개한 예제와 같이 로컬에서만 실행하는 것과 기본적으로 동일하다.

```
$ mpirun --hostfile my_hostfile hello_mpi_world
```

이 명령은 MPI 런처^{launcher}에 my_hostfile라고 부르는 호스트 파일을 사용하고 이 호스트 파일에 있는 각 노드의 각 프로세서에서 지정된 MPI 애플리케이션의 사본을 실행하도록 지시한다.

클러스터 스케줄러 사용하기

특정 노드에서 작업을 생성하고 시작하기 위해 수동 명령과 호스트 파일을 사용하는 것 외에도 클러스터 스케줄러 애플리케이션이 또한 존재한다. 이것은 일반적으로 각 노드뿐만 아니라 마스터 노드에서 데몬^{daemon} 프로세스를 실행하는 것과 관련이 있다. 제공된 툴을 사용해 자원 할당을 스케줄링하고 작업 상태를 추적하면서 자원과 작업을 관리할 수 있다.

가장 인기 있는 클러스터 관리 스케줄러 중의 하나는 SLURM^{Simple Linux Utility for Resource Management}(현재는 Slurm 작업 부하 관리자라고 부르며 웹사이트 https://slurm.schedmd.com/을 참고하자)이다. 이것은 슈퍼컴퓨터뿐만 아니라 여러 컴퓨터 클러스터에 의해 주로 사용된다. 주요 기능은 다음과 같다.

- 시간 슬롯을 사용해 특정 사용자에게 자원에 대한 독점적 또는 비독점적 접근을 허용한다.
- 하나의 노드 집합에 대해 MPI 기반 애플리케이션 같은 작업을 시작하고 감시한다.
- 공유 자원에 대한 경쟁을 중재하기 위해 미처리된 작업 큐를 관리한다.

클러스터 스케줄러의 설정은 기본 클러스터 운영에는 필요하지 않지만 대규모 클러스터인 경우 매우 유용하다. 특히 여러 작업을 동시에 실행하거나 클러스터에 작업을 실행하고자 하는 여러 사용자가 있을 경우가 그러하다.

▌ MPI 통신

이 시점에서 MPI 기반 애플리케이션(과 그 외의 것들)을 병렬로 실행하는 데 사용할 수 있는 MPI 클러스터를 갖게 됐다. 몇몇 작업의 경우 수십 또는 수백 개의 프로세스를 그 결과에 관계없이 병렬로 실행해 이들이 마치기를 기다리는 상황에서 이들 병렬 프로세스가 서로 통신할 수 있어야 한다는 것은 매우 중요한 사항이다.

이것이 바로 진정한 의미의 MPI가 (메시지 전달 인터페이스로) 역할을 하는 경우다. MPI 작업에 의해 생성된 계층 내에서 프로세스는 다양한 방식으로 통신하고 데이터를 공유할 수 있다. 가장 기본적으로 이들은 메시지를 공유하고 받을 수 있다.

MPI 메시지는 다음의 속성을 갖는다.

- 발신사
- 수신자
- 메시지 태그(ID)
- 메시지 항목 카운트
- MPI 데이터 유형

발신자와 수신자는 설명이 따로 필요 없을 것이다. 메시지 태그는 발신자가 설정하고 수신자가 메시지를 필터링하기 위해(예를 들어 특정 메시지를 우선순위화하는) 사용할 수 있는 숫자로 된 ID이다. 데이터 유형은 메시지에 포함된 정보의 유형을 결정한다.

발신과 수신 함수는 다음과 같다.

```
int MPI_Send(
        void* data,
        int count,
        MPI_Datatype datatype,
        int destination,
        int tag,
        MPI_Comm communicator)
```

```
int MPI_Recv(
        void* data,
        int count,
        MPI_Datatype datatype,
        int source,
        int tag,
        MPI_Comm communicator,
        MPI_Status* status)
```

여기서 주목할 흥미로운 점은 송신 함수의 count 인자는 보낼 항목의 개수를 나타내며
수신 함수의 count 인자는 이 스레드가 수신할 항목의 최대 개수를 나타낸다는 것이다.

communicator 인자는 사용중인 MPI 커뮤니케이터 인스턴스를 가리키며 수신 함수는
MPI 메시지의 상태를 검사하는 데 사용될 수 있는 마지막 인자를 가진다.

MPI 데이터 유형

MPI는 직접 사용할 수 있는 여러 기본 유형을 정의한다.

MPI 데이터 유형	C의 경우
MPI_SHORT	short int
MPI_INT	int
MPI_LONG	long int
MPI_LONG_LONG	long long int
MPI_UNSIGNED_CHAR	unsigned char
MPI_UNSIGNED_SHORT	unsigned short int
MPI_UNSIGNED	unsigned int
MPI_UNSIGNED_LONG	unsigned long int
MPI_UNSIGNED_LONG_LONG	unsigned long long int

MPI 데이터 유형	C의 경우
MPI_FLOAT	float
MPI_DOUBLE	double
MPI_LONG_DOUBLE	long double
MPI_BYTE	char

MPI는 엔디언endianness과 그 밖의 플랫폼 관련 문제와 관련 없이 이들 유형을 사용할 때 수신 측이 항상 기대한 대로 메시지 데이터를 받을 수 있다는 것을 보장한다.

커스텀 유형

이들 기본 형식 외에도 새로운 MPI 데이터 유형을 생성할 수 있다. 이들은 다음의 `MPI_Type_create_struct`를 포함한 여러 MPI 함수를 사용한다.

```
int MPI_Type_create_struct(
    int count,
    int array_of_blocklengths[],
        const MPI_Aint array_of_displacements[],
    const MPI_Datatype array_of_types[],
        MPI_Datatype *newtype)
```

이 함수를 이용해 기본 MPI 데이터 유형처럼 전달되는 구조체를 가지는 MPI 유형을 생성할 수 있다.

```
#include <cstdio>
#include <cstdlib>
#include <mpi.h>
#include <cstddef>

struct car {
```

```
        int shifts;
        int topSpeed;
};

int main(int argc, char **argv) {
        const int tag = 13;
        int size, rank;

        MPI_Init(&argc, &argv);
        MPI_Comm_size(MPI_COMM_WORLD, &size);

        if (size < 2) {
                fprintf(stderr,"Requires at least two processes.\n");
                MPI_Abort(MPI_COMM_WORLD, 1);
        }

        const int nitems = 2;
        int blocklengths[2] = {1,1};
MPI_Datatype types[2] = {MPI_INT, MPI_INT};
        MPI_Datatype mpi_car_type;
        MPI_Aint offsets[2];

        offsets[0] = offsetof(car, shifts);
        offsets[1] = offsetof(car, topSpeed);

        MPI_Type_create_struct(nitems, blocklengths, offsets, types,
&mpi_car_type);
        MPI_Type_commit(&mpi_car_type);

        MPI_Comm_rank(MPI_COMM_WORLD, &rank);
        if (rank == 0) {
                car send;
                send.shifts = 4;
                send.topSpeed = 100;

                const int dest = 1;
```

```
            MPI_Send(&send, 1, mpi_car_type, dest, tag, MPI_COMM_WORLD);

                    printf("Rank %d: sent structure car\n", rank);
        }
    if (rank == 1) {
                    MPI_Status status;
                    const int src = 0;

        car recv;

        MPI_Recv(&recv, 1, mpi_car_type, src, tag, MPI_COMM_WORLD,
&status);
        printf("Rank %d: Received: shifts = %d topSpeed = %d\n", rank,
recv.shifts, recv.topSpeed);
    }

    MPI_Type_free(&mpi_car_type);
    MPI_Finalize();

        return 0;
}
```

여기서 `mpi_car_type`이라는 새로운 MPI 데이터 유형을 정의하는 방법과 이것이 두 프로세스 간에 메시지를 보내는 방법을 살펴볼 수 있다. 이와 같은 struct 유형을 생성하기 위해 구조체의 항목 개수, 각 블록 내의 항목 수와 이들의 바이트 위치, 이들의 기본 MPI 유형을 정의해야 한다.

기본 통신

MPI 통신의 간단한 예로 한 프로세스에서 다른 프로세스로 한 값을 보내는 경우를 들 수 있다. 이를 위해 적어도 두 개의 프로세스를 시작하려면 다음에 나열한 코드를 사용해 컴파일된 바이너리를 실행해야 한다. 이들 프로세스가 로컬에서 실행하든 두 개의 다른 컴퓨팅 노드에서 실행하는가는 중요하지 않다.

다음 코드는 고맙게도 http://mpitutorial.com/tutorials/mpi−hello−world/에서 발췌한 것이다.

```c
#include <mpi.h>
#include <stdio.h>
#include <stdlib.h>

int main(int argc, char** argv) {
    // Initialize the MPI environment.
    MPI_Init(NULL, NULL);
    // Find out rank, size.
    int world_rank;
    MPI_Comm_rank(MPI_COMM_WORLD, &world_rank);
    int world_size;
    MPI_Comm_size(MPI_COMM_WORLD, &world_size);

    // We are assuming at least 2 processes for this task.
    if (world_size < 2) {
            fprintf(stderr, "World size must be greater than 1 for
%s.\n", argv[0]);
            MPI_Abort(MPI_COMM_WORLD, 1);
    }

    int number;
    if (world_rank == 0) {
            // If we are rank 0, set the number to -1 and send it to process
1.
                number = -1;
                MPI_Send(&number, 1, MPI_INT, 1, 0, MPI_COMM_WORLD);
}
else if (world_rank == 1) {
                MPI_Recv(&number, 1, MPI_INT, 0, 0,
                        MPI_COMM_WORLD,
```

```
                      MPI_STATUS_IGNORE);
            printf("Process 1 received number %d from process 0.\n",
number);
    }
    MPI_Finalize();
}
```

이 코드에는 크게 살펴볼 것은 없다. 일반적인 MPI 초기화 과정을 거친 후 world_size가 최소 두 개의 프로세스가 되는지를 검사한다.

랭크 0의 프로세스가 데이터 유형이 `MPI_INT`이고 그 값이 −1인 MPI 메시지를 보낸다. 랭크 1인 프로세스는 이 메시지를 수신하기를 대기한다. 수신 프로세스는 `MPI_Status` `MPI_STATUS_IGNORE`를 지정하여 메시지 상태의 검사를 수행하지 않음을 나타낸다. 이것은 유용한 최적화 기법이다.

최종적으로 예상된 출력은 다음과 같다.

```
$ mpirun -n 2 ./send_recv_demo
Process 1 received number -1 from process 0
```

여기서는 총 두 개의 프로세스로 이뤄진 컴파일된 데모 코드를 시작한다. 두 번째 프로세스가 첫 번째 프로세스로부터 올바른 값의 MPI 메시지를 받았음을 보여준다.

고급 통신

고급 MPI 통신의 경우, `MPI_Status` 필드를 사용해 메시지에 관한 추가적인 정보를 구한다. `MPI_Probe`를 사용해 `MPI_Recv`로 메시지를 수신하기 전에 메시지의 크기를 알 수 있다. 이것은 메시지의 크기를 미리 알 수 없는 경우에 유용하다.

브로드캐스팅

메시지를 브로드캐스팅한다는 것은 해당 월드 내의 모든 프로세스가 메시지를 수신할 것임을 의미한다. 이것은 송신 함수에 비해 브로드캐스트 함수를 단순화시켜준다.

```
int MPI_Bcast(
    void *buffer,
    int count,
    MPI_Datatype datatype,
        int root,
    MPI_Comm comm)
```

수신 프로세스는 간단하게 일반적인 **MPI_Recv** 함수를 사용한다. 브로드캐스트 함수의 역할은 단 하나의 네트워크 링크 대신 동시에 여러 네트워크 링크를 이용하는 알고리즘을 사용해 여러 메시지를 보내는 작업을 최적화하는 것이다.

분산과 수집

분산^{Scattering}은 각 메시지에 동일한 데이터를 보내는 대신 각 수신자에게 배열의 다른 부분을 보낸다는 매우 중요한 한 가지 차이점을 제외하면 메시지의 브로드캐스팅과 매우 유사하다. 이 함수의 정의는 다음과 같다.

```
int MPI_Scatter(
        void* send_data,
        int send_count,
        MPI_Datatype send_datatype,
        void* recv_data,
        int recv_count,
        MPI_Datatype recv_datatype,
        int root,
        MPI_Comm communicator)
```

각 수신 프로세스는 동일한 데이터 유형을 갖지만 개별 프로세스에 보낼 항목 수(send_count)를 지정할 수 있다. 이 함수는 송수신 양쪽 모두에서 사용한다. 단, 수신 쪽은 수신 데이터와 관련된 마지막 인자 몇몇을 정의해야 한다. 즉, 루트 프로세스의 월드 랭크와 연관 커뮤티케이터를 제공해야 한다.

수집^{Gathering}은 분산의 반대 개념이다. 수집에서는 여러 프로세스가 최종적으로 한 프로세스로 수신될 데이터를 보낸다. 이때 데이터를 보내는 프로세스의 랭크에 따라 이 데이터는 정렬이 된다. 이 함수의 정의는 다음과 같다.

```
int MPI_Gather(
        void* send_data,
        int send_count,
        MPI_Datatype send_datatype,
        void* recv_data,
        int recv_count,
        MPI_Datatype recv_datatype,
        int root,
        MPI_Comm communicator)
```

이 함수는 분산 함수와 매우 유사함을 눈치챘을 것이다. 이것은 이 함수가 기본적으로 동일한 방식으로 동작하기 때문이다. 이 함수에서는 수신 프로세스는 수신 데이터와 관련된 인자를 채우고 송신 노드는 송신 데이터와 관련된 인자를 채워야 한다.

recv_count 인자는 전체 크기가 아닌 각 송신 프로세스로부터 수신하는 데이터의 양과 관련이 있음에 주목하자.

이들 두 함수에 대한 추가적인 사항이 존재하지만 여기서는 다루지 않는다.

▌ MPI 대 스레드

각 클러스터 노드의 한 CPU에 하나의 MPI 애플리케이션 인스턴스를 할당하기 위해 MPI를 사용하는 것이 가장 쉬운 방법이라고 여길 수도 있다. 그리고 이것은 사실이기도 하다. 하지만 이것이 가장 빠른 해결책은 아닐 수도 있다.

네트워크 MPI에 걸친 프로세스 간의 통신이 이런 경우 최선의 선택일 수도 있지만, 멀티스레딩을 사용하는 단일 시스템(단일 또는 멀티-CPU 시스템) 내에서도 많은 의미가 있다.

이에 대한 주요 이유는 특히, MPI 같은 일반화된 통신 계층을 사용할 때 스레드 간의 통신이 프로세스 간의 통신보다 월등히 빠르다는 것이다.

클러스터 네트워크 간의 통신을 위해 MPI를 사용하는 애플리케이션을 작성할 경우가 있는데 이때 각 MPI 노드에 하나의 애플리케이션 인스턴스를 할당해야 한다고 생각해보자. 애플리케이션은 시스템의 CPU 코어 수를 탐지하여 각 코어마다 하나의 스레드를 생성한다. 흔히 말하는 하이브리드 MPI는 자신이 제공하는 다음과 같은 이점 덕분에 이 경우 흔히 사용된다.

- **더 빠른 통신** – 스레드 간의 빠른 통신 사용
- **더 적은 MPI 메시지** – 더 적은 메시지는 대역폭과 지연 시간의 감소를 의미한다.
- **데이터 중복 방지** – 동일한 메시지를 일련의 프로세스에 보내지 않고 스레드 간에 데이터를 공유할 수 있다.

이에 대한 구현은 C++11과 그 후속 버전의 멀티스레딩 기능을 사용해 이전 장들에서 살펴본 방식으로 가능하다. 또 다른 대안은 9장 맨 처음에서 살펴본 OpenMP를 사용하는 것이다.

OpenMP를 사용하는 명확한 이점은 개발자의 작업 부담이 거의 없다는 것이다. 동일한 루틴을 실행하는 좀 더 많은 인스턴스를 확보하는 경우라면 작업자 스레드에 사용될 코드를 표시하기 위한 부분적 변경만 필요하다.

예를 들면,

```c
#include <stdio.h>
#include <mpi.h>
#include <omp.h>

int main(int argc, char *argv[]) {
    int numprocs, rank, len;
    char procname[MPI_MAX_PROCESSOR_NAME];
    int tnum = 0, tc = 1;

    MPI_Init(&argc, &argv);
    MPI_Comm_size(MPI_COMM_WORLD, &numprocs);
    MPI_Comm_rank(MPI_COMM_WORLD, &rank);
    MPI_Get_processor_name(procname, &len);

    #pragma omp parallel default(shared) private(tnum, tc) {
        np = omp_get_num_threads();
        tnum = omp_get_thread_num();
        printf("Thread %d out of %d from process %d out of %d on %s\n",
        tnum, tc, rank, numprocs, procname);
    }

MPI_Finalize();
}
```

이전 코드는 OpenMP 애플리케이션과 MPI를 결합한 것이다. 다음과 같은 방법으로 이 코드를 컴파일할 수 있다.

```
$ mpicc -openmp hellohybrid.c -o hellohybrid
```

이제 mpirun 등을 사용해 다음과 같이 애플리케이션을 실행하자.

```
$ export OMP_NUM_THREADS=8
$ mpirun -np 2 --hostfile my_hostfile -x OMP_NUM_THREADS ./hellohybrid
```

mpirun 명령은 -x 플래그로서 익스포트한 환경 변수를 각각의 새로운 프로세스에 전달하면서 hellohybrid 바이너리를 사용해 두 개의 MPI 프로세스를 실행한다. 이 변수에 저장된 값은 해당 개수만큼의 스레드를 생성하기 위해 OpenMP 런타임에 의해 사용된다.

MPI 호스트 파일에 적어도 두 개의 MPI 노드가 있고, 두 노드에 걸쳐 각각 8개의 스레드를 실행하는 두 개의 MPI 프로세스가 있다고 가정하면 이것은 하이퍼-스레딩을 갖춘 쿼드-코어 CPU나 옥토-코어$^{octo-core}$ CPU에 적합한 경우다.

▌ 잠재적 문제

MPI 기반의 애플리케이션을 작성하고 이들을 멀티-코어 CPU나 클러스터에서 실행하는 경우에 직면할 수 있는 문제는 이전 장들의 멀티스레드 코드에서 본 것과 매우 흡사하다.

하지만 MPI에서 추가적인 걱정은 네트워크 자원의 가용성에 의존한다는 것이다. MPI_Send 호출에 사용되는 송신 버퍼는 네트워크 스택이 이 버퍼를 처리할 때까지 회수될 수 없고 또한 이 호출은 블록^{blocking} 유형이기 때문에 작은 메시지를 많이 보내면 하나의 프로세스가 다른 프로세스를 대기하는 상황을 만들고 이들 다른 프로세스는 이 호출이 끝나기를 대기할 수도 있다.

이 유형의 데드락은 MPI 애플리케이션의 메시지 구조를 설계할 때 유념해야 할 사항이다. 예를 들어 데드락 상황으로 이어질 수 있는 송신 호출을 한 방향에만 계속 누적되지 않도록 보장할 수 있다. 큐의 깊이 등에 대한 피드백 메시지를 제공하는 방식으로 압박 정도를 완화할 수 있다.

또한 MPI는 장벽으로 부르는 동기화 메커니즘을 가진다. 이것은 MPI 프로세스가 태스크를 동기화할 수 있도록 MPI 프로세스 간에 사용하도록 한 것이다. MPI 장벽^{MPI_Barrier} 호출을 사용하는 것은 MPI 프로세스가 동기화되지 않으면 모든 것이 이 상황에서 멈춰버린다^{hang}는 점에서 뮤텍스와 유사한 문제의 소지가 있다.

▌ 요약

9장에서 MPI 표준과 다수의 MPI 구현(특히 OpenMPI)를 자세히 살펴봤고 클러스터 설정 방법에 대해서도 알아봤다. 또한 OpenMPI를 사용해 기존 코드에 멀티스레딩을 손쉽게 추가하는 방법도 살펴봤다.

이제 독자 여러분은 기본 베오울프와 그 유사한 클러스터를 설정할 수 있으며 이를 MPI 용도로 구성해 기본 MPI 애플리케이션을 실행할 수 있다. MPI 프로세스 간의 통신 방법과 커스텀 데이터 유형을 정의하는 방법을 숙지했을 것이다. 또한 MPI 프로그래밍 시에 잠재적 문제도 인식했을 것이다.

10장에서는 이전 장들에서의 모든 지식을 동원해 이를 조합하는 방법을 알아보고 비디오 카드의 범용 계산 능력(GPGPU)을 살펴볼 것이다.

10

GPGPU에서의 멀티스레딩

최근 개발 작업에서는 비디오 카드(GPU)를 사용해 범용 계산(GPGPU)을 수행한다. CUDA와 OpenCL 같은 프레임워크를 사용해 의학과 군사용, 과학 애플리케이션에서 병렬로 대규모 데이터 세트를 처리해 그 속도를 향상시킬 수 있다. 10장에서는 C++와 OpenCL로 이를 진행하고 이런 기능을 C++ 멀티스레드 애플리케이션에 통합하는 방법을 알아본다.

10장에서는 다음 주제를 다룬다.

- C++ 기반의 애플리케이션에 OpenCL 통합하기
- 멀티스레드 방식으로 OpenCL을 사용하는 데 따른 난관들
- 멀티스레드 성능에서 지연 시간과 스케줄링의 영향

GPGPU 처리 모델

9장, '분산 컴퓨팅에서의 멀티스레딩'에서 클러스터 시스템 내의 여러 컴퓨터 노드에서 동일한 태스크를 실행하는 것을 살펴봤다. 이 구성의 주요 목표는 이론적으로 더 적은 CPU 코어를 가진 단일 시스템에 비해 처리 속도가 향상되는 고도의 병렬 방식으로 데이터를 처리하는 것이다.

그래픽 처리 유닛에서의 범용 계산GPGPU, General Purpose Computing on Graphics Processing Units은 어느 정도 이와 유사하지만 한 가지 주요 차이점을 가진다. 일반 CPU만을 가진 컴퓨터 클러스터는 하나의 데이터 세트에 하나의 작업(SISD)을 수행하는 스칼라 작업은 잘 처리하는 반면 GPU는 단일 입력, 다중 출력SIMD, Single Input Multiple Data에서 탁월한 벡터 프로세서다.

기본적으로 이는 단일 작업 설명서와 더불어 대규모의 데이터 세트를 GPU에 보내면 GPU는 수백 또는 수천 개의 코어에서 병렬로 이 데이터의 각 부분에 대해 동일한 작업을 수행할 수 있음을 의미한다. 따라서 GPU를 매우 특수한 클러스터의 한 종류로 간주할 수 있다.

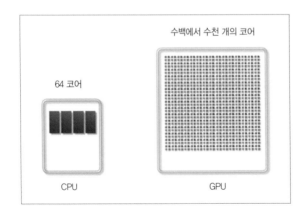

구현

2001년경 GPGPU의 개념이 처음 만들어졌을 때 GPGPU 프로그램을 작성하는 가장 일반적인 방법은 OpenGL 셰이딩 언어^{GLSL, OpenGL Shading Language}와 그 유사한 셰이더 언어를 사용하는 것이었다. 이들 셰이더 언어는 SIMD 작업(이미지와 영상 데이터) 처리를 목표로 하고 있었기 때문에 좀 더 일반적인 작업 용도로 이들을 채택하는 것은 꽤나 쉬웠다.

그 당시 이후로 다음과 같은 더 많은 특수한 구현이 만들어졌다.

이름	시작 연도	소유자	참고
CUDA	2006	NVidia	소유권이 존재하며 NVidia GPU에서만 실행한다.
클로즈 투 메탈 (Close to Metal)	2006	ATi/AMD	OpenCL로 대체하고 폐기됐다.
DirectCompute	2008	마이크로소프트	DX11과 함께 출시돼 DX10 GPU에서 실행하며 윈도우 플랫폼으로 제한된다.
OpenCL	2009	Khronos 그룹	개방형 표준으로 모바일 플랫폼뿐만 아니라 모든 주류 플랫폼의 AMD, 인텔, NVidia GPU에서 사용할 수 있다.

OpenCL

현재 다양한 GPGPU 구현 중에서 OpenCL은 제약이 없어서 가장 흥미로운 GPGPU API이다. 사실상 모든 주류 GPU와 플랫폼에서 사용 가능하며 심지어 일부 모바일 플랫폼도 지원한다.

OpenCL의 또 다른 특별한 기능은 GPGPU에만 국한되지 않는다는 것이다. 그 이름(개방형 컴퓨팅 언어^{Open Computing Language})처럼 OpenCL은 시스템을 자신만의 능력을 가지는 컴퓨터 장치로 추상화한다. GPGPU는 가장 일반적인 애플리케이션이지만 이 기능을 통해 CPU에 먼저 구현해 쉽게 테스트할 수 있어 디버깅이 용이해진다.

OpenCL의 한 가지 단점은 메모리와 하드웨어 세부 사항에 대한 고수준의 추상적 개념을 채택한다는 것이다. 이것은 코드의 이식성은 증가시키지만 성능에는 부정적 영향을 미칠 수 있다.

10장의 나머지 부분에서는 OpenCL에 중점을 둔다.

일반적인 OpenCL 애플리케이션

많은 프로그램이 동작의 속도 개선을 위해 OpenCL 기반의 코드를 통합한다. 이들로는 그래픽 처리뿐만 아니라 3D 모델링, CAD, 오디오와 비디오 처리를 하는 프로그램들이 해당한다. 다음은 그 예다.

- Adobe Photoshop
- GIMP
- ImageMagick
- Autodesk Maya
- Blender
- Handbrake
- Vegas Pro
- OpenCV
- Libav
- Final Cut Pro
- FFmpeg

LibreOffice Calc와 마이크로소프트 엑셀을 포함해 특정 작업을 도와주는 사무 애플리케이션도 있다.

아마도 더욱 중요한 것은 OpenCL이 BOINC과 GROMACS뿐만 아니라 많은 그 외의 라이브러리와 프로그램을 포함해 과학적 계산과 암호화에도 널리 사용된다는 것이다.

OpenCL 버전

2008년 12월 8일 OpenCL 사양이 발표된 이래로 지금까지 다섯 번의 업데이트가 있었으며 현재 버전 2.2까지 진행됐다. 다음은 이들 각 버전에 대한 중요한 변경 사항을 설명한다.

OpenCL 1.0

최초의 공개적 배포는 2009년 8월 28일 macOS X Snow Leopard 출시의 일부로 애플에 의해 이뤄졌다.

이 배포와 동시에 AMD는 OpenCL을 지원하고 자사의 클로즈 투 메탈^{CtM} 프레임워크를 폐기한다고 발표했다. 또한 NVidia와 RapidMind, IBM 역시 자신들의 프레임워크에 OpenCL 지원을 추가했다.

OpenCL 1.1

OpenCL 1.1 사양은 2010년 6월 14일 크로노스^{Khronos} 그룹에 의해 승인됐다. 여기서는 다음과 같은 병렬 프로그래밍과 성능을 위한 기능이 추가됐다.

- 3-컴포넌트와 추가적인 이미지 형식을 포함하는 새로운 데이터 유형
- 여러 호스트 스레드로부터의 명령 처리와 여러 장치에 걸친 버퍼의 처리
- 읽기와 쓰기 그리고 1D 또는 2D, 3D 직사각형 영역 복사를 포함하는 버퍼 영역에 대한 동작
- 명령 실행을 구동하고 제어하기 위한 이벤트의 향상된 사용
- 정수 클램프^{clamp}와 셔플^{shuffle}, 비동기-스트라이드^{strided}(연속적이지는 않고 데이터 간에 간격이 있는) 복사본과 같은 추가적인 OpenCL 내장 C 함수
- OpenCL과 OpenGL 이벤트를 연결하여 이미지와 버퍼를 효율적으로 공유함으로로 개선된 OpenGL 상호 운용성

OpenCL 1.2

2011년 11월 15일 발표된 OpenCL 1.2 버전은 다음과 같은 주요 특징을 가진다.

- **장치 분할**: 이 기능을 통해 애플리케이션은 장치를 하위 장치로 분할해 특정 컴퓨팅 단위에 작업 할당하는 것을 직접 제어하거나 높은 우선순위/지연 시간에 민감한 작업 용도로 장치의 일부를 예약하거나 캐시 같은 공유 하드웨어 자원을 효율적으로 사용할 수 있다.

- **객체에 대한 분리된 컴파일과 링크**: 다른 프로그램이 링크할 수 있는 OpenCL 프로그램 라이브러리 생성을 가능하게 하는 전통적인 컴파일러의 기능과 유연성을 제공한다.

- **향상된 이미지 지원**: 1D 이미지와 1D & 2D 이미지 배열에 내한 지원이 추가됐다. 또한 OpenGL 공유 확장 기능을 통해 OpenGL 1D 텍스처와 1D & 2D 텍스처 배열로부터 OpenCL 이미지를 생성할 수 있다.

- **내장된 커널**: 비디오 인코더/디코더 그리고 디지털 신호 프로세서 같은 특수하거나 또는 프로그램이 불가능한 하드웨어와 관련 펌웨어의 특성을 나타내며 이런 사용자 정의 장치를 OpenCL 프레임워크에서 구동하고 긴밀하게 통합할 수 있게 해준다.

- **DX9 미디어 서피스 공유**: OpenCL과 DirectX 9 또는 DXVA 미디어 서피스surface 간의 효율적 공유가 가능하다.

- **DX11 서피스 공유**: OpenCL과 DirectX 11 서피스 간의 완벽한 공유

OpenCL 2.0

2013년 11월 18일 발표됐다. 이 버전에서는 다음과 같은 중요한 변경과 추가 사항이 있다.

- **공유 가상 메모리**: 호스트와 장치 커널은 트리와 링크드 리스트 같은 복잡하며 포인터가 포함된 데이터 구조체를 직접 공유할 수 있다. 이 기능은 상당한 프로그

래밍 유연성을 제공하고 호스트와 장치 간의 값비싼 데이터 전송이 필요 없도록 했다.

- **동적 병렬성**: 장치 커널은 호스트와 상호 작용없이 동일한 장치에 커널을 큐잉 enqueue할 수 있으므로 유연한 작업 스케줄링 패러다임이 가능하고 장치와 호스트 간의 실행 제어와 데이터 전송을 할 필요가 없으며 종종 호스트 프로세서의 병목 현상을 상당히 분산시킨다.

- **일반 주소 공간**: 함수는 인자에 대한 명명된 주소 공간을 지정하지 않고서도 작성될 수 있는데 특히 어떤 유형에 대한 포인터로 선언되는 인자에 유용하다. 이로써 애플리케이션 내에서 사용되는 각각의 명명된 주소 공간에 대해 여러 함수를 작성할 필요가 없다.

- **이미지**: sRGB 이미지와 3D 이미지 쓰기, 커널이 동일한 이미지를 읽고 쓰는 기능, 개선된 OpenGL interop을 위해 밉-매핑mip-mapped되거나 다중 샘플링된 OpenGL 텍스처로부터 OpenCL 이미지 생성 기능을 포함한 개선된 이미지 지원

- **C11 원자적 요소**: 한 장치에서 실행하는 작업 그룹 간에 또는 OpenCL 장치와 호스트 간의 데이터 공유를 위해 한 작업 항목의 할당을 작업 그룹의 다른 작업 항목에 보이도록 하는 C11 원자적 요소와 동기화 작업의 하위 집합이다.

- **파이프**: FIFO로 구성된 데이터를 저장하는 메모리 객체이며 OpenCL 2.0은 커널이 파이프에서 읽고 쓸 수 있는 내장 함수를 제공한다. 이를 통해 OpenCL 구현자에 의해 고도로 최적화될 수 있는 파이프 데이터 구조에 대한 단순한 프로그래밍이 가능하다.

- **안드로이드 설치 가능 클라이언트 드라이버 확장**: 안드로이드 시스템에서 OpenCL 구현을 찾아서 공유 객체로 로드될 수 있게 한다.

OpenCL 2.1

2.0 표준의 개정안인 OpenCL 2.1은 2015년 11월 16일 배포됐다. 이 버전에서 가장 주목할 사항은 OpenCL C++ 커널 언어의 도입이다. OpenCL 언어가 원래 C 언어 확장을

기반으로 한 것처럼 이 C++ 버전은 C 커널 언어에 대한 하위 호환성을 제공하는 C++14의 하위 집합을 기반으로 한다.

OpenCL API에는 다음과 같은 업데이트가 이뤄졌다.

- **서브그룹**: 이를 통해 향상된 유연성을 위한 추가적인 서브그룹 질의 동작과 더불어 현재는 코어 내의 기능이 된 하드웨어 스레딩에 대한 더욱 정교한 제어가 가능하다.
- **커널 객체와 상태의 복사**: clCloneKernel은 래퍼wrapper 클래스 내의 복사 생성자의 안전한 구현을 위해 커널 객체와 상태의 복사를 가능하게 한다.
- **저지연 장치 타이머 질의**timer queries: 이를 통해 장치와 호스트 코드 간의 프로파일링 데이터의 정렬이 가능하다.
- **런타임을 위한 중간 SPIR-V 코드**:
  - 툴체인에서 LLVM와 SPIR-V, 이들 둘 모두의 중간 언어를 유연하게 사용하기 위한 이들 간의 양방향 변환기
  - 위에 언급한 변환기를 통해 SPIR-V를 생성하는 LLVM 컴파일러에 대한 OpenCL C
  - SPIR-V 어셈블러와 디스어셈블러

표준 이식 가능한 중간 표현 형식SPIR, Standard Portable Intermediate Representation과 그 후속물인 SPIR-V는 OpenCL 장치 간에 사용하기 위한 장치 독립적인 바이너리를 제공하는 한 방편이다.

OpenCL 2.2

2017년 5월 16일 현재 OpenCL의 현재 버전이 배포됐다. Khronos 그룹에 따르면 다음과 같은 변경이 포함됐다.

- 상당히 개선된 병렬 프로그래밍 생산성을 위해 OpenCL C++ 커널 언어를 핵심 사양으로 채택했다.

- OpenCL C++ 커널 언어는 C++14 표준의 정적 하위 집합이며 클래스와 템프릿, 람다 식Lambda expressions, 함수 오버로드, 그 외의 일반 및 메타 프로그래밍을 위한 여러 구문을 포함한다.
- OpenCL C++ 커널 언어를 완벽하게 지원하는 새로운 Khronos SPIR-V 1.1 중간 언어의 활용
- OpenCL 라이브러리 함수는 원자적 요소와 반복자iterators, 이미지 샘플러, 파이프, 내장 유형의 장치 큐와 주소 공간 등의 기능을 접근하는 동안 이제 향상된 안전성과 정의되지 않은 행위를 감소시키기 위해 C++ 언어의 장점을 활용할 수 있다.
- 파이프 스토리지는 OpenCL 2.2에서 장치 쪽의 새로운 유형이다. 이것은 연결 크기와 유형을 컴파일 시점에 알 수 있어서 커널 간에 효율적인 장치 범위device-scope 통신을 가능하게 함으로 FPGA 구현에 유용하다.
- OpenCL 2.2에는 또한 생성 코드의 향상된 최적화 기능이 포함돼 있다. 애플리케이션은 SPIR-V 컴파일 시점에 특수한 상숫값을 제공할 수 있으며, 새로운 질의 기능은 프로그램 범위의 전역 객체에 대한 중요하지 않은 생성자와 소멸자를 탐지할 수 있고, 프로그램 해제release 시점에 유저 콜백을 설정할 수 있다.
- 모든 OpenCL 2.0 가능 하드웨어에서 실행한다(드라이버 업데이트만 필요하다).

▌ 개발 환경 설정

소유한 플랫폼과 GPU에 관계없이 OpenCL 개발 시 가장 중요한 부분은 해당 제조사로부터 자신의 GPU에 맞는 OpenCL 런타임을 구하는 것이다. AMD와 Intel, NVidia는 모든 주류 플랫폼에 대해 SDK를 제공한다. NVidia의 경우, OpenCL 지원은 CUDA SDK에 존재한다.

GPU 제조사의 SDK와 함께 해당 웹사이트에서 SDK가 지원하는 GPU의 세부 정보를 얻을 수 있다.

리눅스

제공된 지침서를 이용해 제조사의 GPGPU SDK를 설치한 이후에 OpenCL 헤더를 다운로드해야 한다. 제조사에 의해 제공되는 공유 라이브러리와 런타임 파일과 달리 이들 헤더는 일반적이며 모든 OpenCL 구현에서도 동작한다.

데비안 기반의 배포판의 경우, 다음 명령행을 실행하면 된다.

```
$ sudo apt-get install opencl-headers
```

다른 배포판의 경우 패키지 이름은 같을 수도 다를 수도 있다. 패키지 이름을 알아보려면 해당 배포판의 매뉴얼을 참고하자.

SDK와 OpenCL 헤더를 설치했다면 이제 첫 번째 OpenCL 애플리케이션을 컴파일할 준비가 된 것이다.

윈도우

윈도우에서는 비주얼 스튜디오(Visual C++)나 GCC의 윈도우 포트(MinGW)를 이용해 개발할 수 있다. 리눅스 버전과 일관성을 유지하기 위해 MSYS2와 더불어 MinGW를 사용하기로 한다. 이것은 Pacman 패키지 관리자와 더불어 동일한 컴파일러 툴체인과 Bash 셸, 유틸리티를 가진다는 것을 의미한다.

제조사의 GPGPU SDK를 설치했다면 앞서 언급한 것처럼 OpenCL 헤더를 설치하기 위해 MSYS2 셸에서 다음의 명령행을 실행하자.

```
$ pacman -S mingw64/mingw-w64-x86_64-opencl-headers
```

또는, 32-비트 버전의 MinGW을 사용한다면 다음의 명령행을 실행하자.

```
mingw32/mingw-w64-i686-opencl-headers
```

이로써 OpenCL 헤더는 설치됐다. 이제 MinGW 링커가 OpenCL 라이브러리를 찾을 수 있도록 해야 한다. NVidia CUDA SDK의 경우 이를 위해 CUDA_PATH 환경 변수를 사용할 수도 있으며 또는 SDK의 설치 위치를 찾아서 32-비트와 64-비트 파일이 섞이지 않도록 주의하면서 적절한 OpenCL LIB 파일을 MinGW lib 폴더로 복사한다.

공유 라이브러리가 이제 그 자리에 올바르게 위치했으므로 OpenCL 애플리케이션을 컴파일할 수 있다.

OS X/MacOS

OS X 10.7부터 OpenCL 런타임은 OS에서 제공된다. 개발 헤더와 라이브러리를 위해 XCode를 설치한 이후에 OpenCL 개발을 바로 시작할 수 있다.

▌ 기본 OpenCL 애플리케이션

GPGPU 애플리케이션의 일반적 예는 고속 푸리에 변환FFT, Fast Fourier Transform을 계산하는 애플리케이션을 들 수 있다. 이 알고리즘은 일반적으로 오디오 처리 등에 이용되며 분석을 위해 시간 도메인에서 주파수 도메인으로 변환할 수 있다.

이 알고리즘은 이산 푸리에 변환DFT, Discrete Fourier Transform을 계산하기 위해 데이터 세트에 분할 정복divide and conquer 접근법을 적용한다. 이 접근법은 입력 시퀀스를 고정된 작은 수의 작은 시퀀스로 분할해 이들의 DFT를 계산하고서 최종 시퀀스를 구성하기 위해 이들 결과를 조합한다.

이는 상당히 고급 수학이지만 고도의 병렬 알고리즘을 가지므로 GPGPU에 이상적이라는 것만 밝혀 둔다. 즉, 다음 그림에서 보듯이 DFT의 계산 속도를 높이기 위해 데이터를 작은 단위로 분할하는 방식을 채택한다.

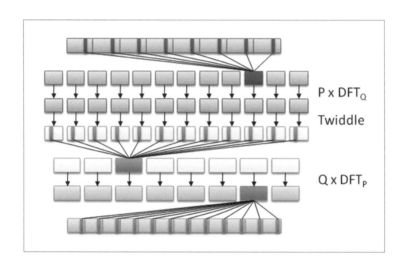

각 OpenCL 애플리케이션은 적어도 두 부분으로 구성된다. 즉, OpenCL 인스턴스를 설정하고 구성하는 C++ 코드와 커널로 알려진 실제 OpenCL 코드(위키피디아의 FFT 데모 예제에 기반을 둔 다음과 같은 예제처럼)이다.

```
// This kernel computes FFT of length 1024.
// The 1024 length FFT is decomposed into calls to a radix 16 function,
// another radix 16 function and then a radix 4 function
__kernel void fft1D_1024 (__global float2 *in,
                  __global float2 *out,
                  __local float *sMemx,
                  __local float *sMemy) {
      int tid = get_local_id(0);
```

```
        int blockIdx = get_group_id(0) * 1024 + tid;
        float2 data[16];

        // starting index of data to/from global memory
        in = in + blockIdx; out = out + blockIdx;

        globalLoads(data, in, 64);   // coalesced global reads
        fftRadix16Pass(data);        // in-place radix-16 pass
        twiddleFactorMul(data, tid, 1024, 0);
        // local shuffle using local memory
        localShuffle(data, sMemx, sMemy, tid, (((tid & 15) * 65) + (tid
>> 4)));
        fftRadix16Pass(data);                    // in-place radix-16 pass
        twiddleFactorMul(data, tid, 64, 4);      // twiddle factor
multiplication

        localShuffle(data, sMemx, sMemy, tid, (((tid >> 4) * 64) + (tid &
15)));

        // four radix-4 function calls
        fftRadix4Pass(data);        // radix-4 function number 1
        fftRadix4Pass(data + 4);    // radix-4 function number 2
        fftRadix4Pass(data + 8);    // radix-4 function number 3
        fftRadix4Pass(data + 12);   // radix-4 function number 4

        // coalesced global writes
    globalStores(data, out, 64);
}
```

이 OpenCL 커널은 GLSL 셰이더 언어처럼 OpenCL 커널 언어가 기본적으로 여러 확장을 가진 C 언어임을 보여준다. OpenCL C++ 커널 언어를 사용할 수도 있지만 이것은 OpenCL 2.1(2015) 이후에만 사용 가능하다. 따라서 이에 대한 지원과 예제는 C 커널 언어의 경우보다 덜 일반적이다.

다음 코드는 이전 OpenCL 커널을 사용하는 C++ 애플리케이션이다.

```
#include <cstdio>
#include <ctime>
#include "CL\opencl.h"

#define NUM_ENTRIES 1024

int main( ) { // (int argc, const char * argv[]) {
    const char* KernelSource = "fft1D_1024_kernel_src.cl";
```

여기서 보듯이 OpenCL 함수에 접근하는 데 하나의 헤더만 포함하면 된다. 또한
OpenCL 커널 소스를 가지는 파일의 이름을 지정한다. 각 OpenCL 장치는 상이한 아키
텍처일 수도 있기 때문에 커널을 로드할 때에 대상 장치에 맞도록 커널을 컴파일한다.

```
        const cl_uint num = 1;
clGetDeviceIDs(0, CL_DEVICE_TYPE_GPU, 0, 0, (cl_uint*) num);

cl_device_id devices[1];
clGetDeviceIDs(0, CL_DEVICE_TYPE_GPU, num, devices, 0);
```

다음으로 사용할 수 있는 OpenCL 장치의 목록을 구하기 위해 다음과 같이 이를 GPU별
로 필터링한다.

```
cl_context context = clCreateContextFromType(0, CL_DEVICE_TYPE_GPU,
                                            0, 0, 0);
```

이제 발견한 GPU 장치를 사용해 OpenCL 컨텍스트를 생성한다. 이 컨텍스트는 다양한
장치에 존재하는 자원을 관리한다.

```
    clGetDeviceIDs(0, CL_DEVICE_TYPE_DEFAULT, 1, devices, 0);
    cl_command_queue queue = clCreateCommandQueue(context, devices[0], 0,
0);
```

마지막으로 OepnCL 장치에서 실행할 명령을 가지는 명령 큐를 생성한다.

```
    cl_mem memobjs[] = { clCreateBuffer(context, CL_MEM_READ_ONLY |
CL_MEM_COPY_HOST_PTR, sizeof(float) * 2 * NUM_ENTRIES, 0, 0),
    clCreateBuffer(context, CL_MEM_READ_WRITE, sizeof(float) * 2 *
NUM_ENTRIES, 0, 0) };
```

장치와 통신을 하기 위해 장치 메모리로 복사할 데이터를 가지는 버퍼 객체를 할당해야
한다. 여기서는 읽기와 쓰기 용도의 두 버퍼를 할당한다.

```
    cl_program program = clCreateProgramWithSource(context, 1, (const char
**)& KernelSource, 0, 0);
```

이제 장치에서 데이터를 구했지만 여전히 커널을 로드해야 한다. 이를 위해 앞에서 정의
한 파일 이름을 사용해 이전에 살펴본 OpenCL 커널 소스를 이용해 커널을 생성한다.

```
clBuildProgram(program, 0, 0, 0, 0, 0);
```

이제 다음과 같이 소스를 컴파일한다.

```
cl_kernel kernel = clCreateKernel(program, "fft1D_1024", 0);
```

끝으로, 생성한 바이너리로부터 실제 커널을 생성한다.

```
    size_t local_work_size[1] = { 256 };

    clSetKernelArg(kernel, 0, sizeof(cl_mem), (void *) &memobjs[0]);
    clSetKernelArg(kernel, 1, sizeof(cl_mem), (void *) &memobjs[1]);
    clSetKernelArg(kernel, 2, sizeof(float) * (local_work_size[0] + 1) *
16, 0);
    clSetKernelArg(kernel, 3, sizeof(float) * (local_work_size[0] + 1) *
16, 0);
```

커널에 인자를 전달하기 위해 이들을 여기서 설정해야 한다. 다음과 같이 버퍼에 포인터를 추가하고 작업 크기를 추가한다.

```
    size_t global_work_size[1] = { 256 };
        global_work_size[0] = NUM_ENTRIES;
    local_work_size[0] = 64; // Nvidia: 192 or 256
    clEnqueueNDRangeKernel(queue, kernel, 1, 0, global_work_size,
local_work_size, 0, 0, 0);
```

이제 작업 항목 크기를 설정하고 커널을 실행할 수 있다. 여기서 작업 그룹의 크기를 정의할 수 있는 커널 실행 메소드를 사용한다.

```
        cl_mem C = clCreateBuffer(context, CL_MEM_WRITE_ONLY, (size), 0,
&ret);
                cl_int ret = clEnqueueReadBuffer(queue, memobjs[1],
CL_TRUE, 0, sizeof(float) * 2 * NUM_ENTRIES, C, 0, 0, 0);
```

커널을 실행한 이후에 결과 정보를 다시 읽도록 한다. 이를 위해 OpenCL에게 커널 인자로 전달한 쓰기 버퍼를 새롭게 할당된 버퍼로 복사하도록 지시한다. 이제 이 버퍼의 데이터를 자유롭게 사용할 수 있다.

하지만 이 예제에서 데이터를 사용하지 않는다.

```
    clReleaseMemObject(memobjs[0]);
    clReleaseMemObject(memobjs[1]);
    clReleaseCommandQueue(queue);
    clReleaseKernel(kernel);
    clReleaseProgram(program);
    clReleaseContext(context);
    free(C);
}
```

마지막으로 할당한 자원을 해제하고 종료한다.

GPU 메모리 관리

CPU를 사용할 때 메인 메모리(가장 느린)와 CPU 캐시(빠른), CPU 레지스터(가장 빠른) 형태의 여러 메모리 계층을 다뤄야 한다. 애플리케이션의 속도에 지대한 영향을 주는 메모리 계층을 다뤄야 한다는 점에서 GPU도 CPU와 매우 유사하다.

GPU에서 가장 빠른 메모리는 역시 레지스터(전용) 메모리이며 일반적인 CPU보다 더 많이 가지고 있다. 그 다음으로 빠른 메모리는 로컬 메모리로 여러 처리 장치에 의해 공유된다. GPU 자체에서 가장 느린 메모리는 메모리 데이터 캐시이며 텍스처texture 메모리라고도 한다. 이것은 비디오 RAM(VRAM)으로 일반적으로 부르는 비디오 카드에 존재하는 메모리로 GDDR5와 같이 높은 대역폭을 사용하지만 상대적으로 지연 시간이 적은 메모리다.

가장 느린 메모리는 데이터를 전송하기 위해 PCI 버스와 그 밖의 다양한 서브시스템을 경유하는 호스트 시스템 메모리(시스템 RAM)를 사용하는 것이다. 온-디바이스 메모리 시스템에 비해 호스트 장치 통신은 "빙하기"로 표현하는 것이 가장 적절할 듯 하다.

AMD와 Nvidia 등의 전용 GPU 장치인 경우, 메모리 아키텍처는 다음 그림과 유사하다.

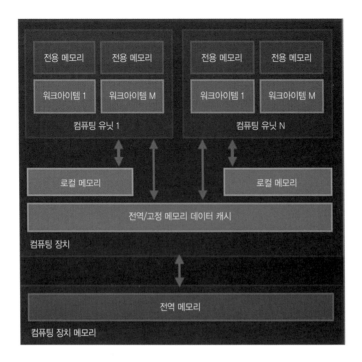

이런 메모리 배치로 인해, 가능하다면 큰 블록의 데이터를 전송하고 비동기 전송을 사용하는 것이 권장된다. 커널은 GPU 코어에서 실행하고 지연을 방지하기 위해 데이터가 스트리밍되도록 하면 이상적일 것이다.

▌GPGPU와 멀티스레딩

멀티스레드 코드와 GPGPU를 합치는 작업은 MPI 클러스터에서 실행하는 병렬 애플리케이션을 관리하는 것보다 훨씬 쉽다. 이는 주로 다음과 같은 작업 흐름으로 인한 것이다.

1. **데이터 준비**: GPU 메모리에 다량의 이미지나 하나의 큰 이미지와 같이 처리할 데이터를 전송함으로 처리할 데이터를 준비한다.

2. **커널 준비**: OpenCL 커널 파일을 로드해 OpenCL 커널로 컴파일한다.

3. **커널 실행**: 커널을 GPU로 보내고 데이터 처리의 시작을 지시한다.

4. **데이터 읽기**: 처리가 끝났거나 특정 중간 상태에 도달했다면 결과를 얻기 위해 OpenCL 커널과 함께 인자로 전달한 버퍼를 읽는다.

이것은 비동기 과정이므로 작업을 위임하고서 추적이 필요 없이 액티브 커널의 처리 작업만을 감시하는 단 하나의 전용 스레드만 있으면 된다.

로컬과 원거리 처리 유닛 간의 메모리 관리와 처리를 조정해야 하고 처리 중에 문제를 유발하지 않고서 데이터 유형에 따라 사용할 메모리 시스템을 결정해야 하기 때문에 멀티스레딩과 GPGPU 애플리케이션 입장에서 가장 큰 난제는 호스트 기반의 애플리케이션이 아니라 GPGPU 커널 또는 GPU에서 실행하는 셰이더 프로그램에 있다.

이것은 많은 시행 착오와 프로파일링, 최적화 등이 관여되는 섬세한 과정이다. 하나의 메모리 복사 최적화나 동기적 동작 대신에 비동기적 동작을 사용하는 것만으로도 많은 처리 시간을 줄일 수 있다. 제대로 된 메모리 시스템의 이해는 데이터 기아 등의 문제를 회피하는 데 중요하다.

GPGPU는 일반적으로 상당한 기간(수 분에서 수 시간 또는 그 이상)의 작업을 가속화하기 위해 사용되기 때문에 몇몇 중요하고도 복잡한 문제(대부분은 지연 시간 현상)가 있음에도 불구하고 멀티스레딩 관점에서 공통 작업자 스레드로 여길 수 있다.

지연 시간

이전 절에서 GPU 메모리 관리에 관해 언급했듯이 먼저 GPU의 처리 유닛에 가장 근접한 메모리가 가장 빠르므로 이를 사용하는 것이 가장 좋다. 여기서 가장 빠르다는 것은 메모리에 정보를 요청하고 응답을 받는 데 걸리는 시간에서 지연 시간이 거의 없다는 의미다.

정확한 지연 시간은 GPU마다 다르겠지만 예를 들어 Nvidia의 Kepler(Tesla K20) 아키텍처의 경우 다음과 같은 대기 시간을 갖는다.

- **전역 메모리**: 450 사이클
- **고정 메모리 캐시**: 45 – 125 사이클
- **로컬(공유) 메모리**: 45 사이클

이들 측정치는 CPU 자체만을 고려한 것이다. PCIe 버스의 경우 수 메가바이트 버퍼를 전송할 때 각 전송당 수 밀리세컨드 정도의 시간이 걸릴 것으로 예상할 수 있다. 예를 들어 기가바이트 크기의 버퍼를 GPU 메모리로 전송하려면 상당한 시간이 걸릴 수 있다.

PCIe 버스를 경유하는 간단한 송수신의 경우, 마이크로세컨드 단위로 지연 시간을 측정하는데 이 시간은 1+ GHz에서 실행하는 GPU 코어 입장에서는 무한한 시간처럼 보일 것이다. 이것이 바로 호스트와 GPU 간의 통신이 반드시 최소화되고 고도로 최적화돼야 하는 이유다.

▌ 잠재적 문제

GPGPU 애플리케이션의 일반적인 실수는 처리가 완료되기 전에 결과 버퍼를 읽는 것이다. 버퍼를 장치로 전송하고 커널을 실행한 이후에 처리를 완료했다는 사실을 호스트에 신호를 보내기 위해 동기화 지점을 삽입해야 한다. 이들은 일반적으로 비동기적 방법을 사용해 구현돼야 한다.

'지연 시간' 절에서 방금 다뤘듯이 요청과 응답 간에는 메모리 서브시스템이나 버스에 따라 잠재적으로 매우 큰 지연이 존재할 수 있음을 염두에 두자. 이런 사항을 고려하지 않으면 이상한 결함이나 정지, 비정상 종료, 데이터 손상, 무한히 대기하는 애플리케이션 등의 문제가 야기될 수 있다.

GPGPU 애플리케이션을 프로파일링해 GPU 사용률과 프로세스 흐름이 최적의 상태인지 등을 파악하는 것이 중요하다.

▌ GPGPU 애플리케이션의 디버깅

GPGPU 애플리케이션의 가장 큰 난제는 커널 디버깅에 있다. 이런 연유로 CUDA는 CPU에 커널을 실행하고 디버깅 할 수 있는 시뮬레이터를 제공한다. OpenCL을 이용하면 특정 GPU 장치에서 실행될 때와 동일한 행위(와 버그)를 얻을 수는 없을지라도 변경 없이 CPU에서 커널을 실행할 수는 있다.

보다 더 고급스런 방법은 비주얼 스튜디오(https://developer.nvidia.com/nvidia-nsight-visual-studio-edition)와 이클립스(https://developer.nvidia.com/nsight-eclipse-edition) 버전으로 제공되는 Nvidia의 Nsight 같은 전용 디버거를 사용하는 것이다.

Nsight 웹사이트의 마케팅 자료에 따르면,

> "NVIDIA Nsight 비주얼 스튜디오 에디션은 GPU 컴퓨팅을 마이크로소프트 비주얼 스튜디오(VS2017의 여러 인스턴스를 포함)에 제공한다. GPU를 위한 이 애플리케이션 개발 환경을 이용해 CUDA C/C++와 OpenCL, DirectCompute, Direct3D, Vulkan API, OpenGL, OpenVR, Oculus SDK로 구축된 이기종 컴퓨팅과 그래픽, 가상 현실 애플리케이션을 빌드하고 디버깅하고 프로파일링하고 추적할 수 있다."

다음 스크린샷은 동작 중인 CUDA 디버그 세션을 보여준다.

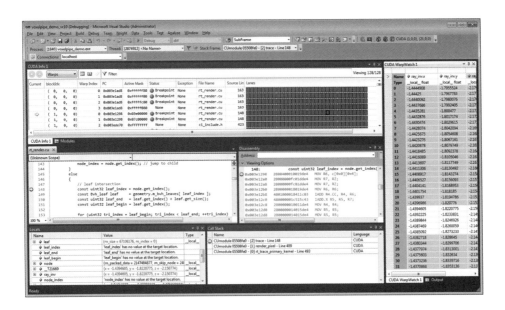

이런 디버거 툴의 장점은 병목 현상과 잠재적 문제를 식별해 GPGPU 애플리케이션을 감시하고, 프로파일링하고 최적화할 수 있다는 것이다.

▌ 요약

10장에서 OpenCL의 형태로 CPGPU 처리 작업을 C++ 애플리케이션에 통합하는 방법을 살펴봤다. 또한 GPU 메모리 계층과 특히 호스트와 장치 간의 통신 측면에서 이것이 성능에 미치는 영향을 알아봤다.

이제 OpenCL 애플리케이션을 만들고 이를 컴파일하여 실행하는 방법과 더불어 GPGPU 구현과 개념에 익숙할 것이다. 일반적인 실수를 회피하는 방법도 숙지했을 것이다.

이제 마지막 장에 이르렀으므로 모든 중요한 문제에 대한 해답을 얻고 이전 장들과 더불어 유익하고 도움이 됐으면 한다.

이 책에서 계속 나아가는 독자는 좀 더 세부적 사항을 다루는 주제를 찾는 데 흥미를 가질 수 있다. 이들 중의 많은 자료가 온라인과 오프라인에서 이용 가능하다. 멀티스레딩과 그 관련 분야에 대한 주제는 매우 방대하고 비즈니스에서 과학, 예술, 개인 애플리케이션에 이르기까지 많은 애플리케이션을 다룬다.

독자는 자신만의 베오울프 클러스터를 설정하거나 GPGPU에 중점을 두거나 이 둘을 결합하는 것을 추구할 수도 있다. 여러분은 어느 순간 작성을 원해서 아니면 단지 프로그래밍에 대한 흥미로 이런 복잡한 애플리케이션을 작성할 수도 있다.

찾아보기

ㄱ

가능한 손실   179
가짜 깨우기   75
간접 손실   179
개방형 컴퓨팅 언어   275
경쟁 상태   203
고속 푸리에 변환   283
고유 락   139
고정 메모리 캐시   292
공유 가상 메모리   278
공유 뮤텍스   142
공유 변수   143
공유 자원   259
공유 포인터   119
공유 퓨처   151
교착 상태   98
그래픽 처리 유닛에서의 범용 계산   274

ㄴ

난수 API   38
내장된 커널   278
네이티브 멀티스레딩 API   163
노드   251

ㄷ

단방향 통신   245
단일 명령, 단일 데이터   51
단일 명령, 복수 데이터   51
단일 프로세서   61
대칭형 멀티프로세싱   52

데드락   110, 198
데드락 안전   141
데몬 프로세스   259
데비안   253
데이터 경쟁   98, 189, 203
동기화   83
동기화 객체   193
동기화 메커니즘   98
동기화 장벽   76
동시 멀티스레딩   50, 54
동시성   98
동적 병렬성   279
동적 분석   166
동적 프로세스 관리   245
디버그 정보   159
디스패처   99

ㄹ

락 가드   138
락 경쟁   192
락 순서   188
래퍼   85
랭크   247
로그 파일   169
로컬(공유) 메모리   292
리눅스 아치   254
리스너   86
링 0   43
링 3   43

ㅁ

마스터 노드　257
마스터 스레드　242
멀티스레딩　49, 53
멀티스레딩 API　121
멀티태스킹　43
멀티프로세싱　49, 53
메르센 트위스터 알고리즘　33
메모리 누수　169, 171
메모리 오류 탐지기　168
메모리 장벽　220, 227, 238
메모리 재순서화　219
메소드　30
메시지 전달 인터페이스　244
메인 메모리　289
메타컴파일　89
메타-컴파일러　85
명확한 손실　179
뮤텍스　30
뮤텍스 래퍼　124

ㅂ

바쁜-대기　61
반복자　281
배럴 프로세서　54
백그라운드　33
백 트레이스　159
버퍼 오버플로우　166
범위 락　124, 141
베오울프　249
베오울프 클러스터　252
벡터 인스턴스　30
벡터 프로세서　274
병렬 I/O　245
병렬 컴퓨터 프로그래밍　244
병렬 프로그래밍　280
복사 생성자　127

복수 명령, 단일 데이터　51
복수 명령, 복수 데이터　51
분리　132
분리된 스레드　190
분산　267
분산 시스템　242
분산 컴퓨팅　53, 242
분할 정복　283
브로드캐스팅　267
블록　138
비결정 상태　203
비대칭형 멀티프로세싱　52
비동기-스트라이드　277
비동기적　36
비블록　138
비순차적 실행　63

ㅅ

사전 제약　228
상승　85
상호 배제　60, 122
상호 배제 메커니즘　147
서브그룹　280
선웨이 타이후 라이트　249
선점형 스케줄러　55
선행-컴파일　89
세그먼트 포인터　46
세마포어　77
셔플　277
수집　268
슈퍼노드　252
슈퍼-스레딩　54
슈퍼스칼라 CPU　54
스레드　30, 40
스레드 ID　71, 129
스레드-로컬 객체　149
스레드 로컬 스토리　84
스레드 로컬 스토리지　78

스레드 안전하지 않은   31
스레드 안전한   30
스레드 인스턴스   71
스레드 컨텍스트   83
스레드 클래스   126
스레드 풀   83, 88
스레딩 모델   40
스왑   132
스케줄러   51
스케줄링 우선순위   132
스택   42
스택 추적   159
스택 포인터   46
스택 프레임   42, 47
슬레이브 스레드   242
슬립   131
시간 슬롯   259
시간적 멀티스레딩   54
시그널-슬롯 아키텍처   86
시작 정책   155
실행 가능 포맷   41

ㅇ

아르곤 국립 연구소   245
아미가 시스템   52
애플리케이션 크래시   166
애플리케이션 프로파일링   157
양보   132
예외 레벨   46
와일드 포인터   172
완전히 공평한 스케줄러   56
운영체제   39
원격 노드   256
원자적 개체   119
원자적 동작   58, 217
원자적 플래그   236
월드   247
유니프로세싱   53

유도된 datatype   244
유휴 상태   98
의미론적 저장   228
이산 푸리에 변환   283
인덱스 컨테이너   234
인터락드 함수   218
인터럽트 요청   46
인텔 컴파일러 컬렉션   228
읽기-쓰기 락   76, 118
임계 영역   63
임베디드 시스템   55

ㅈ

작업자 스레드   106
잠재적 데드락   111
잡   83
장벽   77
장치 분할   278
재귀 뮤텍스   141
재귀 타임드 뮤텍스   142
재귀 함수   141
저장 프로그램 상태 레지스터   47
전역 메모리   292
정수 클램프   277
정적 변수   212
정적 초기화   197
조건 변수   73, 84, 143
중심 키   84
지연 시간   291
지점 간 동작   244
집합 함수   244

ㅊ

취약점   166

ㅋ

캐시   289
커뮤니케이터   244, 247
코드 이식   46
크래시   157
클러스터   249
클러스터 스케줄러   259

ㅌ

타임드 뮤텍스   137
타임-슬라이스   49
태스크   42
태스크 상태 구조체   43
태스크 스케줄러   53
태스크-스케줄링 알고리즘   55
태스크 전환   45
텍스처 메모리   289

ㅍ

파이버   83
파이버 로컬 스토리지   83
파이프   279
파이프라인 버블   51
파이프 스토리지   281
팩맨 패키지   254
펜스   219
표준 이식 가능한 중간 표현 형식   280
표준 템플릿 라이브러리   65, 121
퓨처   149
프라미스   149, 150, 211
프로그램 상태 레지스터   47
프로세서   247
프로세스   40
프로세스 간 통신   40
프로세스 모델   40
프로세스 상태   47
프로파일링   294

플린   51

ㅎ

하드웨어 아키텍처   206
하이퍼-스레딩   50
해제 메모리 순서 의미론   218
해제 저장   228
핵심 덤프   159
핵심 덤프 파일   161
현재 프로그램 상태 레지스터   47
호스트 파일   256
획득 로드   228
획득 메모리 순서 의미론   218

A

acquire load   228
acquire semantic load   228
AMP, Asymmetric Multiprocessing   52
API   39
Argonne National Laboratory   245
ARM   46
ARM 아키텍처   223
Async   153

B

Barriers   77
Bash 셸   162
Beowulf   249
boost   85
Boost   65

C

CAS   208
CFS, Completely Fair Scheduler   56
CPSR, Current Program State Register   47
CPU 레지스터   289

D

deadlock-safe   141

Definitely lost   179

DFT, Discrete Fourier Transform   283

DRD   158, 189

E

Exception Level 0   46

F

FFT, Fast Fourier Transform   283

FLS, Fiber Local Storage   83

FT-MPI   245

G

GCC   223

GLSL, OpenGL Shading Language   275

GPGPU, General Purpose Computing on Graphics
         Processing Units   274

H

happens-before constraint   228

Helgrind   158, 180

HT, Hyper-Threading   50

I

Indirectly lost   179

instance   30

IPC, inter-process communication   40

L

LAM/MPI   245

LA-MPI   245

listeners   86

M

Memcheck   166, 168

metacompiling   89

MIMD, Multiple Instruction, Multiple Data   51

MinGW   253

MISD, Multiple Instruction, Single Data   51

MPICH   245

MPI, Message Passing Interface   241, 244

MPI 런처   259

MPI 클러스터   260

MSYS2   254

mutex   30

Mutual Exclusion   60

N

non-thread-safe   31

O

One-sided communications   245

OoO, out-of-order   63

OpenCL   273

OpenCL 1.0   277

OpenCL 1.1   277

OpenCL 1.2   278

OpenCL 2.0   278

OpenCL 2.1   279

OpenCL 2.2   280

OpenGL 셰이딩 언어   275

OpenMP   241

P

packaged_task   152

PE 포맷   42

POCO   65, 89

Point-to-point operations   244

POSIX   65

Possibly lost   179
pre-compiling   89
PSR, Program State Register   47
PSTATE, Process State   47
Pthreads API   69, 187

Q

Qt   65, 85
QtConcurrent   88
QThread   86

R

RAII-스타일 메커니즘   124
recursive mutex   141
Relaxed 순서   238
Release-acquire 순서   238
Release-consume 순서   238
release semantic store   228
release store   228
rwlock   76

S

Semaphores   77
Sequentially-consistent 순서   239
SIMD, Single Instruction, Multiple Data   51
Simultaneous multithreading   54
SISD, Single Instruction, Single Data   51
sleep   131
SLURM   259
SMP, Symmetric Multiprocessing   52

SMT, Simultaneous multithreading   50
SPIR-V   280
SPSR, Saved Program State Register   47
STL, Standard Template Library   38, 65, 121
Sunway Taihu Light   249
synchronization barriers   76

T

taks   42
TAS   208
thread-safe   30
Thread 클래스   89
TLS, Thread Local Storage   78
TMT, temporal multithreading   54
TSS, Task State Structure   43

V

Valgrind 슈트   157
volatile   239

W

wake-ups   75
wrapper   85

숫자

2011 개정안   122
2014 표준안   124
2017 표준안   124

에이콘출판의 기틀을 마련하신 故 정완재 선생님 (1935-2004)

C++ 멀티스레딩 정복하기

견고하면서도 병렬성과 병행성을 가지는 애플리케이션 작성법

발 행 | 2019년 1월 2일

지은이 | 마야 포쉬
옮긴이 | 김 점 갑

펴낸이 | 권 성 준
편집장 | 황 영 주
편 집 | 조 유 나
디자인 | 박 주 란

에이콘출판주식회사
서울특별시 양천구 국회대로 287 (목동)
전화 02-2653-7600, 팩스 02-2653-0433
www.acornpub.co.kr / editor@acornpub.co.kr

한국어판 ⓒ 에이콘출판주식회사, 2019, Printed in Korea.
ISBN 979-11-6175-236-5
ISBN 978-89-6077-210-6 (세트)
http://www.acornpub.co.kr/book/c-multithreading

이 도서의 국립중앙도서관 출판시도서목록(CIP)은 서지정보유통지원시스템 홈페이지(http://seoji.nl.go.kr)와
국가자료공동목록시스템(http://www.nl.go.kr/kolisnet)에서 이용하실 수 있습니다. (CIP제어번호: CIP2018036663)

책값은 뒤표지에 있습니다.